Strukturgleichungs-modelle mit Mplus

Eine praktische Einführung

von

Dr. Oliver Christ
Philipps-Universität Marburg

und

Dr. Elmar Schlüter
Universität Köln

Oldenbourg Verlag München

Bibliografische Information der Deutschen Nationalbibliothek

Die Deutsche Nationalbibliothek verzeichnet diese Publikation in der Deutschen
Nationalbibliografie; detaillierte bibliografische Daten sind im Internet über
http://dnb.d-nb.de abrufbar.

© 2012 Oldenbourg Wissenschaftsverlag GmbH
Rosenheimer Straße 145, D-81671 München
Telefon: (089) 45051-0
www.oldenbourg-verlag.de

Lektorat: Christiane Engel-Haas
Herstellung: Constanze Müller
Titelbild: thinkstockphotos.de
Einbandgestaltung: hauser lacour
Gesamtherstellung: Grafik & Druck GmbH, München

Dieses Papier ist alterungsbeständig nach DIN/ISO 9706.

ISBN   978-3-486-59046-3
eISBN   978-3-486-71480-7

Vorwort

Strukturgleichungsmodelle eignen sich hervorragend für die empirische Analyse zahlreicher theoretischer Fragestellungen und stellen somit für die Sozialwissenschaften eine unverzichtbare statistische Methode dar. Mit Mplus steht für die praktische Analyse von Strukturgleichungsmodellen seit einiger Zeit ein besonders flexibles und anwenderfreundliches Statistikprogramm zur Verfügung. Im deutschen Sprachraum fehlte es jedoch lange an geeigneten didaktischen Materialien zum Erlernen dieses Programms. Vor diesem Hintergrund besteht das Ziel dieses Lehrbuchs darin, die praktische Durchführung grundlegender und weiterführender Strukturgleichungsmodelle (einschließlich Mehrebenen-Analysen) in Mplus zu veranschaulichen. Dieses Konzept beruht zu einem Großteil auf unseren Erfahrungen in der Leitung zahlreicher Workshops zu Strukturgleichungsmodellen und Mehrebenenanalysen, die wir in den vergangenen Jahren im In- und Ausland durchgeführt haben. In diesem Arbeitskontext entstanden auch unsere ersten Ideen für ein Lehrbuch, dass sich bewußt nicht die Vermittlung der statistischen Grundlagen von Strukturgleichungsmodellen zum Ziel setzt, sondern primär die forschungspraktische Anwendung solcher Kenntnisse anhand des Mplus-Statistikprogramms erleichtern will. Dieses Lehrbuch wendet sich somit an alle quantitativ-empirisch forschenden SozialwissenschaftlerInnen wie z.B. ErziehungswissenschaftlerInnen, Medien- und KommunikationswissenschaftlerInnen, PolitikwissenschaftlerInnen, PsychologInnen, SoziologInnen und WirtschaftswissenschaftlerInnen, die bereits über entsprechende Grundlagen-Kenntnisse der Strukturgleichungsmodellierung verfügen. Dies schließt Studierende aus diesen exemplarischen Disziplinen mit ein, die Mplus für eigene Datenanalysen im Rahmen von Bachelor- oder Masterarbeiten verwenden möchten. Auch für Lehrveranstaltungen zu Strukturgleichungsmodellen, die in einem praktischen Teil Mplus als Statistikprogramm verwenden, ist dieser Band als unterstützender Begleittext gut geeignet.

Wir veranschaulichen in diesem Band die praktische Durchführung von Strukturgleichungsmodellen in Mplus in fünf Kapiteln; in jedem Kapitel verweisen wir zudem auf eine Vielzahl gut geeigneter Einführungs- und Vertiefungstexte. Im einführenden *Kapitel 1* vermitteln wir einen Überblick zum Aufbau der Mplus-Syntax und gehen auf deren zentrale Befehle und Optionen ein. Darüber hinaus zeigen wir, wie Datensätze, die in Statistikprogrammen wie z.B. SPSS oder Stata erstellt wurden, in ein Mplus-kompatibles Format umgewandelt werden. In *Kapitel 2* behandeln wir Explorative und Konfirmatorische Faktorenanalysen sowie grundlegende Anwendungen von Strukturgleichungsmodellen. In *Kapitel 3* demonstrieren wir die Durchführung multipler Gruppenvergleiche und die Überprüfung verschiedener Formen von Messinvarianz. In *Kapitel 4* stellen wir mit autoregressiven Modellen und latenten Wachstumskurvenmodellen zwei besonders häufig genutzte Varianten von Strukturgleichungsmodellen zur Analyse von Paneldaten vor. Im abschließenden *Kapitel 5* erweitern wir die Anwendung von Strukturgleichungsmodellen auf hierarchische Daten. Ausgehend von der Spezifikation herkömmlicher Mehrebenen-Regressionsmodelle gehen wir in diesem Kapitel auf die Durchführung von Mehrebenen-Pfadanalysen, Konfirmatorischen und Explorativen Mehrebenen-Faktorenanalysen und von Mehrebenen-Strukturgleichungsmodellen ein.

Im Sinne einer anwendungsorientierten Einführung nutzen wir in allen fünf Kapiteln durchgängig Praxisbeispiele aus veröffentlichten Untersuchungen zu inhaltlichen Forschungsfragestellungen. Nahezu alle hierbei verwendeten Beispieldatensätze stammen aus dem von Prof. Dr. Wilhelm Heitmeyer initiierten Forschungsprojekt „Gruppenbezogene Menschenfeindlichkeit", das an der Universität Bielefeld angesiedelt ist und von der Volkswagen Stiftung und der Freudenberg Stiftung gefördert wird. Unabhängig von dem inhaltlichen Schwerpunkt dieser Datengrundlage lassen sich die entsprechenden methodischen Beispiele problemlos auf alternative inhaltliche Anwendungen übertragen.

Alle in den Praxisbeispielen genutzten Datensätze stehen auf der Homepage des Oldenbourg-Verlags (http://www.oldenbourg-verlag.de/wissenschaftsverlag/sozialwissenschaften) sowohl als Mplus-kompatible ASCII-Datei wie auch als SPSS-Datendatei zur Verfügung; zusätzlich können hier auch alle in diesem Band verwendeten Mplus-Input- und -Output-Dateien abgerufen werden. Wir möchten alle Leser und Leserinnen dieses Buches ermutigen, von dieser Möglichkeit Gebrauch zu machen und die in den Kapiteln dargestellten Praxisbeispiele eigenständig in Mplus nachzuvollziehen.

Wir hoffen sehr, dass dieses Lehrbuch wie von uns beabsichtigt möglichst vielen Anwenderinnen und Anwendern hilft, Mplus für die Durchführung eigener Strukturgleichungsanalysen zu nutzen. An dieser Stelle möchten wir uns herzlich bei Prof. Dr. Wilhelm Heitmeyer und Prof. Dr. Andreas Zick für die Überlassung der Beispieldatensätze aus dem Forschungsprojekt „Gruppenbezogene Menschenfeindlichkeit" bedanken. Ein großer Dank geht auch an Sabine Manke und Jeanine Schwarz für Korrekturen und vor allem die sprachliche Überarbeitung der Kapitel sowie an Urs Bürcky. Verlagsseitig danken wir Frau Engel-Haas für ihr Entgegenkommen und ihre Unterstützung bei der Realisierung dieses Projektes. Für alle noch bestehenden Fehler sind selbstverständlich ausschließlich die Autoren verantwortlich, die in gleichen Teilen zu diesem Band beigetragen haben.

Marburg und Köln, Oktober 2011   Oliver Christ und Elmar Schlüter

Inhaltsverzeichnis

Vorwort   V

Abbildungsverzeichnis   IX

Tabellenverzeichnis   XIII

Kastenverzeichnis   XV

1   **Mplus – Eine Übersicht**   **1**

1.1   Das Statistikprogramm Mplus 1

1.2   Die Mplus-Syntax 6
1.2.1   Der Befehlsblock `TITLE` 9
1.2.2   Der Befehlsblock `DATA` 9
1.2.3   Der Befehlsblock `VARIABLE` 10
1.2.4   Der Befehlsblock `DEFINE` 11
1.2.5   Der Befehlsblock `ANALYSIS` 12
1.2.6   Der Befehlsblock `MODEL` 13
1.2.7   Der Befehlsblock `OUTPUT` 14
1.2.8   Abschließender Überblick über Befehlsblöcke und wichtige Optionen 15

1.3   Aufbereitung der Daten für Mplus 16

1.4   Einlesen der Daten in Mplus 23

2   **Mplus – Explorative Faktorenanalyse, Konfirmatorische Faktorenanalyse, Strukturgleichungsmodelle**   **31**

2.1   Explorative Faktorenanalyse und Konfirmatorische Faktorenanalyse 31
2.1.1   Explorative Faktorenanalyse in Mplus 34
2.1.2   Konfirmatorische Faktorenanalyse in Mplus 42

2.2   Strukturgleichungsmodelle 48
2.2.1   Strukturgleichungsmodelle in Mplus 49

2.3   Literaturhinweise 57

3   **Mplus – Multiple Gruppenvergleiche**   **59**

3.1   Messinvarianz 59

3.2   Multipler Gruppenvergleich in Mplus 61

3.3   Vergleich latenter Mittelwerte 80

3.4   Vergleich von Beziehungen zwischen latenten Variablen...........................81

3.5   Literaturhinweise 84

4   Mplus – Strukturgleichungsmodelle für Paneldaten   85

4.1   Das autoregressive Modell 85

4.2   Das latente Wachstumskurvenmodell..87

4.3   Messinvarianz über die Zeit...90

4.4   Das autoregressive Modell in Mplus 96

4.5   Das latente Wachstumskurvenmodell in Mplus 107

4.6   Literaturhinweise 113

5   Mplus – Mehrebenenanalysen   115

5.1   Überblick 115

5.2   Grundlegende Modelle der Mehrebenenanalyse 116

5.3   Mehrebenenanalyse von Individual- und analytischen Aggregatvariablen 130

5.4   Mehrebenenanalyse von Kontexteffekten...137

5.5   Mehrebenen-Pfadanalyse...139

5.6   Konfirmatorische Mehrebenen-Faktorenanalyse....................................143

5.7   Explorative Mehrebenen-Faktorenanalyse 149

5.8   Mehrebenen-Strukturgleichungsmodelle..152

5.9   Literaturhinweise 157

Literaturverzeichnis   159

Register   163

Abbildungsverzeichnis

Abbildung 1.1: Grafische Übersicht über die Modellierungsmöglichkeiten in Mplus. Quelle: Muthén & Muthén (1998–2010, S. 3) 2

Abbildung 1.2: Startseite der Mplus-Homepage (http://www.statmodel.com) vom 20.06.2011 4

Abbildung 1.3: Die „Mplus Discussion"-Seite 5

Abbildung 1.4: Der Mplus-Editor (Mplus-Input) 7

Abbildung 1.5: Einfaches Messmodell mit vier manifesten Indikatoren 14

Abbildung 1.6: Ausschnitt aus dem Datensatz „GMF05_Querschnitt_CFA.sav" in SPSS (umrandet fehlende Werte) 17

Abbildung 1.7: Menüpunkt „Umkodieren in dieselben Variablen" in SPSS 18

Abbildung 1.8: Auswahl der Variablen zur Umkodierung in SPSS 18

Abbildung 1.9: Definition alter und neuer Werte in den ausgewählten Variablen zur Umkodierung in SPSS 19

Abbildung 1.10: Numerische Codes (hier 99) für fehlende Werte in SPSS 19

Abbildung 1.11: Definition fehlender Werte in SPSS 20

Abbildung 1.12: Abspeichern eines Datensatzes in SPSS im ASCII-Format 20

Abbildung 1.13: Option „Variablennamen im Arbeitsblatt speichern" in SPSS 21

Abbildung 1.14: Öffnen des in SPSS gespeicherten Datensatzes im ASCII-Format in einem Text-Editor 22

Abbildung 1.15: Ersetzen der Tabulatoren mit einem Leerzeichen in einem Text-Editor 22

Abbildung 1.16: Einfügen von Variablennamen in den Mplus-Input 23

Abbildung 1.17: Datensatz im Mplus-kompatiblen ASCII-Format 23

Abbildung 1.18: Mplus-Input zum Einlesen eines Datensatzes 24

Abbildung 1.19: Deskriptive Statistiken der in Mplus verwendeten Variablen in SPSS 30

Abbildung 2.1: Das Syndrom Gruppenbezogener Menschenfeindlichkeit (GMF) 32

Abbildung 2.2: Schematische Darstellung einer Explorativen Faktorenanalyse mit sechs manifesten und zwei latenten Variablen 32

Abbildung 2.3: Schematische Darstellung einer Konfirmatorischen Faktorenanalyse mit sechs manifesten und zwei latenten Variablen 33

Abbildung 2.4: Variablenansicht des Datensatzes „GMF05_Querschnitt_CFA.sav" in SPSS 34

Abbildung 2.5: Mplus-Input für eine Explorative Faktorenanalyse.......................... 35

Abbildung 2.6: Mplus-Input für eine Explorative Faktorenanalyse mit einer reduzierten
Anzahl an Variablen 37

Abbildung 2.7: Faktorenmodell 2. Ordnung für das Syndrom Gruppenbezogene
Menschenfeindlichkeit 43

Abbildung 2.8: Mplus-Input für Faktorenmodell 2. Ordnung des Syndroms
Gruppenbezogener Menschenfeindlichkeit 44

Abbildung 2.9: Mplus-Input für ein mögliches Alternativmodell (einfaktorielles Modell)
des Syndroms Gruppenbezogener Menschenfeindlichkeit 46

Abbildung 2.10: Schematische Darstellung eines Strukturgleichungsmodells 48

Abbildung 2.11: Mplus-Input für das Strukturgleichungsmodell zur Prüfung
des Zusammenhangs zwischen Intergruppenkontakt und Gruppenbezogener
Menschenfeindlichkeit 50

Abbildung 2.12: Theoretisch angenommenes Mediationsmodell für den Zusammenhang
zwischen Intergruppenkontakt und Gruppenbezogener Menschenfeindlichkeit 52

Abbildung 2.13: Ausschnitt aus dem Mplus-Input zur Prüfung eines indirekten Effekts
(Mediation) in Mplus 53

Abbildung 2.14: Ausschnitt aus dem Mplus-Input zur Prüfung eines indirekten Effekts
(Mediation) in Mplus mit *Bootstrapping* 56

Abbildung 3.1: Mplus-Input für einen Multiplen Gruppenvergleich in Mplus
unter multipler Verwendung der Option `FILE` im Befehlsblock `DATA` 62

Abbildung 3.2: Mplus-Input für einen Multiplen Gruppenvergleich in Mplus
unter Verwendung der Option `GROUPING` im Befehlsblock `VARIABLE` 63

Abbildung 3.3: Mplus-Input zur Schätzung des Messmodells in der Gruppe der Befragten
mit mittlerem Bildungsniveau 64

Abbildung 3.4: Ausschnitt aus dem Mplus-Input für das *Baseline*-Modell im Rahmen
eines Multiplen Gruppenvergleichs zur Prüfung von Messinvarianz 66

Abbildung 3.5: Ausschnitt aus dem Mplus-Input für das Modell zur Prüfung metrischer
Invarianz im Rahmen eines Multiplen Gruppenvergleichs 70

Abbildung 3.6: Ausschnitt aus dem Mplus-Input für das modifizierte Modell zur Prüfung
partieller metrischer Invarianz im Rahmen eines Multiplen Gruppenvergleichs (freie
Schätzung der Ladung des Indikators „as01q4r") 74

Abbildung 3.7: Ausschnitt aus dem Mplus-Input für das modifizierte Modell zur Prüfung
metrischer Invarianz im Rahmen eines Multiplen Gruppenvergleichs (Prüfung partieller
metrischer Messinvarianz) 75

Abbildung 3.8: Ausschnitt aus dem Mplus-Input für das Modell zur Prüfung skalarer
Invarianz im Rahmen eines Multiplen Gruppenvergleichs 77

Abbildung 3.9: Ausschnitt aus dem Mplus-Input für das Modell zur Prüfung partieller
skalarer Invarianz im Rahmen eines Multiplen Gruppenvergleichs (freie Schätzung
des *intercepts* für den Indikator „he01hq4") 79

Abbildung 3.10: Ausschnitt aus dem Mplus-Input für das Modell zum Vergleich der
Kovarianzen zwischen den latenten Variablen im Rahmen eines Multiplen

Gruppenvergleichs (Gleichheitsrestriktionen für die Kovarianzen zwischen den latenten
Variablen „fremdenf", „islamph" und „rass")... 83

Abbildung 4.1: Bivariates autoregressives Modell mit manifesten Variablen und drei
Wiederholungsmessungen 86

Abbildung 4.2: Unkonditionales latentes Wachstumskurvenmodell mit manifesten
Variablen und drei Wiederholungsmessungen... 89

Abbildung 4.3: Längsschnittliche konfirmatorische Faktorenanalyse für Intergruppen-
kontakt und Fremdenfeindlichkeit 91

Abbildung 4.4: Ausschnitt aus dem Mplus-Input zur Spezifikation des Basismodells einer
längsschnittlichen Konfirmatorischen Faktorenanalyse zur Prüfung von Messinvarianz...... 92

Abbildung 4.5: Ausschnitt aus dem Mplus-Input zur Spezifikation einer restriktiveren
Variante einer längsschnittlichen Konfirmatorischen Faktorenanalyse zur Prüfung
von metrischer Messinvarianz 93

Abbildung 4.6: Ausschnitt aus dem Mplus-Input zur Spezifikation einer weiteren
restriktiveren Variante einer längsschnittlichen Konfirmatorischen Faktorenanalyse
zur Prüfung von skalarer Messinvarianz.. 94

Abbildung 4.7: Ausschnitt aus dem Mplus-Input für die Modifikation der
längsschnittlichen Konfirmatorischen Faktorenanalyse zur Prüfung von partieller skalarer
Messinvarianz 95

Abbildung 4.8: Latentes ARM für Intergruppenkontakt und Fremdenfeindlichkeit............. 97

Abbildung 4.9: Ausschnitt aus dem Mplus-Input zur Spezifikation des latenten ARM
für Intergruppenkontakt und Fremdenfeindlichkeit mit korrelierten Fehlern 98

Abbildung 4.10: Ausschnitt aus dem Mplus-Input zur Modifikation des ARM
für Intergruppenkontakt und Fremdenfeindlichkeit durch Aufnahme von
Gleichheitsrestriktionen für die autoregressiven und *Cross-Lagged*-Parameter 100

Abbildung 4.11: Ausschnitt aus dem Mplus-Input für das *Common-Factor*-Modell
von Intergruppenkontakt und Fremdenfeindlichkeit... 103

Abbildung 4.12: *Das Unmeasured-Variable*-Modell für Intergruppenkontakt und
Fremdenfeindlichkeit (Kontakt = Intergruppenkontakt; FF = Fremdenfeindlichkeit) 104

Abbildung 4.13: Ausschnitt aus dem Mplus-Input zur Spezifikation des *Unmeasured-
Variable*-Modells für Intergruppenkontakt und Fremdenfeindlichkeit................................. 105

Abbildung 4.14: Unkonditionales latentes Wachstumskurvenmodell 2. Ordnung
für Fremdenfeindlichkeit unter Annahme einer linearen Veränderung über die Zeit 108

Abbildung 4.15: Mplus-Input zur Spezifikation des unkonditionalen LGC
für Fremdenfeindlichkeit 109

Abbildung 4.16: Plot der Wachstumskurve des unkonditionalen LGC für
Fremdenfeindlichkeit 111

Abbildung 4.17: Ausschnitt aus dem Mplus-Input für ein konditionales LGC 2. Ordnung
für Fremdenfeindlichkeit mit Intergruppenkontakt als zeitinvariantem Prädiktor des
latenten *Intercept*- und *Slope*-Faktors 112

Abbildung 5.1: *Intercept-And-Slope-As-Outcome*-Modell für die Wirkung von
Intergruppenkontakt und des prozentualen Immigrantenanteils auf Fremdenfeindlichkeit . 120

Abbildung 5.2: Mplus-Input zur Schätzung des ICC mittels `TYPE = TWOLEVEL`
`BASIC` 121

Abbildung 5.3: Mplus-Input zur Spezifikation eines *Intercept-As-Outcome*-Modells
für die Wirkung von Intergruppenkontakt und des prozentualen Immigrantenanteils
auf Fremdenfeindlichkeit 123

Abbildung 5.4: Mplus-Input zur Spezifikation eines *Random-Slope*-Modells
für die Wirkung von Intergruppenkontakt und des prozentualen Immigrantenanteils
auf Fremdenfeindlichkeit 127

Abbildung 5.5: Mplus-Input zur Spezifikation eines *Intercept-And-Slope-As-Outcome*-
Modells für die Wirkung von Intergruppenkontakt und des prozentualen
Immigrantenanteils auf Fremdenfeindlichkeit 129

Abbildung 5.6: *Intercept-As-Outcome*-Modell für die Wirkung von individuellem und
aggregiertem Intergruppenkontakt und des prozentualen Immigrantenanteils auf
Fremdenfeindlichkeit 132

Abbildung 5.7: Variablenansicht des Datensatzes „GMF02_Querschnitt_MLM.sav"
in SPSS 133

Abbildung 5.8: Mplus-Input zur Spezifikation eines *Intercept-As-Outcome*-Modells
für die Wirkung von individuellem und aggregiertem Intergruppenkontakt und
des prozentualen Immigrantenanteils auf Fremdenfeindlichkeit 135

Abbildung 5.9: Mplus-Input zur Spezifikation einer Mehrebenenanalyse für die Prüfung
eines Kontexteffekts von Intergruppenkontakt auf Fremdenfeindlichkeit 138

Abbildung 5.10: Mehrebenen-Pfadanalyse für die Wirkung von individuellem und
aggregiertem Intergruppenkontakt und des prozentualen Immigrantenanteils
auf Fremdenfeindlichkeit 140

Abbildung 5.11: Mplus-Input zur Spezifikation einer Mehrebenen-Pfadanalyse
für die Wirkung von individuellem und aggregiertem Intergruppenkontakt und
des prozentualen Immigrantenanteils auf Fremdenfeindlichkeit 141

Abbildung 5.12: Konfirmatorische Mehrebenen-Faktorenanalyse für Intergruppenkontakt
und Fremdenfeindlichkeit 145

Abbildung 5.13: Mplus-Input zur Spezifikation einer Konfirmatorischen Mehrebenen-
Faktorenanalyse für Intergruppenkontakt und Fremdenfeindlichkeit 146

Abbildung 5.14: Mplus-Input zur Spezifikation einer Explorativen Mehrebenen-
Faktorenanalyse für Intergruppenkontakt und Fremdenfeindlichkeit 149

Abbildung 5.15: Mehrebenen-Strukturgleichungsmodell für die Wirkung
von individuellem und aggregiertem Intergruppenkontakt und des prozentualen
Immigrantenanteils auf Fremdenfeindlichkeit 153

Abbildung 5.16: Mplus-Input zur Spezifikation eines Mehrebenen-Strukturgleichungsmodells für die Wirkung von individuellem und aggregiertem Intergruppenkontakt und
des prozentualen Immigrantenanteils auf Fremdenfeindlichkeit 154

Tabellenverzeichnis

Tabelle 1.1: Aktualisierungen von Mplus 3

Tabelle 1.2: Befehlsblöcke und ihre Funktion in Mplus 8

Tabelle 1.3: Wichtige Optionen innerhalb der Befehlsblöcke in Mplus 16

Tabelle 2.1: Zuordnung der Indikatoren im Datensatz „GMF05_Querschnitt_CFA.sav" zu den GMF-Elementen 35

Tabelle 5.1: χ^2-Statistiken, Freiheitsgrade (df) und p-Werte unterschiedlicher Faktorlösungen auf der Individual- und Kontextebene 151

Kastenverzeichnis

Kasten 1.1: Ausschnitt aus dem Mplus-Output mit der Übersicht zum Mplus-Input 25

Kasten 1.2: Ausschnitt aus dem Mplus-Output mit der Zusammenfassung technischer Details der durchgeführten Analyse 26

Kasten 1.3: Ausschnitt aus dem Mplus-Output mit einer Zusammenfassung über Muster und Anzahl fehlender Werte 27

Kasten 1.4: Ausschnitt aus dem Mplus-Output mit weiteren Informationen zu den fehlenden Werten im Datensatz 28

Kasten 1.5: Ausschnitt aus dem Mplus-Output mit Angaben zu den Mittelwerten in den Variablen 28

Kasten 1.6: Ausschnitt aus dem Mplus-Output mit Angaben zu den Kovarianzen zwischen den Variablen 29

Kasten 1.7: Ausschnitt aus dem Mplus-Output mit Angaben zu den Korrelationen zwischen den Variablen 29

Kasten 2.1: Ausschnitt aus dem Mplus-Output mit einer Fehlermeldung bei Durchführung der Explorativen Faktorenanalyse 36

Kasten 2.2: Ausschnitt aus dem Mplus-Output mit Informationen zum Eigenwertverlauf und zu dem Modell-Fit für die einfaktorielle Lösung 38

Kasten 2.3: Ausschnitt aus dem Mplus-Output mit Informationen zu den Faktorladungen, Korrelationen zwischen den Faktoren und Residualvarianzen der manifesten Variablen für die einfaktorielle Lösung 40

Kasten 2.4: Ausschnitt aus dem Mplus-Output mit Informationen zu den Faktorladungen für die zweifaktorielle Lösung 41

Kasten 2.5: Ausschnitt aus dem Mplus-Output mit Informationen zu den Faktorladungen für die dreifaktorielle Lösung 42

Kasten 2.6: Ausschnitt aus dem Mplus-Output mit Informationen zu den Faktorladungen für das Faktorenmodell 2. Ordnung des Syndroms Gruppenbezogener Menschenfeindlichkeit. 45

Kasten 2.7: Ausschnitt aus dem Mplus-Output mit einem Hinweis bei Verwendung robuster *Maximum-Likelihood*-Schätzverfahren 47

Kasten 2.8: Ausschnitt aus dem Mplus-Output mit Informationen zu den standardisierten Schätzern der Faktorladungen 51

Kasten 2.9: Ausschnitt aus dem Mplus-Output mit Informationen zu den unstandardisierten Schätzern für den Strukturpart des Mediationsmodells 54

Kasten 2.10: Ausschnitt aus dem Mplus-Output mit unstandardisierten Schätzern für den indirekten Effekt von Intergruppenkontakt auf GMF über Wertschätzung kultureller Vielfalt 55

Kasten 2.11: Ausschnitt aus dem Mplus-Output mit Informationen zu den *bias*-korrigierten Konfidenzintervallen des indirekten Effekts von Intergruppenkontakt auf GMF über Wertschätzung kultureller Vielfalt auf Basis des *Bootstrapping*-Verfahrens 57

Kasten 2.12: Empfohlene Literatur für die Konfirmatorische Faktorenanalyse und Strukturgleichungsmodelle 57

Kasten 3.1: Ausschnitt aus dem Mplus-Output mit Angaben zu Anzahl und Größe der Gruppen im Rahmen des Multiplen Gruppenvergleichs................................. 68

Kasten 3.2: Ausschnitt aus dem Mplus-Output mit Angaben zum Beitrag der einzelnen Gruppen zum χ^2-Wert für das *Baseline*-Modell im Rahmen des Multiplen Gruppenvergleichs 68

Kasten 3.3: Ausschnitt aus dem Mplus-Output mit Angaben zu den unstandardisierten Schätzern der Faktorladungen in beiden Bildungsgruppen im Rahmen des Multiplen Gruppenvergleichs 69

Kasten 3.4: Ausschnitt aus dem Mplus-Output mit Angaben zu den Faktorladungen in beiden Bildungsgruppen für das Modell zur Prüfung metrischer Invarianz im Rahmen eines Multiplen Gruppenvergleichs 71

Kasten 3.5: Ausschnitt aus dem Mplus-Output mit Angaben zu den Modifikationsindizes für das Modell zur Prüfung metrischer Invarianz im Rahmen eines Multiplen Gruppenvergleichs 73

Kasten 3.6: Ausschnitt aus dem Mplus-Output mit Angaben zu Modifikationsindizes für das Modell zur Prüfung partieller metrischer Invarianz im Rahmen eines Multiplen Gruppenvergleichs (freie Schätzung der Faktorladungen für die Indikatoren „as01q4r" und „ff08dq4r") 76

Kasten 3.7: Ausschnitt aus dem Mplus-Output mit Angaben zu den Modifikationsindizes für das Modell zur Prüfung skalarer Invarianz im Rahmen eines Multiplen Gruppenvergleichs 78

Kasten 3.8: Ausschnitt aus dem Mplus-Output mit Angaben zu den latenten Mittelwerten der Gruppe der Befragten mittleren Bildungsniveaus (Referenzgruppe) im Rahmen eines Multiplen Gruppenvergleichs 80

Kasten 3.9: Ausschnitt aus dem Mplus-Output mit Angaben zu den latenten Mittelwerten in der Gruppe der Befragten mit hohem Bildungsniveau (Vergleichsgruppe) im Rahmen eines Multiplen Gruppenvergleichs 81

Kasten 3.10: Ausschnitt aus dem Mplus-Output mit Angaben zu den Schätzern der Kovarianzen zwischen den latenten Variablen Fremdenfeindlichkeit, Islamophobie und Rassismus in der Gruppe der Befragten mit mittlerem und hohem Bildungsniveau im Rahmen eines Multiplen Gruppenvergleichs.. 82

Kasten 3.11: Ausschnitt aus dem Mplus-Output mit Angaben zu den Schätzern der Kovarianzen zwischen den latenten Variablen Fremdenfeindlichkeit, Islamophobie und Rassismus in beiden Bildungsgruppen nach Implementierung von Gleichheitsrestriktionen im Rahmen eines Multiplen Gruppenvergleichs.................. 84

Kasten 3.12: Empfohlene Literatur für Multiple Gruppenvergleiche 84

Kasten 4.1: Ausschnitt aus dem Mplus-Output mit den Modifikationsindizes
für die *intercepts* der längsschnittlichen Konfirmatorischen Faktorenanalyse zur Prüfung
von skalarer Messinvarianz.. 95

Kasten 4.2: Ausschnitt aus dem Mplus-Output mit den unstandardisierten und
standardisierten Parameterschätzern für die autoregressiven und *Cross-Lagged*-
Beziehungen im Rahmen des latenten ARM für Intergruppenkontakt und
Fremdenfeindlichkeit 102

Kasten 4.3: Ausschnitt aus dem Mplus-Output mit den unstandardisierten
Parameterschätzern für für die Regressionsgewichte der ungemessenen Drittvariablen
und sowie die autoregressiven und *Cross-Lagged*-Beziehungen... 106

Kasten 4.4: Ausschnitt aus dem Mplus-Output mit ausgewählten, unstandardisierten
Parameterschätzern für das unkonditionale LGC 2. Ordnung für Fremdenfeindlichkeit..... 110

Kasten 4.5: Ausschnitt aus dem Mplus-Output mit ausgewählten, standardisierten
Parameterschätzern für das konditionale LGC 2. Ordnung für Fremdenfeindlichkeit......... 113

Kasten 4.6: Empfohlene Literatur für das ARM und LGC 113

Kasten 5.1: Ausschnitt aus dem Mplus-Output zur Schätzung des ICC
von Fremdenfeindlichkeit mittels `TYPE = TWOLEVEL BASIC`................................... 122

Kasten 5.2: Mplus-Fehlermeldung bei fehlender Kennzeichnung einer Kontextvariable
durch die `BETWEEN`-Option 123

Kasten 5.3: Ausschnitt aus dem Mplus-Output des *Intercept-As-Outcome*-Modells
zur Wirkung von Intergruppenkontakt und des prozentualen Immigrantenanteils auf
Fremdenfeindlichkeit 126

Kasten 5.4: Ausschnitt aus dem Mplus-Output zum Anteil statistisch aufgeklärter Varianz
des *Intercept-As-Outcome*-Modells zur Wirkung von Intergruppenkontakt und
des prozentualen Immigrantenanteils auf Fremdenfeindlichkeit 126

Kasten 5.5: Ausschnitt aus dem Mplus-Output des *Random-Slope*-Modells
für die Wirkung von Intergruppenkontakt und des prozentualen Immigrantenanteils
auf Fremdenfeindlichkeit 128

Kasten 5.6: Ausschnitt aus dem Mplus-Output des *Intercept-And-Slope-As-Outcome*-
Modells für die Wirkung von Intergruppenkontakt und des prozentualen
Immigrantenanteils auf Fremdenfeindlichkeit 130

Kasten 5.7: Ausschnitt aus dem Mplus-Output zur Schätzung des ICC von
Intergruppenkontakt und Fremdenfeindlichkeit mittels `TYPE = TWOLEVEL BASIC`....... 133

Kasten 5.8: Ausschnitt aus dem Mplus-Output zur Schätzung der Interkorrelationen
von Intergruppenkontakt und Fremdenfeindlichkeit `TYPE = TWOLEVEL BASIC` 134

Kasten 5.9: Ausschnitt aus dem Mplus-Output des *Intercept-As-Outcome*-Modells
für die Wirkung von individuellem und aggregiertem Intergruppenkontakt sowie des
prozentualen Immigrantenanteils auf Fremdenfeindlichkeit.. 136

Kasten 5.10: Ausschnitt aus dem Mplus-Output der Mehrebenenanalyse für die Prüfung
eines Kontexteffekts von Intergruppenkontakt auf Fremdenfeindlichkeit........................... 139

Kasten 5.11: Ausschnitt aus dem Mplus-Output der Mehrebenen-Pfadanalyse
für die Wirkung von individuellem und aggregiertem Intergruppenkontakt und
des prozentualen Immigrantenanteils auf Fremdenfeindlichkeit 142

Kasten 5.12: Mplus-Output zum Test des indirekten Effekts des prozentualen
Immigrantenanteils auf Fremdenfeindlichkeit 143

Kasten 5.13: Ausschnitt aus dem Mplus-Output der Konfirmatorischen Mehrebenen-
Faktorenanalyse für Intergruppenkontakt und Fremdenfeindlichkeit 148

Kasten 5.14: Ausschnitt aus dem Mplus-Output der Explorativen Mehrebenen-
Faktorenanalyse für Intergruppenkontakt und Fremdenfeindlichkeit (Eigenwerte) 150

Kasten 5.15: Ausschnitt aus dem Mplus-Output der Explorativen Mehrebenen-
Faktorenanalyse für Intergruppenkontakt und Fremdenfeindlichkeit – Faktorladungen
Modell (b) 151

Kasten 5.16: Ausschnitt aus dem Mplus-Output der Explorativen Mehrebenen-
Faktorenanalyse für Intergruppenkontakt and Fremdenfeindlichkeit – Faktorladungen
Modell (d) 152

Kasten 5.17: Ausschnitt aus dem Mplus-Output des Mehrebenen-Strukturgleichungsmodells für die Wirkung von individuellem und aggregiertem Intergruppenkontakt
und des prozentualen Immigrantenanteils auf Fremdenfeindlichkeit 155

Kasten 5.18: Mplus-Output des Mehrebenen-Strukturgleichungsmodells zum Test
des indirekten Effekts des prozentualen Immigrantenanteils auf Fremdenfeindlichkeit 156

Kasten 5.19: Empfohlene Literatur für Mehrebenenanalysen. 157

1   Mplus – Eine Übersicht

Es stimmt schon: Die Einarbeitung in ein neues Statistikprogramm stellt immer einen mehr oder minder aufwändigen Prozess dar. Und da es verschiedene Alternativen zur Nutzung von Mplus gibt, ist die Frage nach den Vor- und Nachteilen dieser Analysesoftware alles andere als unerheblich. In dem ersten Teil dieses einleitenden Kapitels geben wir deshalb einen Überblick über die zentralen Merkmale von Mplus. Wir zeigen hierbei verschiedene, nach unserer Meinung besonders positive Aspekte von Mplus auf, gehen aber auch auf die unumgängliche Notwendigkeit des Erlernens der Mplus-Syntax ein. Vor diesem Hintergrund stellen wir im zweiten Teil dieses Kapitels die grundlegende Struktur dieser Syntax vor und gehen auf deren zentralen Befehle und Optionen ein. Und wer weiß? Möglicherweise werden bereits an dieser Stelle viele Leser und Leserinnen dieses Buches unseren Eindruck teilen, dass die Mplus-Syntax gleichermaßen leicht zu erlernen und flexibel einsetzbar ist. Abschließend stellen wir dar, wie die typischerweise zunächst in Formaten anderer statistischer Softwarepakete (wie z.B. SPSS oder STATA) vorliegenden Daten für die Analyse in Mplus aufbereitet werden.

1.1   Das Statistikprogramm Mplus

Wir möchten die Vorstellung von Mplus mit einem Zitat der beiden Entwickler dieser statistischen Analysesoftware, Bengt und Linda Muthén, beginnen. Es stammt aus dem Vorwort des Mplus-Manuals (Muthén & Muthén, 1998–2010, Preface):

> We started to develop Mplus fifteen years ago with the goal of providing researchers with powerful new statistical modeling techniques. We saw a wide gap between new statistical methods presented in the statistical literature and the statistical methods used by researchers in substantively-oriented papers. Our goal was to help to bridge this gap with easy-to-use but powerful software.

Muthén und Muthén benennen hier bereits die zentralen Vorteile von Mplus: Mplus ist ein anwenderfreundliches („easy-to-use") und gleichzeitig besonders vielfältig einsetzbares („powerful") Statistikprogramm, das die Anwendung neuerer statistischer Verfahren („new statistical modeling techniques") vereinfachen soll. In methodischer Hinsicht liegt ein besonderer Schwerpunkt von Mplus auf kovarianzbasierten Methoden. Die große Bandbreite der hierbei zur Verfügung stehenden Verfahren veranschaulicht Abbildung 1.1.

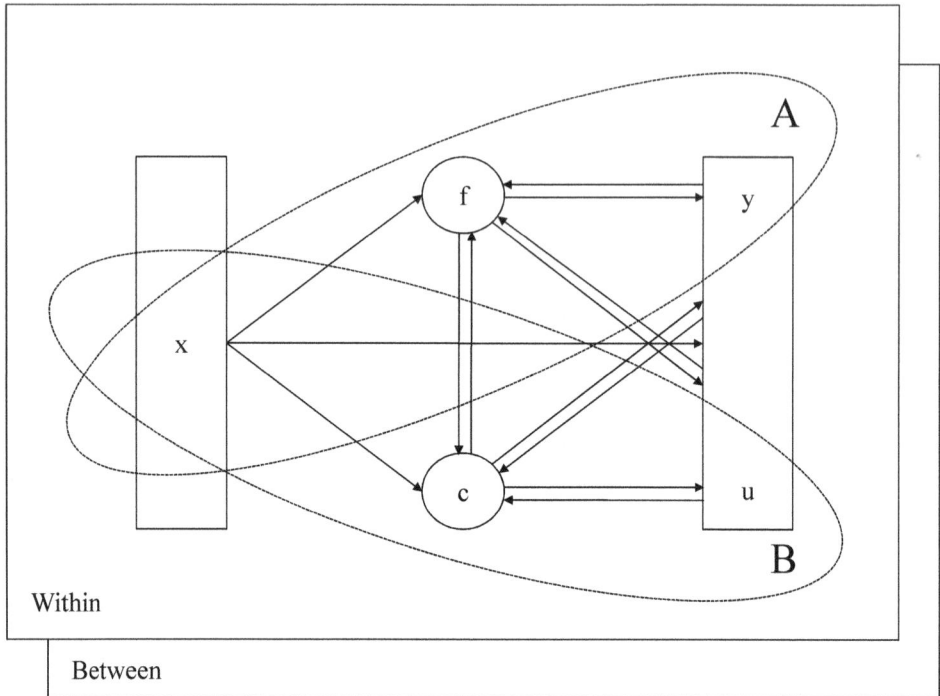

Abbildung 1.1: Grafische Übersicht über die Modellierungsmöglichkeiten in Mplus. Quelle: Muthén & Muthén (1998–2010, S. 3)

Von zentraler Bedeutung sind die in Abbildung 1.1 dargestellten Ellipsen A und B.

Ellipse A bezeichnet Beziehungen zwischen manifesten (Variablen „x" und „y") und latenten kontinuierlichen Variablen (Variable „f"). Hierbei handelt es sich um typische Anwendungen kovarianzbasierter Verfahren, wie z.B. Konfirmatorische Faktorenanalyse, Strukturgleichungsmodelle, autoregressive Modelle und latente Wachstumskurvenmodelle. Auf diese Verfahren gehen wir in den folgenden Kapiteln dieses Buches näher ein.

Ellipse B symbolisiert die Berücksichtigung kategorialer manifester (Variable „u") wie auch latenter Variablen (Variable „c") in Mplus. Dies erweitert das Anwendungsfeld von Mplus auf eine Vielzahl von Mischverteilungsmodellen („Mixture Models"), wie z.B. latente Klassenanalyse und Loglineare Modelle. Auf diese Verfahren gehen wir in diesem Buch allerdings nicht weiter ein; ein guter Überblick über diesen Bereich findet sich in Hancock und Samuelsen (2008).

Die Unterscheidung von Variablenbeziehungen innerhalb („Within") und zwischen („Between") Beobachtungseinheiten verweist auf die Möglichkeiten der Analyse hierarchischer Daten in Mplus, z.B. anhand klassischer Mehrebenen-Regressionsmodelle oder durch Mehrebenen-Strukturgleichungsmodelle. Diese Verfahren werden im abschließenden Kapitel des Buches behandelt. Bereits dieser stark vereinfachte Überblick zeigt das umfangreiche methodische Spektrum von Mplus. Dabei resultiert die zuvor beschriebene besondere Flexibilität von Mplus aus den nahezu unbegrenzten Kombinationsmöglichkeiten dieser verschiedenen Teilbereiche. Dies ermöglicht den Anwenderinnen und Anwendern die Bearbeitung einer Vielzahl von Fragestellungen mit nur einem einzigen Statistikprogramm.

Eine weitere Stärke von Mplus besteht in den regelmäßigen Aktualisierungen. Tabelle 1.1 gibt einen Überblick über die grundlegenden Aktualisierungen in Form neuer Versionen, wobei Neuerungen innerhalb der Versionen nicht dargestellt sind. Zum Zeitpunkt der Fertigstellung dieses Buches lag Mplus in der Version 6.11 vor.

Tabelle 1.1: Aktualisierungen von Mplus

Datum der Veröffentlichung	Version
November 1998	Mplus 1
Februar 2001	Mplus 2
März 2004	Mplus 3
Februar 2006	Mplus 4
November 2007	Mplus 5
April 2010	Mplus 6

Die Aktualisierungen von Mplus beinhalten in der Regel die Aufnahme neuer Leistungsmerkmale. Hierzu zählen innovative statistische Verfahren, verbesserte Schätzmethoden oder eine Steigerung der Analysegeschwindigkeit. Auf der Mplus-Homepage (http://www.statmodel.com) wird eine Übersicht über die Aktualisierungsgeschichte mit Beschreibung der konkreten Neuerungen gegeben.

Ein weiterer Vorteil von Mplus ist die relativ umfangreiche Bereitstellung von Informationen, Anwendungsbeispielen und Dokumentationen über die Software auf der Mplus-Homepage (s. Abbildung 1.2).

Unter dem Menüpunkt „Documentation" stehen das aktuelle Mplus-Manual sowie Erläuterungen zu den statistischen Hintergründen der in Mplus implementierten Verfahren zur Verfügung. Der Menüpunkt „Analysis/Research" enthält eine Reihe von Beispielanwendungen. Sie demonstrieren die unterschiedlichen Analyseverfahren in Mplus mit den entsprechenden Mplus-In- und -Outputs sowie den dazugehörigen Datensätzen. Darüber hinaus können hier zahlreiche Beispiele zur Anwendung von Mplus im Rahmen wissenschaftlicher Publikationen heruntergeladen werden. Die Mplus-Homepage stellt somit reichhaltige Informationen für die Anwender zur Verfügung.

Mplus

MONDAY
JUNE 20, 2011

HOME   ORDER   SUPPORT   CONTACT US   MPLUS DISCUSSION

MPLUS
Mplus at a Glance
General Description
Mplus Programs
Pricing
Version History
System Requirements
FAQ

MPLUS DEMO VERSION

TRAINING
Short Courses
Short Course Videos
 and Handouts
Web Training

DOCUMENTATION
Mplus User's Guide
Technical Appendices
Mplus Web Notes

ANALYSES / RESEARCH
Mplus Examples
Papers
References

SPECIAL MPLUS TOPICS
Complex Survey Data
Exploratory SEM
Genetics
IRT
Missing Data
Randomized Trials

HOW-TO
Using Mplus via R
Chi-Square Difference
 Test for MLM and MLR
Power Calculation
Monte Carlo Utility

SEARCH
[ ] Go

Mplus Website Updates

Last updated: June 07, 2011

Mplus

Latest News

The Mplus Team would like to congratulate Bengt Muthén for receiving the Lifetime Achievement Award from the Psychometric Society for his outstanding contributions in the field of psychometrics. He will be honored at the Hong Kong meeting of the Psychometric Society from July 18-22, 2011.

- Mplus Version 6.11 is now available for Windows, Mac OS X, and Linux for both 32- and 64-bit computers. Mplus Version 6.11 contains corrections to minor problems that have been found since the release of Version 6.1. Click here for more information.
- Mplus Version 6.11 is available at no cost to anyone who purchased Mplus within the last year and to those with a current upgrade and support contract. Click here to download the 32- or 64-bit versions of Mplus Version 6.11.
- Meta-analysis in Mplus. Click here for Mplus scripts.
- New version of the Bayesian SEM paper. Click here for Mplus scripts.
- In the latest issue of the SEM journal, seven out of the eight articles use Mplus. Click here for more information.
- Two papers using Mplus for nonignorable missing data are the lead articles in the March 2011 issue of Psychological Methods. See Enders and Muthén et al.

Upcoming Mplus Short Courses

Click here for more information on the courses.

Mplus Demo Version

The Mplus Demo version is available for download at no cost. Click here to download the demo. The demo version contains all of the capabilities of the regular version of Mplus and is only limited by the number of observed variables that can be used in an analysis.

Student Pricing for Mplus Version 6.11

Special student pricing is available for Mplus The student version of the program is identical to the regular version. Click here for more information.

Mplus Version 6 User's Guide and Examples

Click here for the Mplus Version 6 User's Guide and to download the input, output, and data for the Mplus User's Guide examples.

Mplus Web Training and Handouts

Videos and handouts for the 9 topics of the Mplus Short Courses are now available for viewing on the web. Other Mplus web training includes web talks, a seminar series, a one-day overview course, a two-day course, and a 20-lecture course on Mplus analyses.

Papers Using Special Mplus Features

Click here to find papers ordered by topic and by date.

Mplus Web Notes

Mplus Web Notes is a vehicle for presenting information on Mplus analysis techniques. Click here to go to Mplus Web Notes.

Mplus Complex Survey Data Project

Mplus has an ongoing research project on complex survey analysis for multivariate models. Papers from this project will be posted as the research progresses. Click here for papers from this project.

Mplus User's Meetings

Click here for information about past and future Mplus User's Meetings.

Abbildung 1.2: Startseite der Mplus-Homepage (http://www.statmodel.com) vom 20.06.2011

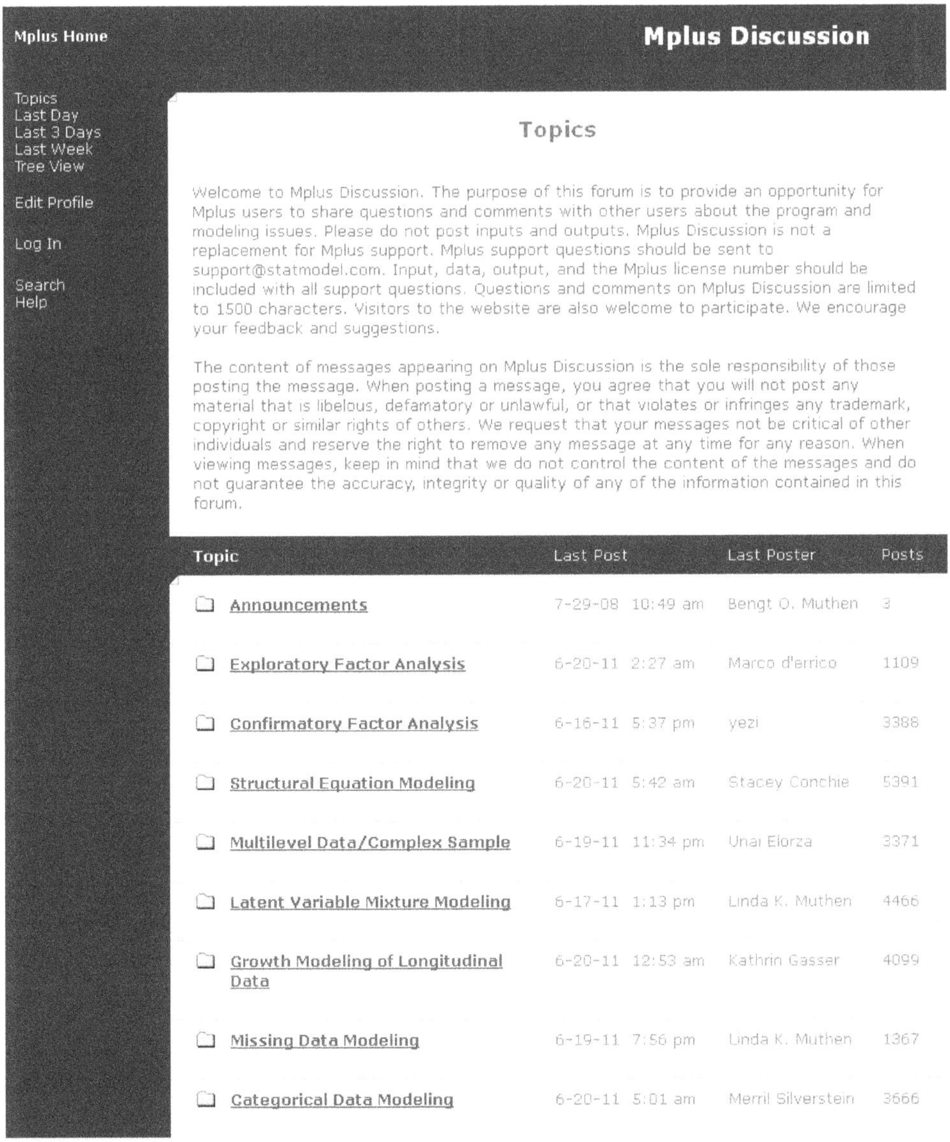

Abbildung 1.3: Die „Mplus Discussion"-Seite

Eine weitere Stärke der Mplus-Homepage ist das „Mplus Discussion"-Forum (Abbildung 1.3). In diesem Forum können Anwender Fragen zu verschiedenen Verfahren in Mplus (z.B. Konfirmatorische Faktorenanalyse, Mehrebenenanalyse) stellen und kommentieren. Die Besonderheit dieses Forums besteht darin, dass entsprechende Anfragen direkt von den Entwicklern des Mplus-Programms beantwortet werden. Zur gezielten Recherche nach bestimmten Themen und Problemen steht auf der „Mplus Discussion"-Seite eine effektive Such-Funktion zur Verfügung. Gerade zu Beginn der Einarbeitung in Mplus stellt die „Mplus Discussion"-Seite erfahrungsgemäß eine sehr hilfreiche Informationsquelle dar. Die Nutzung dieser Seite ist kostenlos. Es besteht aber auch die Möglichkeit, einen sogenannten

„Mplus Upgrade and Support Contract" abzuschließen. Dieser ermöglicht es den Anwendern, direkte Unterstützung seitens der Mplus-Entwickler zu erhalten. Im Problemfall kann eine Problembeschreibung und der Datensatz an die Entwickler gesendet werden, die sich dann gezielt um eine Lösung bemühen. Dieser Service ist nach Erwerb einer Mplus-Lizenz für den Zeitraum eines Jahres inbegriffen. Nach unserem Eindruck sind viele vermeintlich individuelle Fragen und Probleme zur Nutzung von Mplus bereits bei anderen Anwendern in ähnlicher Weise aufgetreten. Aus diesem Grund sind auf der „Mplus Discussion"-Seite bereits oftmals viele Antworten und Lösungsvorschläge für das eigene Problem zu finden. Daher ist individuell abzuwägen, ob die zusätzliche Investition in einen „Mplus Upgrade and Support Contract" lohnend ist.

Nach unserer Meinung setzen die in diesem Abschnitt vorgestellten Stärken Mplus positiv von verschiedenen alternativen Statistikpaketen ab. Aus Anwendersicht kann ein möglicher Nachteil allerdings darin bestehen, dass für die Anwendung von Mplus das Erlernen der Mplus-Syntax unumgänglich ist. Anders als in anderen Programmen besteht in Mplus keine Möglichkeit für einen grafischen Input. Auch die Optionen, einen Mplus-Input über die Menüsteuerung zu erzeugen, sind sehr begrenzt. Aus diesem Grund gehen wir auf diese Möglichkeit nicht ein. Allerdings – und das ist das Entscheidende – ist die Syntax von Mplus z.B. mit Unterstützung durch dieses Lehrbuch relativ einfach zu erlernen. Der Zeitaufwand hierfür ist überschaubar und aus unserer Sicht eine sehr lohnende Investition. Wir geben daher im Folgenden einen Überblick über die Mplus-Syntax. Bewusst gehen wir dabei nur auf die wichtigsten Befehlsblöcke und die am häufigsten verwendeten Optionen ein; zusätzliche Optionen werden aber im Verlauf der folgenden Kapitel eingeführt. Für den Erwerb einer Übersicht über sämtliche Befehlsblöcke und Optionen der Mplus-Syntax empfehlen wir die Nutzung des Mplus-Manuals.

1.2   Die Mplus-Syntax

Nach dem Start von Mplus erscheint zunächst der leere Mplus-Editor (Mplus-Input; Abbildung 1.4). Auch wenn in der oberen Menüzeile eine Reihe von Optionen zur Verfügung steht, erfolgt die Spezifikation eines Modells generell über die Befehlssprache. Diese wird direkt in den Editor (hier benannt mit „Mptext 1") eingegeben. In dem Mplus-Input werden alle für eine Analyse notwendigen Informationen und Spezifikationen mittels der Befehlssprache bereitgestellt. Da jede Analyse einen eigenen Input benötigt, sollte jeder Mplus-Input in separaten Datenfiles abgespeichert werden (über Mplus-Menü File → Save as → *.inp). Die Ergebnisse der Analysen werden in Mplus automatisch in einem separaten Output-File (Mplus-Output; *.out) gespeichert. Der Output-File erhält den gleichen File-Namen wie der dazugehörige Mplus-Input. Nach der Durchführung einer Analyse öffnet sich dieser Mplus-Output selbstständig.

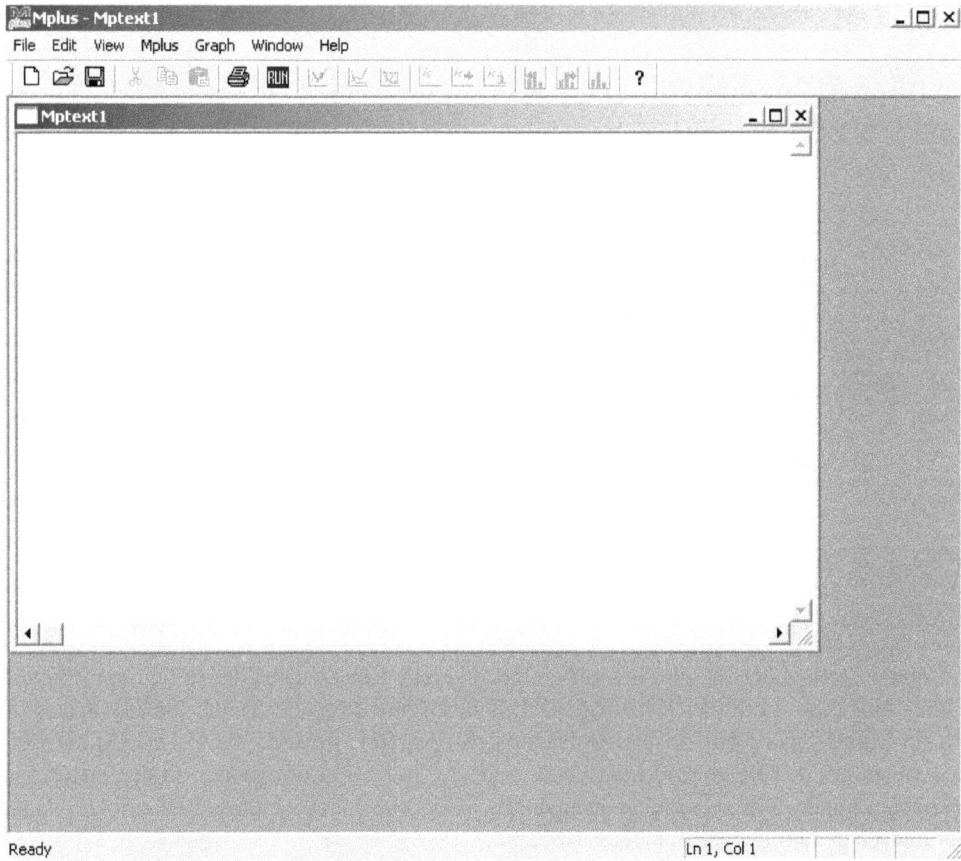

Abbildung 1.4: Der Mplus-Editor (Mplus-Input)

Im Sinne der Entwicklung einer anwenderfreundlichen Statistiksoftware ist die Befehlssprache von Mplus sehr sparsam aufgebaut. Sie basiert auf insgesamt 10 Befehlsblöcken, wobei jeder dieser Befehlsblöcke eine Reihe von weiteren Optionen beinhaltet. In Tabelle 1.2 sind diese 10 Befehlsblöcke mit ihrer generellen Funktion aufgeführt.

Tabelle 1.2: Befehlsblöcke und ihre Funktion in Mplus

Befehlsblock	Funktion
TITLE	Wahl eines Titels für die Analyse
DATA	Informationen über die Daten, auf denen die Analyse basiert
	Dieser Befehlsblock ist immer notwendig
VARIABLE	Informationen über die im Datensatz enthaltenen Variablen
	Dieser Befehlsblock ist immer notwendig
DEFINE	Transformation von bestehenden Variablen und Berechnung neuer Variablen
ANALYSIS	Beschreibung technischer Details der Analyse
MODEL	Spezifikation des zu schätzenden Models
OUTPUT	Bereitstellung zusätzlicher Informationen in dem Mplus-Output
SAVEDATA	Daten und Ergebnisse der Analyse können gespeichert werden
PLOT	Grafische Darstellung der Daten und Ergebnisse der Analyse
MONTECARLO	Spezifikation von Monte Carlo Simulationsstudien

An dieser Stelle möchten wir kurz auf einige generelle Kennzeichen der Befehlssprache von Mplus eingehen. Vorab ist festzuhalten, dass die Reihenfolge der Befehlsblöcke irrelevant ist. Im Mplus-Input kann beispielsweise zunächst der Befehlsblock MODEL verwendet werden, bevor mit den Befehlsblöcken DATA und VARIABLE Informationen zu den Daten und Variablen folgen. Wir verwenden dennoch die in Tabelle 1.2 aufgeführte Reihenfolge, da sie der logischen Abfolge der Befehle entspricht.

Innerhalb jedes Befehlsblocks steht eine Reihe von Optionen zur Verfügung, die immer mit einem Semikolon abgetrennt werden müssen:

```
DATA:        FILE IS Beispiel.dat;
```

An dieser Stelle haben wir in dem Befehlsblock DATA die Option FILE verwendet, die wir weiter unten näher beschreiben werden.

Das Semikolon am Ende dieses Ausdrucks ist von grundlegender Bedeutung. Unsere Erfahrung ist, dass gerade zu Beginn der Verwendung von Mplus das Fehlen eines (oder mehrerer) Semikolons zu Fehlermeldungen führt.

Die Befehlssprache ist nicht sensitiv für Groß-/Kleinschreibung. Statt FILE IS kann auch file is verwendet werden. Dennoch empfehlen wir, für Befehle und Optionen im Mplus-Input die Großschreibung zu verwenden. Dies ermöglicht eine übersichtlichere Gestaltung des Mplus-Inputs und die schnellere Sichtbarkeit unterschiedlicher Optionen.

Weiterhin ist die Beschränkung der Zeilenlänge des Mplus-Inputs auf maximal 90 Spalten zu beachten. Alle Optionen bzw. jeglicher Text, der über die Länge dieser 90 Spalten hinausreicht, werden von Mplus ignoriert und führen leicht zu Fehlermeldungen.

Zur Kommentierung des Mplus-Inputs können Ausrufezeichen („!") verwendet werden:

```
DATA:        FILE IS Beispiel.dat; !Verwendeter Daten-File
```

Ausrufezeichen können auch zur Deaktivierung einzelner Optionen in einem Mplus-Input verwendet werden:

```
DATA:        !FILE IS Beispiel.dat;
```

In diesem Fall würde Mplus die Option FILE IS ignorieren. In dem Mplus-Input erscheint die Schrift nach dem Ausrufezeichen in grüner Farbe. Damit wird in Mplus gekennzeichnet, dass diese Textzeile ignoriert wird.

Im Folgenden stellen wir die ersten sieben der in Tabelle 1.2 aufgeführten Befehlsblöcke näher vor. Der Befehlsblock PLOT wird in Kapitel 4 skizziert. Die Befehlsblöcke SAVEDATA und MONTECARLO sind für die in diesem Buch vorgestellten Verfahren nicht notwendig und werden daher nicht behandelt.

1.2.1   Der Befehlsblock TITLE

Im Befehlsblock TITLE wird ein Titel für die Analysen gewählt. Dieser beschreibt die im Mplus-Input spezifizierte Analyse:

```
TITLE:       Ein Beispiel-Input
```

In diesem Fall wird kein Semikolon nach Ende des Titels benötigt, da es sich nicht um eine Option handelt.

Der Befehlsblock TITLE ist nicht zwingend erforderlich. Dennoch kann die Betitelung einer Analyse die Zuordnung einer möglicherweise recht komplexen Mplus-Syntax zum eigentlichen Analyseziel sicher vereinfachen. Letztlich bleibt die Nutzung dieser Option aber den individuellen Vorlieben der Anwenderin und des Anwenders überlassen.

1.2.2   Der Befehlsblock DATA

Der Befehlsblock DATA spezifiziert nähere Informationen zu dem Datensatz, der die Grundlage für die eigentlichen Analysen darstellt. Dieser Befehlsblock muss daher immer im Mplus-Input verwendet werden.

Von zentraler Bedeutung ist die Option FILE IS. Mit dieser Option wird der Name und Speicherort des Datenfiles spezifiziert:

```
DATA:        FILE IS Beispiel.dat;
```

Mplus liest Daten im ASCII-Format ein. Auf die Umwandlung von SPSS-Datensätze in das ASCII-Format gehen wir weiter unten näher ein. In diesem Beispiel haben wir keinen genauen Ordnerpfad angegeben. Eine sehr nützliche Voreinstellung („default") in Mplus besteht darin, dass das Programm die Daten zunächst in dem Ordner sucht, in dem der jeweilige Mplus-Input gespeichert ist. Der genaue Ordnerpfad muss daher nicht angegeben werden.

Sollte der Datenfile allerdings in einem anderen Ordner abgelegt sein, muss der genaue Ordnerpfad angegeben werden:

```
DATA:        FILE IS C:\Daten\Beispiel.dat;
```

Zur Fehlervermeidung empfehlen wir, den Datenfile und den Mplus-Input immer in dem gleichen Ordner zu speichern.

Eine weitere wichtige Option ist FORMAT IS. Hiermit wird das Format definiert, in dem der Datensatz vorliegt. Für die in Mplus als „individual data" bezeichneten Rohdaten können zwei Formate verwendet werden: „free" oder „fixed". In der Regel wird das in Mplus vor-eingestellte „free"-Format verwendet. Hierbei muss jeder Eintrag (jede Variable) in dem Datensatz durch Komma, Leertaste oder Tabulator getrennt sein. Die Anzahl an Variablen in dem Datensatz muss an dieser Stelle nicht angegeben werden. Diese geht aus der Option NAMES ARE in dem Befehlsblock VARIABLE hervor. Die Anzahl an Variablen, die in dieser Option spezifiziert werden, entspricht der Anzahl an Eintragungen, die für jeden individuel-len Fall eingelesen werden (s. Kapitel 1.2.3). Die Anzahl an Variablen ist auf 500 limitiert. Da FORMAT IS FREE die Voreinstellung ist, muss die entsprechende Befehlszeile im Mplus-Input auch nicht spezifiziert werden, wenn die Daten in diesem Format vorliegen.

Das „fixed"-Format wird nur selten verwendet. Es bietet sich an, wenn Datensätze mit einer sehr großen Anzahl an Variablen eingelesen werden sollen. An dieser Stelle gehen wir nicht näher auf diese Möglichkeit ein. Die Verwendung von FORMAT IS FIXED wird ausführlich im Mplus-Manual beschrieben.

Die nächste wichtige Option ist TYPE IS. Mit dieser Option wird spezifiziert, welche In-formation der Datensatz enthält. Die Voreinstellung ist TYPE IS INDIVIDUAL. Bei dieser Einstellung werden Rohdaten verwendet, wobei die Fälle (z.B. die Befragten) in Zeilen und die Variablen in Spalten angezeigt werden. Neben Rohdaten können aber auch zusammenge-fasste Daten in Form einer Korrelations- (TYPE IS CORR) oder Kovarianzmatrix (TYPE IS COV) verwendet werden. Der Regelfall ist, dass Rohdaten verwendet werden. Sollten jedoch zusammengefasste Daten vorliegen, muss zusätzlich mit der Option NOBSERVATIONS die Anzahl an Beobachtungen spezifiziert werden:

```
DATA:        NOBERSERVATIONS = 1000;
```

Dies sind die am häufigsten verwendeten Optionen in diesem Befehlsblock. Auf weitere wichtige Optionen werden wir noch im Kontext unserer Anwendungsbeispiele eingehen.

1.2.3   Der Befehlsblock VARIABLE

In diesem Befehlsblock werden Informationen zu den im zuvor definierten Datensatz enthal-tenen Variablen gegeben. Der Befehlsblock VARIABLE ist immer notwendig, da hier die Benennung und Beschreibung der Variablen vorgenommen wird.

Mit der Option NAMES ARE werden die Variablen im Datensatz benannt:

```
VARIABLE:    NAMES ARE x1 x2 x3;
```

Die Verwendung dieser Option ist immer erforderlich. Dabei ist insbesondere die Überein-stimmung der Reihenfolge zwischen den hier spezifizierten Variablen und der Reihenfolge der Variablen im Datensatz zu beachten. Zusätzlich wird die Anzahl eingelesener Variablen pro Fall von der Anzahl der Variablen im Datensatz bestimmt. Fehler in der Festlegung der Reihenfolge und Anzahl an Variablen können drastische Folgen haben, die nicht immer unmittelbar erkennbar sind. Beispielsweise liest Mplus die Daten trotz fehlerhafter Angaben ein; weicht jedoch die Anzahl der in der Syntax definierten Variablen von der Anzahl an Variablen im Datensatz ab, so werden die Daten falsch eingelesen. Wir beschreiben weiter unten, wie solche Fehler relativ einfach vermieden werden können.

Die Länge der Variablennamen ist auf 8 Zeichen beschränkt. Alle Namen müssen mit einem Buchstaben beginnen. Die Variablen können durch Komma oder Leerzeichen voneinander separiert werden. Groß-/Kleinschreibung wird ignoriert.

Listen von Variablen können wie folgt spezifiziert werden:

`VARIABLE:    NAMES ARE x1-x3;`

In diesem Fall übersetzt Mplus dies in `NAMES ARE x1 x2 x3`.

Eine weitere wichtige Option ist `USEVARIABLES`. Mit dieser Option werden diejenigen Variablen ausgewählt, die für die eigentliche Analyse verwendet werden sollen (in der Regel wird die Analyse in dem Befehlsblock `MODEL` spezifiziert; s.u.):

`VARIABLE:    USEVARIABLES ARE x1 x2;`

In diesem Fall werden nur die Variablen „x1" und „x2" für die Analyse genutzt. Wird die `USEVARIABLES`-Option im Mplus-Input nicht spezifiziert, so gehen alle Variablen in die Analyse ein. Mit Ausnahme neu erzeugter Variablen (Befehlsblock `DEFINE`; s.u.) spielt die Reihenfolge der Variablen in dieser Option keine Rolle.

Soll für eine Analyse nur eine Substichprobe genutzt werden, so können mit der Option `USEOBSERVATIONS` bestimmte Fälle ausgewählt werden. Ist zum Beispiel das Geschlecht der Fälle mit der kategorialen Variablen „geschl" definiert (1 = männlich, 2 = weiblich) und sollen nur Frauen für eine Analyse verwendet werden, dann würde die genaue Spezifikation folgendermaßen lauten:

`VARIABLE:    USEOBSERVATIONS = geschl EQ 2;`

Die Abkürzung `EQ` steht für „equals". Es können in dieser Option nur Variablen verwendet werden, die auch in der Option `NAMES ARE` spezifiziert sind. Für zusammengefasste Daten ist diese Option nicht erhältlich. Neben `EQ` stehen noch weitere logische Operatoren zur Verfügung wie `AND` (logisches „und") und `OR` (logisches „oder"). Zur Fallauswahl können mehrere Variablen und deren logische Verknüpfungen verwendet werden.

Weiterhin kann in diesem Befehlsblock das Skalenniveau der jeweiligen Variablen spezifiziert werden. Für alle manifesten unabhängigen und abhängigen Variablen wird in Mplus als Voreinstellung ein kontinuierliches Skalenniveau angenommen. Weist eine manifeste abhängige Variable ein nicht-kontinuierliches Skalenniveau auf, so muss dies im Mplus-Input zur Auswahl des geeigneten Analyseverfahrens spezifiziert werden. Dies kann mit den Optionen `CENSORED`, `CATEGORICAL`, `NOMINAL` und/oder `COUNT` erfolgen.

Handelt es sich beispielsweise bei x1 um eine kategoriale Variable, so würde dies folgende Spezifikation erfordern:

`VARIABLE:    CATEGORICAL IS x1;`

Die Beispiele in den folgenden Kapiteln basieren durchgängig auf kontinuierlichen Variablen. Somit gehen wir auf die Verwendung kategorialer Variablen nicht weiter ein. Im Mplus-Manual finden sich in Kapitel 15 weitere Informationen zu den unterschiedlichen Skalenniveaus.

1.2.4   Der Befehlsblock DEFINE

Im Befehlsblock `DEFINE` können Variablen transformiert oder auch neue Variablen erzeugt werden. Zu beachten ist hierbei, dass die Variablentransformation sowie die neu erzeugten Variablen nur für die jeweilige Analyse zur Verfügung stehen. Sie werden nicht im Rohdatensatz gespeichert. Die Option `DEFINE` kann für alle Variablen in der Option `NAMES` aufgelisteten Variablen verwendet werden. Für Transformationen stehen eine Reihe von Funktionen zur Verfügung wie `LOG` (natürlicher Logarithmus), `EXP` (Exponentialfunktion) und `SQRT` (Quadratwurzel). Ein Überblick über alle Funktionen wird im Mplus-Manual in Kapitel 15 gegeben. Die transformierte Variable muss anschließend neu benannt werden:

```
DEFINE:     x1_trans = LOG(x1);
```

In diesem Beispiel wurde die neue Variable „x1_trans" genannt. Für die Transformation wurde der natürliche Logarithmus verwendet.

Für die Berechnung neuer Variablen stehen zusätzlich eine Reihe von logischen Operatoren zur Verfügung. Beispiele sind `AND` (logisches „und"), `OR` (logisches „oder") oder auch `GT` („greater than"). Weitere Operationen können dem Mplus-Manual entnommen werden.

Zur Bildung des arithmetischen Mittels aus einer Reihe von Variablen ist die Option `MEAN` hilfreich:

```
DEFINE:     x_mean = MEAN (x1 x2 x3);
```

Die neu erzeugten Variablen müssen im Befehlsblock `VARIABLE` in der Option `USEVARI-ABLES` spezifiziert werden. Hierbei sind die Namen der neu erzeugten Variablen am Ende der Variablenliste aufzuführen. Zunächst werden also die im Befehlsblock `VARIABLE` in der Option `NAMES` aufgelisteten Variablen angegeben; dann erst werden die Bezeichnungen der neu erzeugten Variablen hinzugefügt:

```
VARIABLE:   USEVARIABLES ARE x1 x2 x3 x_mean;
```

Oftmals ist es sinnvoller, die Transformation und Berechnung neuer Variablen in Statistikpaketen wie SPSS durchzuführen. Im Unterschied zu Mplus hat dies den Vorteil, dass die transformierten oder neu berechneten Variablen im Datensatz selbst vorhanden sind und somit immer zur Verfügung stehen.

1.2.5   Der Befehlsblock `ANALYSIS`

Der Befehlsblock `ANALYSIS` dient zur Festlegung verschiedener Einstellungen für die beabsichtigten Analysen. So ermöglicht dieser Befehlsblock neben der Auswahl eines bestimmten Analysetyps (z.B. Explorative Faktorenanalyse, Mehrebenenanalyse) auch die Spezifikation unterschiedlicher Schätzmethoden (z.B. robuster *Maximum-Likelihood*-Schätzer) und weiterer technischer Details (z.B. Anzahl der Iterationen). In vielen Fällen werden sich Anwender aber auf die Voreinstellungen von Mplus verlassen. Gerade die unterschiedlichen technischen Einstellungen erfordern eine vertiefte Kenntnis der einzelnen Analyseverfahren. Wir möchten daher im Folgenden nur auf die Optionen eingehen, welche jede Anwenderin und jeder Anwender in der ‚täglichen' Arbeit mit Mplus beherrschen sollte. Im Mplus-Manual sind in Kapitel 16 die übrigen Optionen aufgelistet und beschrieben.

Eine häufig verwendete Option ist `TYPE`. Insgesamt wird in Mplus zwischen vier generellen Analysetypen unterschieden: `GENERAL`, `MIXTURE`, `TWOLEVEL` und `EFA`. Die Voreinstellung in Mplus ist `TYPE IS GENERAL`. Dieser Ausdruck bezieht sich auf alle Analysen, in denen die Beziehungen von manifesten Variablen und kontinuierlichen latenten Variablen analysiert werden sollen. Hierunter fallen die Konfirmatorische Faktorenanalyse und Strukturgleichungsmodelle (Kapitel 2) wie auch Multiple Gruppenvergleiche (Kapitel 3) und Modelle für Längsschnittanalysen (Kapitel 4). `TYPE IS MIXTURE` muss immer dann spezifiziert werden, wenn in Modellen auch kategoriale latente Variablen verwendet werden (z.B. latente Klassenanalyse). Solche Modelle sind nicht Gegenstand dieses Buches. Die Durchführung von Mehrebenenanalysen erfordert die Option `TYPE IS TWOLEVEL`. Hierauf gehen wir in Kapitel 5 ein. Für die Berechnung explorativer Faktorenanalysen ist die Option `TYPE IS EFA` auszuwählen (s. Kapitel 2).

Zum Teil können mehrere Einstellungen innerhalb dieser Option kombiniert werden. Soll beispielsweise eine Explorative Faktorenanalyse auf unterschiedlichen Analyseebenen durchgeführt werden (im Falle hierarchischer Daten; Kapitel 5), so würde dies mit `TYPE IS TWOLEVEL EFA` spezifiziert werden.

Zusätzliche Einstellungen sind `BASIC`, `RANDOM` und `COMPLEX`. Die Option `TYPE IS GE-NERAL BASIC` (oder einfach `TYPE IS BASIC`, da `GENERAL` Voreinstellung ist) dient zur Berechnung deskriptiver Stichprobenstatistiken. `TYPE IS COMPLEX` berechnet korrigierte Standardfehler und einen korrigierten χ^2-Test im Falle von abhängigen Beobachtungen bei hierarchischen Datensätzen (s. Kapitel 5). Die Einstellung `TYPE IS RANDOM` ermöglicht die Berechnung von Modellen mit sogenannten *random slopes* (s. Kapitel 4 und 5). Eine Spezifikation könnte also wie folgt aussehen:

```
ANALYSIS:    TYPE IS TWOLEVEL RANDOM;
```

Hiermit würde eine Mehrebenenanalyse mit einen *random slope* durchgeführt werden (s. Kapitel 5).

Eine zweite wichtige Option ist `ESTIMATOR`. In Abhängigkeit von dem mit der Option `TYPE IS` angeforderten Analysetyp können mit diesem Ausdruck unterschiedliche Schätzverfahren gewählt werden. Auch hier gibt es für alle Verfahren bestimmte Voreinstellungen. Beispielsweise ist die Voreinstellung für `TYPE IS GENERAL` ein *Maximum-Likelihood*-Schätzer (`ESTIMATOR IS ML`). Im Mplus-Manual sind die für das jeweilige Analyseverfahren zur Verfügung stehenden Voreinstellungen und die unterschiedlichen Schätzverfahren aufgelistet. Häufig bietet es sich an, statt normaler *Maximum-Likelihood*-Schätzer robuste *Maximum-Likelihood*-Schätzer zu verwenden. Diesen haben den Vorteil, dass sie robust gegenüber Verletzungen der Normalverteilungsannahme sind.

Ein robuster *Maximum-Likelihood*-Schätzer kann in Mplus durch die folgende Befehlssyntax angefordert werden:

```
ANALYSIS:    ESTIMATOR IS MLM;
```

MLM ist hierbei die Abkürzung für den robusten *Maximum-Likelihood*-Schätzer.

1.2.6   Der Befehlsblock `MODEL`

Die bisher vorgestellten Befehlsblöcke dienen dazu, im Mplus-Input Informationen zum Datensatz, den Variablen und der eigentlichen Analyse zu spezifizieren. Erst im Befehlsblock `MODEL` wird das eigentliche zu analysierende Modell festgelegt. Dabei verdeutlichen die folgenden Kapitel, dass in diesem Befehlsblock bereits mit wenigen Optionen sehr komplexe Modelle definiert werden können. An dieser Stelle konzentrieren wir uns jedoch erneut zunächst auf die wichtigsten Optionen.

Für die eigentliche Modellspezifikation sind die Optionen `BY`, `ON` und `WITH` zentral. Mit der Option `BY` werden latente Variablen definiert; `BY` steht für „measured by":

```
MODEL:       x BY x1 x2 x3 x4;
```

Mit dieser einzelnen Befehlszeile wird das in Abbildung 1.5 dargestellte Messmodell spezifiziert.

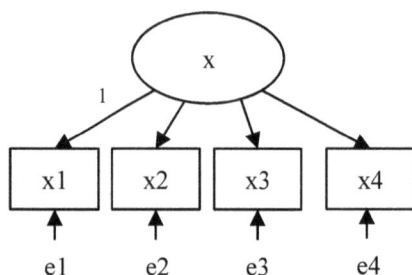

Abbildung 1.5: Einfaches Messmodell mit vier manifesten Indikatoren

Aufgrund der in Mplus implementierten Voreinstellungen werden einige Parameter des Messmodells, wie z.B. die Residualvarianzen der Indikatoren „x1" bis „x4" oder die Varianz der latenten Variablen „x", nicht gesondert aufgeführt. Die für die Modellidentifikation notwendigen Restriktion haben wir bei der Modellspezifikation ebenfalls nicht vornehmen müssen, etwa in Form der Fixierung der Faktorladung des Indikators „x1" auf den Wert 1 für Identifikationszwecke. Auch hier greifen Voreinstellungen von Mplus. Auf diese Aspekte gehen wir in Kapitel 2 näher ein.

Die Option ON dient zur Schätzung gerichteter Beziehungen (Regressionsparameter) zwischen Modellvariablen, wobei ON für „regressed on" steht. Beispielsweise lautet die Befehlszeile für die Schätzung des Effektes der unabhängigen Variable „x1" auf die abhängige Variable „x2":

```
MODEL:      x2 ON x1;
```

Die Option WITH steht für „correlated with" und dient zur Spezifikation ungerichteter Beziehungen zwischen Variablen. Somit wird die Korrelation zwischen „x1" und „x2" mit folgender Befehlszeile spezifiziert:

```
MODEL:      x1 WITH x2;
```

Bereits diese drei grundlegenden Optionen ermöglichen die Spezifikation komplexer Modelle. Darüber hinaus stehen weitere Optionen zur Verfügung, die wir wiederum in den folgenden Kapiteln näher vorstellen. So ist es möglich, Modellparameter auf bestimmte Werte zu fixieren, Gleichheitsrestriktionen für Modellparameter vorzunehmen und auf bestimmte Modellparameter zu referieren (z.B. Varianzen und Residualvarianzen, *intercepts*).

1.2.7   Der Befehlsblock OUTPUT

Abschließend stellen wir in diesem einleitenden Kapitel den Befehlsblock OUTPUT vor, der zur Anforderung zusätzlicher Informationen im Mplus-Output dient. Der reguläre Mplus-Output enthält einen Überblick zum Mplus-Input, eine Zusammenfassung der Spezifikationen der Analyse (z.B. Anzahl an Fällen, Anzahl an freien und fixierten Modellparametern, verwendetes Schätzverfahren) und die verschiedenen Analyseergebnisse. Die Analyseergebnisse umfassen einige Fit-Statistiken sowie die unstandardisierten Parameterschätzer mit

Standardfehler und Signifikanzniveau. Weiter unten sowie in den folgenden Kapiteln stellen wir den Mplus-Output und die dort präsentierten Informationen näher vor.

Typischerweise interessieren auch die standardisierten Parameterschätzer. Hierzu wird die Option STDYX verwendet:

```
OUTPUT:      STDYX;
```

Nun werden zusätzlich die standardisierten Parameterschätzer mit dem jeweiligen Standardfehler und Signifikanzniveau ausgegeben. Alternativ kann auch die Option STANDARDIZED verwendet werden. Hierbei stellt Mplus drei Standardisierungsvarianten zur Verfügung (STDYX, STDY, STD). STDYX ist die übliche Standardisierungsvariante, wie sie beispielsweise in der linearen Regression für die standardisierten Regressionsgewichte verwendet wird. Dabei handelt es sich um eine vollständige, die Varianzen der unabhängigen und abhängigen Variable berücksichtigende Standardisierung. Wird beispielsweise eine Regression der abhängigen Variablen „y" auf die unabhängige Variable „x" berechnet, so zeigt das standardisierte Regressionsgewicht die erwartete Veränderung in „y" an, wenn „x" sich um eine Standardabweichung ändert.

Bei binären unabhängigen Variablen sollte dagegen die Option STDY verwendet werden. Hierbei wird für die Standardisierung eines Regressionspfads nur die Varianz der abhängigen Variablen genutzt. Dies ist deshalb sinnvoll, da die Änderung in der binären unabhängigen Variablen um eine Standardabweichung nicht sinnvoll interpretierbar ist. Wird die gleiche Regression wie oben geschätzt, wobei die unabhängige Variable „x" aber eine binäre Variable ist, so führt die STDY-Standardisierung zu einer sinnvollen Interpretation des standardisierten Modellparameters. In diesem Fall zeigt der standardisierte Parameter die geschätzte Änderung in „y" an, wenn „x" sich von 0 auf 1 ändert.

Bei der STD-Standardisierung werden nur die Varianzen der kontinuierlichen latenten Variablen berücksichtigt. Im Regelfall wird auf diese Standardisierung nicht zurückgegriffen.

Weitere wichtige zusätzliche Informationen können mit den Optionen RESIDUAL, MODINDICES und CINTERVAL angefordert werden.

Mit der Option RESIDUAL werden Residuen für die manifesten Variablen der Analyse ausgegeben. Es handelt sich hierbei um die Abweichung zwischen den beobachteten Werten und den modellimplizierten Werten. Diese Information hilft bei der Einschätzung, ob und in welchem Ausmaß ein Modell auf die beobachteten Daten passt oder nicht.

Sollte ein Modell über keine gute Datenanpassung verfügen, können Modifikationsindizes wichtige Hinweise auf die Ursachen der Fehlanpassung liefern. Modifikationsindizes werden mit der Option MODINDICES angefordert. Sie geben an, wie sich der Fit eines Modells ändert, wenn ein zuvor fixierter Modellparameter frei geschätzt werden würde (s. Kapitel 3).

Schließlich stehen mit der Option CINTERVAL verschiedene Konfidenzintervalle für die Modellparameter zur Verfügung.

1.2.8   Abschließender Überblick über Befehlsblöcke und wichtige Optionen

In den vorangegangen Abschnitten haben wir einen Überblick über einige relevante Befehlsblöcke gegeben sowie die wichtigsten Optionen innerhalb dieser Blöcke vorgestellt. In den folgenden Kapiteln kommen wir häufig auf diese Optionen zurück und stellen sie in Teilen

ausführlicher vor. Wir führen auch immer wieder neue Optionen ein, die für die Durchführung der vorgestellten Analysen zusätzlich notwendig oder sinnvoll sind. In Tabelle 1.3 haben wir die bislang behandelten Optionen jeweils mit einer kurzen Beschreibung zusammengefasst. Für gängige Analysen sind dies die relevantesten und am häufigsten verwendeten
Optionen.

Tabelle 1.3: Wichtige Optionen innerhalb der Befehlsblöcke in Mplus

Befehlsblock	Option	Funktion
DATA	FILE IS	Spezifikation des Namens und Speicherorts des Datenfiles
	FORMAT IS	Spezifikation des Datensatz-Formats (Voreinstellung ist FORMAT IS FREE)
	TYPE IS	Spezifikation, welche Informationen der Datensatz enthält (Voreinstellung ist TYPE IS INDIVIDUAL)
VARIABLE	NAMES ARE	Spezifikation der Reihenfolge und Namen der im Datensatz enthaltenen Variablen
	USEVARIABLES	Auswahl der in der Option NAMES ARE spezifizierten Variablen für eine Analyse
	USEOBSERVATIONS	Auswahl von bestimmten Fällen (Substichprobe) für eine Analyse
	CATEGORICAL, COUNT etc.	Spezifikation des Skalenniveaus von Variablen (Voreinstellung ist kontinuierliches Skalenniveau)
ANALYSIS	TYPE IS	Spezifikation der Art der Analyse (z.B. TYPE IS GENERAL für Struk- turgleichungsmodelle)
	ESTIMATOR IS	Spezifikation des Schätzverfahrens (falls abweichend von den Vorein- stellungen von Mplus)
MODEL	BY	Spezifikation einer latenten Variablen
	ON	Spezifikation einer gerichteten Beziehung zwischen Modell-Variablen (Regressionspfade)
	WITH	Spezifikation einer ungerichteten Beziehung zwischen Modell- variablen (Korrelation)
OUTPUT	STDYX	Ausgabe standardisierter Modellparameter
	RESIDUAL	Ausgabe von Residuen (hilfreich bei der Bewertung der Modellpas- sung)
	MODINDICES	Ausgabe von Modifikationsindices (hilfreich für die Modell- modifikation)
	CINTERVAL	Ausgabe von Konfidenzintervallen für die Modellparameter

1.3   Aufbereitung der Daten für Mplus

Häufig liegen die für eine Analyse benötigten Daten nicht in einem Mplus-kompatiblen
Format vor. Mplus kann lediglich Daten im ASCII-Format einlesen. Entsprechend muss ein
Datensatz, wenn er in einem anderen Format vorliegt, zunächst in ein ASCII-Format umgewandelt werden. Wir beschreiben im Folgenden, wie Daten, die in dem Statistikpaket SPSS
vorliegen (*.sav-Format), in ein für Mplus lesbares Format überführt werden. SPSS gehört
zu den am weitesten verbreiteten Statistikpaketen im deutschen Sprachraum. Das hier beschriebene Vorgehen kann aber in ähnlicher Art und Weise für andere Statistikpakete wie
SAS oder STATA angewendet werden. Für STATA liegen außerdem Zusatzpakete vor, die
für die Umwandlung von Datensätzen aus STATA zur Verwendung in Mplus sehr hilfreich
sind. Diese sind derzeit (Juni 2011) „stata2mplus" (http://www.ats.ucla.edu/stat/stata/faq/
stata2mplus.htm) und „runmplus" (http://jcheadle.soc-research.net/pages/Ado_Files.html).

Wir demonstrieren im Folgenden die Umwandlung in das Mplus-kompatible ASCII-Format mit Hilfe des Datensatzes „GMF05_Querschnitt_CFA.sav". Diesen Datensatz verwenden wir in Kapitel 2 für die Explorative und Konfirmatorische Faktorenanalyse und stellen ihn an dieser Stelle näher vor.

Der Datensatz stammt aus dem Forschungsprojekt „Gruppenbezogene Menschenfeindlich-keit" (Heitmeyer, 2002), in welchem seit 2002 fortlaufend jährliche repräsentative Telefon-surveys in Deutschland durchgeführt werden. Das Projekt umfasst zusätzlich eine langjährige Panelstudie, auf deren Daten wir in Kapitel 4 zurückgreifen. In Abbildung 1.6 ist ein Aus-schnitt des Datensatzes in SPSS dargestellt.

GMF05_Querschnitt_CFA.sav [DatenSet1] - SPSS Daten-Editor

Datei Bearbeiten Ansicht Daten Transformieren Analysieren Grafiken Extras Fenster Hilfe

37 : ff08dq4r   2

	qcp_ser	he01hq4	sx03q4r	sx04q4r	he01oq4r	he02oq4r	he02hq4r	ff04dq4r	ff08dq4r	ev03q4r
1	5	2	2,00	1,00	2,00	1,00	1,00	3,00	2,00	2,00
2	9	2	1,00	1,00			3,00	3,00	3,00	3,00
3	19	1	2,00	2,00			1,00	1,00	1,00	1,00
4	21	1	4,00	3,00	4,00	4,00	4,00	4,00	4,00	1,00
5	30	3	2,00	1,00	3,00	1,00	1,00	3,00	1,00	3,00
6	32	2	1,00	1,00	2,00	1,00	1,00	2,00	1,00	4,00
7	35	4	4,00	4,00	3,00	3,00	4,00	4,00	4,00	4,00
8	37	1	2,00	1,00	1,00	1,00	1,00	1,00	1,00	1,00
9	42	2	2,00	2,00	2,00	2,00	2,00	2,00	2,00	2,00

Abbildung 1.6: Ausschnitt aus dem Datensatz „GMF05_Querschnitt_CFA.sav" in SPSS (umrandet fehlende Werte)

In Abbildung 1.6 haben wir fehlende Werte in SPSS umrandet. Dabei handelt es sich um sogenannte „systemdefinierte" fehlende Werte, die in SPSS durch leere Zellen gekennzeich-net sind. Darüber hinaus ist in der Abbildung zu erkennen, dass Dezimalstellen mit einem Komma getrennt sind. Genau diese beiden Aspekte bedürfen vor der eigentlichen Umwand-lung des SPSS-Datensatzes in ein ASCII-Format besonderer Aufmerksamkeit: Das Vorlie-gen fehlender Werte und die Trennung von Dezimalstellen durch Kommata. Außerdem gilt, dass Mplus nur numerische Variablen einlesen kann. String-Variablen müssen daher vor der Umwandlung in das ASCII-Format aus dem Datensatz gelöscht werden.

Werden Daten im „free"-Format (Kapitel 1.2.2) in Mplus eingelesen, kann ein Leerzeichen nicht als Code für fehlende Werte verwendet werden. Dies würde zu Fehlern beim Einlesen der Daten mit möglicherweise unerwünschten Folgen führen. Aus diesem Grund sollten vor der Umwandlung eines SPSS-Datensatzes in ein ASCII-Format systemdefinierte fehlende Werte in benutzerdefinierte Werte transformiert werden. Hierbei bietet sich die Verwendung solcher numerischer Codes an, die in keiner der Variablen einen wahren Wert darstellen, wie zum Beispiel 99 oder –77.

In SPSS lässt sich diese Umwandlung über die Menüsteuerung einfach und schnell vorneh-men. Über das Menü Transformieren → Umkodieren in dieselben Variablen (Abbildung 1.7) können die systemdefinierten fehlenden Werte mit einem numerischen Code versehen wer-den. Dazu werden die Variablen mit fehlenden Werten ausgewählt (hier „he01oq4r" und „he02oq4r"; (Abbildung 1.8). Über den Menüpunkt „Alte und neue Werte" können diesen systemdefinierten fehlenden Werte dann numerische Codes (hier 99) zugewiesen werden (Abbildung 1.9).

GMF05_Querschnitt_CFA.sav [DatenSet1] - SPSS Daten-Editor

Datei	Bearbeiten	Ansicht	Daten	Transformieren	Analysieren	Grafiken	Extras	Fenster	Hilfe

Variable berechnen…
Werte in Fällen zählen…

37 : ff08dq4r

Umkodieren in dieselben Variablen…
Umkodieren in andere Variablen…
Automatisch umkodieren…
Visuelles Klassieren…
Optimales Klassieren…

Rangfolge bilden…

Assistent für Datum und Uhrzeit…
Zeitreihen erstellen…
Fehlende Werte ersetzen…
Zufallszahlengeneratoren…

Offene Transformationen ausführen   Strg+G

	qcp_ser	he01hq4				4r	he02hq
1	5	2				,00	1,
2	9	2				.	3,
3	19	1				.	1,
4	21	1				,00	4,
5	30	3				,00	1,
6	32	2				,00	1,
7	35	4				,00	4,
8	37	1				,00	1,
9	42	2				,00	2,
10	59	3				,00	3,
11	60	1	2,00	2,00	2,00	2,00	1,

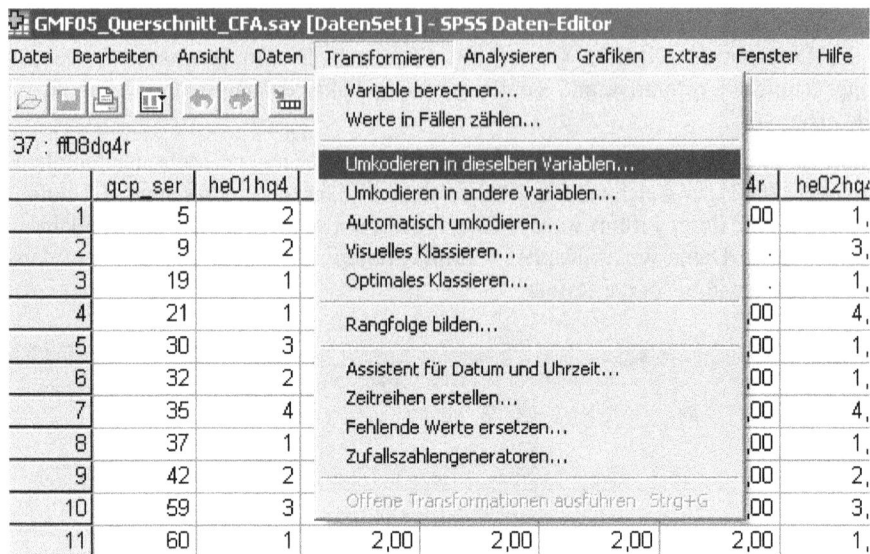

Abbildung 1.7: Menüpunkt „Umkodieren in dieselben Variablen" in SPSS

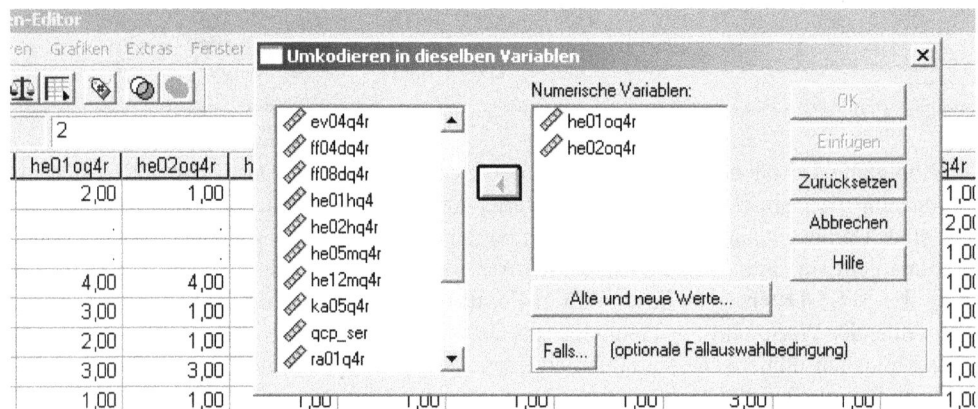

n-Editor

en	Grafiken	Extras	Fenster

Umkodieren in dieselben Variablen   ✕

2

Numerische Variablen:

he01oq4r	he02oq4r	h
2,00	1,00	
.	.	
.	.	
4,00	4,00	
3,00	1,00	
2,00	1,00	
3,00	3,00	
1,00	1,00	

ev04q4r
ff04q4r
ff08dq4r
he01hq4
he02hq4r
he05mq4r
he12mq4r
ka05q4r
qcp_ser
ra01q4r

he01oq4r
he02oq4r

OK
Einfügen
Zurücksetzen
Abbrechen
Hilfe

Alte und neue Werte…

Falls…   (optionale Fallauswahlbedingung)

q4r
1,00
2,00
1,00
1,00
1,00
1,00
1,00
1,00

Abbildung 1.8: Auswahl der Variablen zur Umkodierung in SPSS

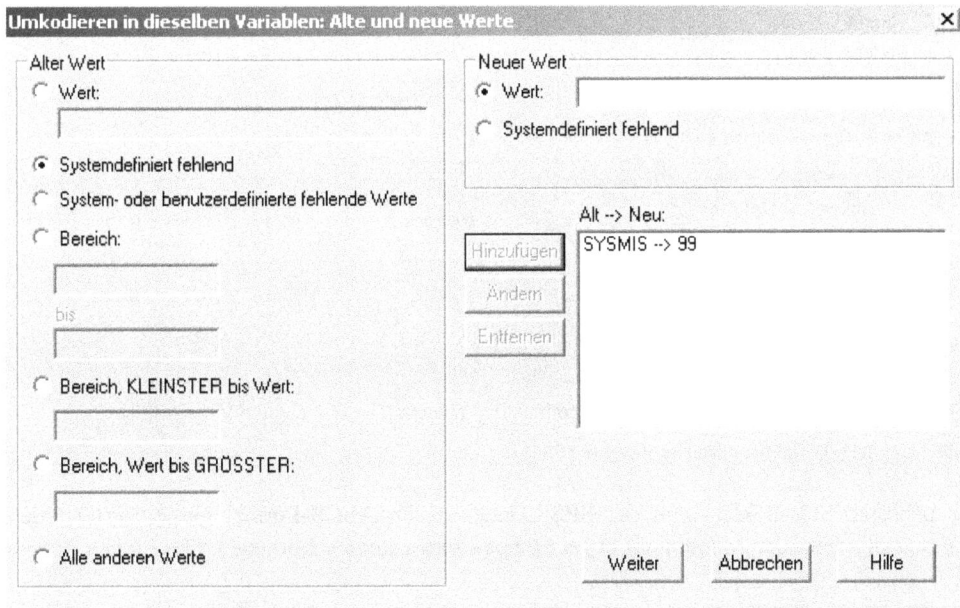

Abbildung 1.9: Definition alter und neuer Werte in den ausgewählten Variablen zur Umkodierung in SPSS

Nach dieser Rekodierung zeigt die SPSS-Datenmatrix wie gewünscht anstelle leerer Zellen die gewählten numerischen Codes (Abbildung 1.10).

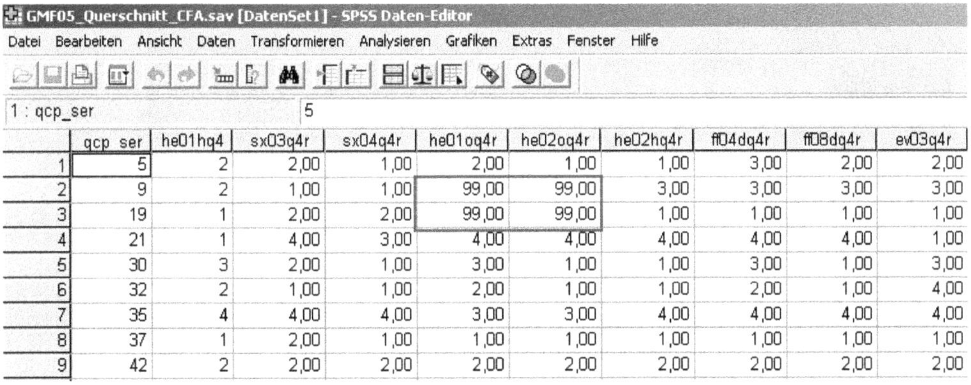

Abbildung 1.10: Numerische Codes (hier 99) für fehlende Werte in SPSS

Nun müssen diese numerischen Codes auch in SPSS als fehlende Werte definiert werden, da sie ansonsten als wahre Werte verwendet würden. Fehlerhafte Berechnungen in SPSS wären die Folge. Um dies zu verhindern, muss in der Variablenansicht in SPSS in der Spalte „Fehlende Werte" die entsprechende Eintragung vorgenommen werden (Abbildung 1.11).

{1,00, stimme	99,00		8	Rechts
{1,00, stimme	Kein	...	8	Rechts
{1,00, stimme	Kein		8	Rechts

Fehlende Werte definieren ? ×

○ Keine fehlenden Werte   [OK]

● Einzelne fehlende Werte   [Abbrechen]

[99] [ ] [ ]   [Hilfe]

○ Bereich und einzelner fehlender Wert

Kleinster Wert: [ ]   Größter Wert: [ ]

Einzelner Wert: [ ]

| {1,00, nein}... | Kein | | 0 | Rechts |

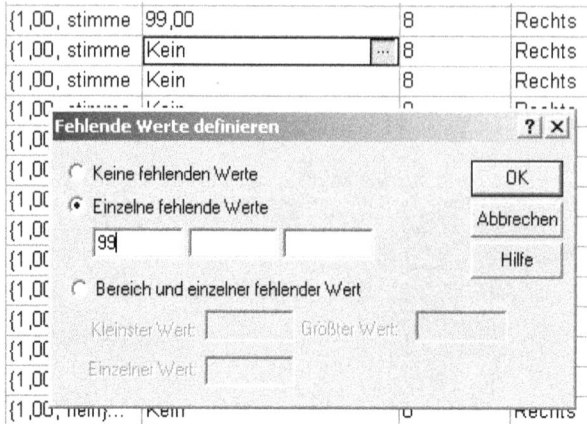

Abbildung 1.11: Definition fehlender Werte in SPSS

In nächsten Schritt kann nun der SPSS-Datensatz im ASCII-Format gespeichert werden. Dies erfolgt über den Menüpunkt Datei → Speichern unter (Abbildung 1.12).

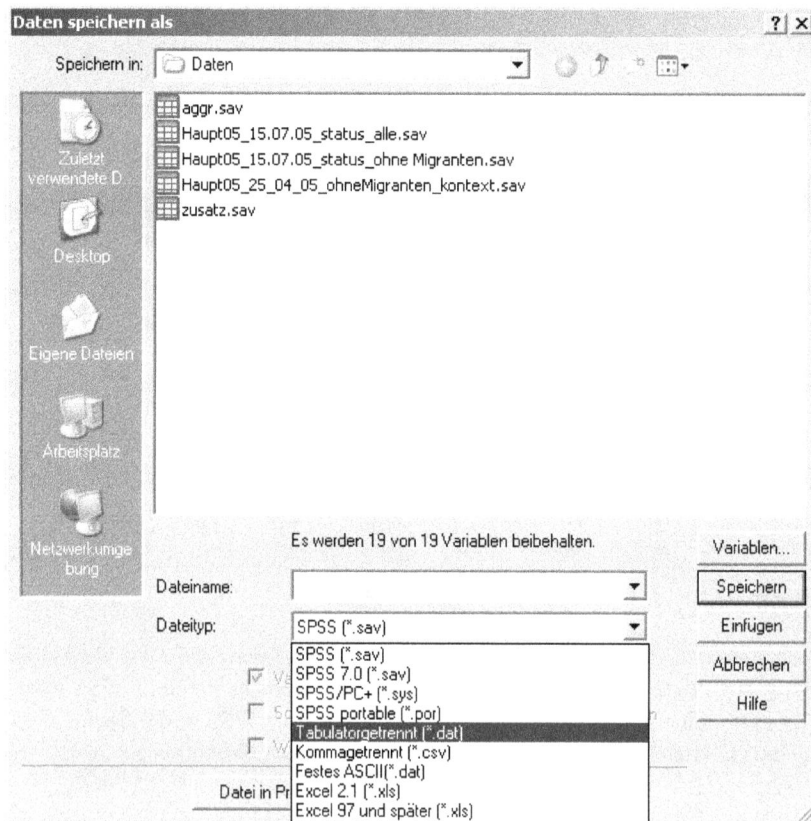

Daten speichern als ? ×

Speichern in: [Daten ▼]

aggr.sav
Haupt05_15.07.05_status_alle.sav
Haupt05_15.07.05_status_ohne Migranten.sav
Haupt05_25_04_05_ohneMigranten_kontext.sav
zusatz.sav

Es werden 19 von 19 Variablen beibehalten.   [Variablen...]

Dateiname: [▼]   [Speichern]

Dateityp: [SPSS (*.sav) ▼]   [Einfügen]

SPSS (*.sav)
SPSS 7.0 (*.sav)
SPSS/PC+ (*.sys)
SPSS portable (*.por)
Tabulatorgetrennt (*.dat)
Kommagetrennt (*.csv)
Festes ASCII(*.dat)
Excel 2.1 (*.xls)
Excel 97 und später (*.xls)

[Abbrechen]
[Hilfe]

Abbildung 1.12: Abspeichern eines Datensatzes in SPSS im ASCII-Format (Tabulatorgetrennt)

In SPSS stehen zwei Varianten des ASCII-Formats zur Verfügung: „Tabulatorgetrennt"
(*.dat) und „Festes ASCII" (*.dat). Wir empfehlen die Verwendung des Formats „Tabulatorgetrennt", in dem jede Spalte durch einen Tabulator getrennt wird. Bei dem alternativen
Format kann es vorkommen, dass Spalten direkt aneinander anschließen und somit fehlerhaft
in Mplus eingelesen werden würden. Dies kann insbesondere dann passieren, wenn Variablen viele Dezimalstellen aufweisen.

Gemäß der SPSS-Voreinstellung ist die Option „Variablennamen im Arbeitsblatt speichern"
aktiviert (Abbildung 1.13). Wir empfehlen, diese Voreinstellung zu übernehmen. Wird der
ASCII-File nun in einem Texteditor (z.B. Word) geöffnet, ist zu erkennen, dass die Variablennamen durch diese Voreinstellung in der ersten Zeile gespeichert wurden (Abbildung
1.14).

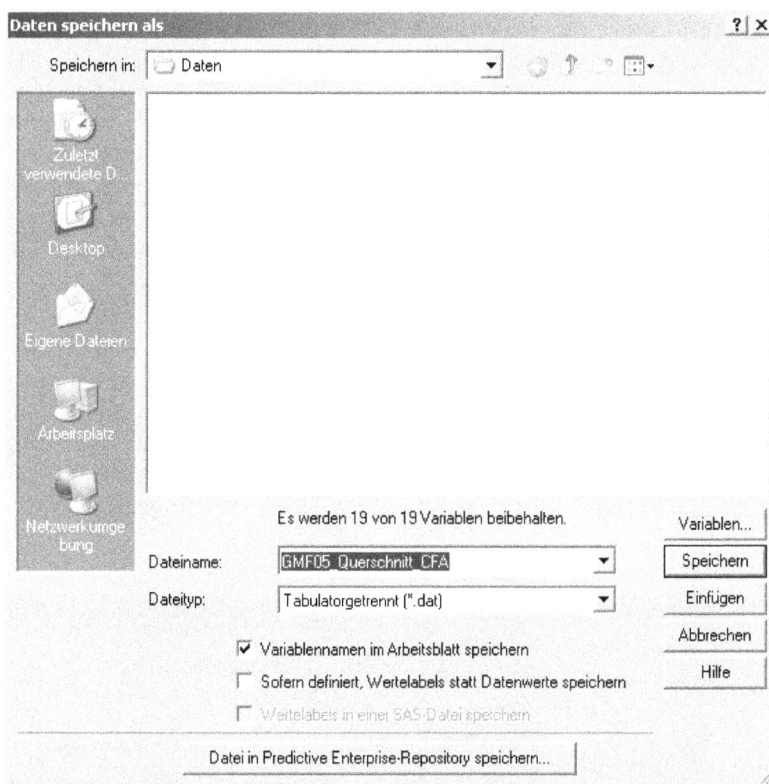

Abbildung 1.13: Option „Variablennamen im Arbeitsblatt speichern" in SPSS

```
qcp_ser → he01hq4 → sx03q4r → sx04q4r → he01oq4r → he02oq4r
    → he02hq4r → ff04dq4r → ff08dq4r → ev03q4r → ev04q4r → ra01q4r
    → ra03q4r → as01q4r → as02q4r → he05mq4r → he12mq4r → ka05q4r
    → zu01q4k¶
5 → 2 → 2 → 1 → 2 → 1 → 1 → 3 → 2 → 2 → 1 → 1 → 1
    → 1,4512418370884→1 → 3 → 3 → 2 → 2¶
9 → 2 → 1 → 1 → 99 → 99 → 3 → 3 → 3 → 3 → 2 → 2 → 2
    → 2 → 2 → 2 → 2 → 2 → 1¶
19 → 1 → 2 → 99 → 99 → 1 → 1 → 1 → 1 → 1 → 1 → 1
    → 1 → 1 → 1 → 1 → 2 → 3¶
21 → 1 → 4 → 3 → 4 → 4 → 4 → 4 → 4 → 1 → 1 → 1 → 1
    → 2 → 1 → 4 → 4 → 2 → 1¶
30 → 3 → 2 → 1 → 3 → 1 → 1 → 3 → 1 → 3 → 2 → 2 → 1
    → 2 → 2 → 2 → 1 → 2 → 2¶
32 → 2 → 1 → 1 → 2 → 1 → 1 → 2 → 1 → 4 → 4 → 1 → 1
    → 2 → 1 → 1 → 2 → 2 → 3¶
35 → 4 → 4 → 4 → 3 → 3 → 4 → 4 → 4 → 4 → 4 → 1 → 1
    → 4 → 2,51543428091071→3 → 1 → 2 → 2¶
```

Abbildung 1.14: Öffnen des in SPSS gespeicherten Datensatzes im ASCII-Format in einem Text-Editor

Dies ist immer dann hilfreich, wenn der Datensatz viele Variablen umfasst (max. 500 Variablen) und die Variablennamen bereits auf maximal 8 Zeichen limitiert sind. Diese erste Zeile kann nun aus dem ASCII-File ausgeschnitten werden und mit der Option NAMES in den Mplus-Input im Befehlsblock VARIABLE eingefügt werden. Von Vorteil ist, dass auf diese Weise die korrekte Anzahl an Variablen in der korrekten Reihenfolge im Mplus-Input spezifiziert wird. Zu beachten ist hierbei noch, dass die Tabulatoren zwischen den Variablennamen durch ein Leerzeichen ersetzt werden. Dies ist deswegen notwendig, da die Trennung der Variablen in der Option NAMES durch Tabulatoren bei Mplus leicht zu Problemen beim Einlesen der Variablen führt. Das Ersetzen der Tabulatoren ist in Word einfach vorzunehmen, indem die erste Zeile aus dem ASCII-File ausgeschnitten und in ein neues Word-Dokument eingefügt wird. Nun können die Tabulatoren mit der Option „Suchen und Ersetzen" durch Leerzeichen ersetzt werden (Abbildung 1.15). Dazu muss ein Tabulator markiert und in die Zeile „Suchen nach:" in der Option „Suchen und Ersetzen" eingefügt werden. In die Zeile „Ersetzen durch:" wird entsprechend ein Leerzeichen eingefügt.

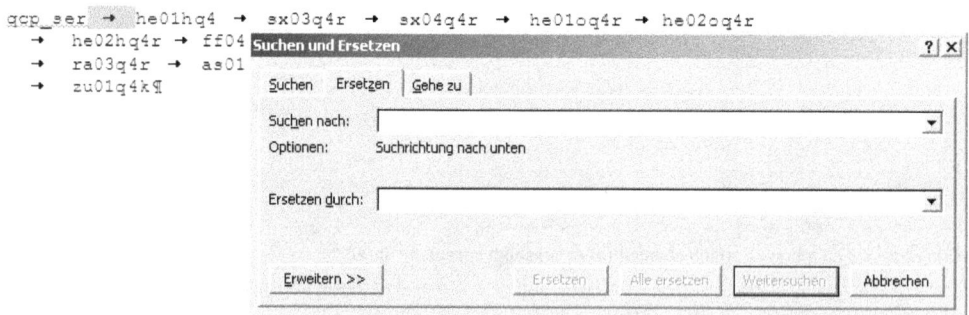

Abbildung 1.15: Ersetzen der Tabulatoren mit einem Leerzeichen in einem Text-Editor

Diese so modifizierte Zeile mit den Variablennamen kann nun in den Mplus-Input an die entsprechende Stelle(Befehlsblock VARIABLE) kopiert werden (Abbildung 1.16). Dabei ist zu beachten, dass eine Zeile in Mplus nicht länger als 90 Zeichen sein darf. Entsprechend können Zeilenumbrüche (Enter-Taste) eingefügt werden.

```
VARIABLE: NAMES ARE qcp_ser he01hq4 sx03q4r sx04q4r he01oq4r
          he02oq4r he02hq4r ff04dq4r ff08dq4r ev03q4r ev04q4r
          ra01q4r ra03q4r as01q4r as02q4r he05mq4r he12mq4r
          ka05q4r zu01q4k;
          MISSING ARE he01oq4r he02oq4r (99) zu01q4k (9 99);
```

Abbildung 1.16: Einfügen von Variablennamen in den Mplus-Input

Da Dezimalstellen in Mplus durch einen Punkt markiert werden, müssen in einem letzten
Schritt die Kommata, mit denen Dezimalstellen in SPSS markiert werden, durch Punkte
ersetzt werden. Dazu kann wiederum die Option „Suchen und Ersetzen" in Word verwendet
werden. Entsprechend wird in der Zeile „Suchen nach:" ein Komma eingefügt, in der Zeile
„Ersetzen durch:" ein Punkt. Ein Ausschnitt aus dem nun fertig aufbereiteten Datensatz zeigt
Abbildung 1.17.

```
5  → 2  → 2  → 1  → 2  → 1  → 1  → 3  → 2  → 2  → 1  → 1  → 1
   → 1.4512418370884→1 → 3  → 3  → 2  → 2¶
9  → 2  → 1  → 1  → 99 → 99 → 3  → 3  → 3  → 3  → 2  → 2  → 2
   → 2  → 2  → 2  → 2  → 2  → 1¶
19 → 1  → 2  → 2  → 99 → 99 → 1  → 1  → 1  → 1  → 1  → 1  → 1
   → 1  → 1  → 1  → 1  → 2  → 3¶
21 → 1  → 4  → 3  → 4  → 4  → 4  → 4  → 4  → 1  → 1  → 1  → 1
   → 2  → 1  → 4  → 4  → 2  → 1¶
30 → 3  → 2  → 1  → 3  → 1  → 1  → 3  → 1  → 3  → 2  → 2  → 1
   → 2  → 2  → 2  → 1  → 2  → 2¶
32 → 2  → 1  → 1  → 2  → 1  → 1  → 2  → 1  → 4  → 4  → 1  → 1
   → 2  → 1  → 1  → 2  → 2  → 3¶
35 → 4  → 4  → 4  → 3  → 3  → 4  → 4  → 4  → 4  → 4  → 1  → 1
   → 4  → 2.51543428091071→3 → 1  → 2  → 2¶
37 → 1  → 2  → 1  → 1  → 1  → 1  → 1  → 1  → 1  → 1  → 3  → 1  → 1
   → 1  → 1  → 1  → 1  → 2  → 2¶
```

Abbildung 1.17: Datensatz im Mplus-kompatiblen ASCII-Format

Abschließend muss der Datensatz im „Nur Text"-Format abgespeichert werden.

1.4   Einlesen der Daten in Mplus

Der Datensatz ist mittlerweile in ein für Mplus lesbares Format transformiert
(„GMF05_Querschnitt_CFA.sav" → „GMF05_Querschnitt_CFA.dat"). Im Folgenden lesen
wir nun die Daten in Mplus ein, und überprüfen die korrekte Durchführung der Datentrans-
formation (Abbildung 1.18).

```
Mplus - [CFA_BASIC_Names.inp]
   File  Edit  View  Mplus  Graph  Window  Help

   TITLE:     Einlesen des Datensatzes "GMF05_Querschnitt_CFA.dat"

   DATA:      FILE IS GMF05_Querschnitt_CFA.dat;


   VARIABLE: NAMES ARE qcp_ser he01hq4 sx03q4r sx04q4r he01oq4r
             he02oq4r he02hq4r ff04dq4r ff08dq4r ev03q4r ev04q4r
             ra01q4r ra03q4r as01q4r as02q4r he05mq4r he12mq4r
             ka05q4r zu01q4k;
             MISSING ARE he01oq4r he02oq4r (99) zu01q4k (9 99);


   ANALYSIS: TYPE IS BASIC;
```

Abbildung 1.18: Mplus-Input zum Einlesen eines Datensatzes

In diesem ersten Schritt werden nur wenige Befehlsblöcke und Optionen benötigt. Der optionale Befehlsblock TITLE dient lediglich zur Benennung der Analyse, so dass hier – anders als bei anderen Befehlsblöcken – kein Semikolon zur Kennzeichnung des Endes einer Befehlszeile in Mplus eingefügt werden muss.

In dem Befehlsblock DATA müssen wir mit der Option FILE den Namen und Speicherort des Datensatzes spezifizieren. Wir haben den Datensatz und den Mplus-Input im gleichen Ordner abgespeichert (hier benannt mit „CFA_BASIC_Names.inp"). Hierdurch muss der exakte Dateipfad nicht festgelegt werden. Bei dem so spezifizierten Datenfile handelt es sich um Rohdaten (individuelle Daten) in freiem Format. Mit den Optionen TYPE und FORMAT können in dem Befehlsblock DATA die Art der Information und das Format des Datensatzes spezifiziert werden. Die Voreinstellungen für diese beiden Optionen sind in Mplus TYPE IS INDIVIDUAL und FORMAT IS FREE. Die entsprechenden Befehlszeilen müssen in unserem Fall also nicht spezifiziert werden, da wir Rohdaten im freien Format verwenden.

Im Befehlsblock VARIABLE benötigen wir die Option NAMES. Hier definieren wir Namen, Anzahl und Reihenfolge der Variablen des Datensatzes. Darüber hinaus müssen wir mit der Option MISSING fehlende Werte definieren. In unserem Fall liegen fehlende Werte in den Variablen „he01oq4r" und „he02oq4r" vor. Wir haben als numerischen Code 99 gewählt (s.o.). Weiterhin liegen fehlende Werte in der Variablen „zu01q4k" vor, in diesem Fall gibt es zwei numerische Codes: 9 und 99. Die entsprechende Befehlszeile in Mplus lautet:

VARIABLE: MISSING ARE he01oq4r he02oq4r (99) zu01q4k (9 99);

Sollten in allen Variablen fehlende Werte vorliegen bzw. wird für alle Variablen der gleiche numerische Code verwendet, so kann vereinfacht auch MISSING ARE ALL (numerischer Code) verwendet werden.

Wenn ein Datensatz fehlende Werte enthält, verwendet Mplus automatisch das *Full-Information-Maximum-Likelihood*-(FIML)-Schätzverfahren (Enders, 2010). Als Alternative kann auch listenweiser Fallausschuss verwendet werden. Auf diese Weise berücksichtigt die Analyse nur Fälle mit vollständigen Informationen. Dies erfordert in dem Befehlsblock DATA die Anforderung der Option LISTWISE IS ON:

```
DATA:       LISTWISE IS ON;
```

Da alle Variablen kontinuierlich sind und wir für die Analyse auch alle Variablen verwenden möchten, werden im Befehlsblock VARIABLE keine weiteren Optionen benötigt.

Schließlich haben wir in dem Befehlsblock ANALYSIS mit der Option TYPE die Art der Analyse spezifiziert. Zur Überprüfung der fehlerfreien Umwandlung des SPSS-Datensatzes in das ASCII-Format verwenden wir TYPE IS BASIC. Hierdurch erhalten wir eine deskriptive Zusammenfassung für alle Variablen im Mplus-Output. Durch den Vergleich der in Mplus und in SPSS berechneten deskriptiven Statistiken können mögliche Fehler bei der Datenumwandlung leicht erkannt werden.

Wie bereits erwähnt, dient die Option TYPE IS BASIC zur Berechnung einiger deskriptiver Statistiken für die im Datensatz enthaltenen Variablen. Aus diesem Grund erfordert die Verwendung von TYPE IS BASIC im Befehlsblock MODEL auch noch keine Spezifizierung des Analysemodells.

Der Mplus-Input wird ausgeführt, indem auf die Option „RUN" im Mplus-Menü geklickt wird (s. Abbildung 1.18) oder die Tastenkombination „Alt + R" verwendet wird.

Nach Ausführen des Mplus-Inputs erscheint ein neues Fenster mit den Analyse-Ergebnissen. Dies ist der Mplus-Output (*.out). Er erhält automatisch den gleichen Dateinamen („cfa_basic_names.out") wie der Mplus-Input („cfa_basic_names.inp") und wird auch im gleichen Verzeichnis abgespeichert.

Im Folgenden stellen wir den Aufbau und Inhalt des Mplus-Outputs für die gerade beschriebene Analyse vor.

Zunächst wird im Mplus-Output der Mplus-Input erneut gezeigt (Kasten 1.1). Hier kann der Input nochmals geprüft werden.

Kasten 1.1: Ausschnitt aus dem Mplus-Output mit der Übersicht zum Mplus-Input

```
Mplus VERSION 6
MUTHEN & MUTHEN
06/23/2011   5:11 PM

INPUT INSTRUCTIONS

  TITLE:    Einlesen des Datensatzes "GMF05_Querschnitt_CFA.dat"

  DATA:     FILE IS GMF05_Querschnitt_CFA.dat;

  VARIABLE: NAMES ARE qcp_ser he01hq4 sx03q4r sx04q4r he01oq4r
            he02oq4r he02hq4r ff04dq4r ff08dq4r ev03q4r ev04q4r
            ra01q4r ra03q4r as01q4r as02q4r he05mq4r he12mq4r
            ka05q4r zu01q4k;
            MISSING ARE he01oq4r he02oq4r (99) zu01q4k (9 99);

  ANALYSIS: TYPE IS BASIC;
```

Direkt nach dem Mplus-Input folgt in diesem Fall der Hinweis „Input reading terminated normally". Demnach ist es weder zu einem Problem beim Einlesen der Daten noch beim Einlesen des Mplus-Inputs gekommen. Sollten Probleme beim Einlesen der Daten und/oder dem Einlesen des Mplus-Inputs auftreten, so würden an dieser Stelle entsprechende Fehlermeldungen erscheinen. Dabei sind zwei Varianten zu unterscheiden: *Warning*- und *Error*-Meldungen. *Warning*-Meldungen können häufig ignoriert werden, wenn Mplus die Analyse trotzdem durchführt. Z.B. erscheint eine *Warning*-Meldung, wenn Variablennamen mehr als 8 Zeichen haben. Dagegen sind *Error*-Meldungen nicht zu ignorieren. Mplus bricht an dieser Stelle die Analyse ab. Entsprechend muss geprüft werden, ob im Mplus-Input Fehler wie z.B. das Fehlen eines Semikolons am Ende einer Befehlszeile aufgetreten sind. Eine andere Fehlerquelle kann der Datensatz selbst sein. Möglicherweise ist der Datensatz doch nicht im gleichen Ordner wie der Mplus-Input gespeichert, oder der Datensatz enthält noch String-Variablen, die von Mplus nicht eingelesen werden können.

Als nächstes folgt im Mplus-Output eine Zusammenfassung technischer Details zu der Analyse (Kasten 1.2).

Kasten 1.2: Ausschnitt aus dem Mplus-Output mit der Zusammenfassung technischer Details der durchgeführten Analyse

```
INPUT READING TERMINATED NORMALLY

Einlesen des Datensatzes "GMF05_Querschnitt_CFA.dat"

SUMMARY OF ANALYSIS

Number of groups                                            1
Number of observations                                   1778

Number of dependent variables                             19
Number of independent variables                            0
Number of continuous latent variables                      0

Observed dependent variables

  Continuous
   QCP_SER     HE01HQ4     SX03Q4R     SX04Q4R     HE01OQ4R    HE02OQ4R
   HE02HQ4R    FF04DQ4R    FF08DQ4R    EV03Q4R     EV04Q4R     RA01Q4R
   RA03Q4R     AS01Q4R     AS02Q4R     HE05MQ4R    HE12MQ4R    KA05Q4R
   ZU01Q4K


Estimator                                                  ML
Information matrix                                    OBSERVED
Maximum number of iterations                             1000
Convergence criterion                               0.500D-04
Maximum number of steepest descent iterations             20
Maximum number of iterations for H1                     2000
Convergence criterion for H1                        0.100D-03

Input data file(s)
  GMF05_Querschnitt_CFA.dat

Input data format   FREE
```

Hier kann unter anderem die Auswahl des korrekten Datensatzes überprüft werden, wozu z.B. die Fallzahl („number of observations") einen Anhaltspunkt liefert. Weiterhin informiert der Mplus-Output über das in der Analyse verwendete Schätzverfahren (ML = *Maximum Likelihood*) und über weitere technische Details zur Modellschätzung.

Beim Vorliegen fehlender Werte folgen dann Informationen zu den fehlenden Werten – so auch in diesem Analysebeispiel (Kasten 1.3).

Kasten 1.3: Ausschnitt aus dem Mplus-Output mit einer Zusammenfassung über Muster und Anzahl fehlender Werte

```
SUMMARY OF DATA

    Number of missing data patterns              3

SUMMARY OF MISSING DATA PATTERNS

    MISSING DATA PATTERNS (x = not missing)

                1  2  3
    QCP_SER     x  x  x
    HE01HQ4     x  x  x
    SX03Q4R     x  x  x
    SX04Q4R     x  x  x
    HE01OQ4R    x  x
    HE02OQ4R    x  x
    HE02HQ4R    x  x  x
    FF04DQ4R    x  x  x
    FF08DQ4R    x  x  x
    EV03Q4R     x  x  x
    EV04Q4R     x  x  x
    RA01Q4R     x  x  x
    RA03Q4R     x  x  x
    AS01Q4R     x  x  x
    AS02Q4R     x  x  x
    HE05MQ4R    x  x  x
    HE12MQ4R    x  x  x
    KA05Q4R     x  x  x
    ZU01Q4K     x     x

    MISSING DATA PATTERN FREQUENCIES

    Pattern   Frequency     Pattern   Frequency     Pattern   Frequency
       1         1752          2          24           3          2
```

Zunächst wird ein Überblick über Häufigkeit und Muster fehlender Werte gegeben. In unserem Fall gibt es drei Muster fehlender Werte. Muster 1 beinhaltet solche Fälle, die in keiner der Variablen fehlende Werte haben. Muster 2 zeigt, dass es Fälle gibt, die nur in der Variablen „zu01qk4" fehlende Werte aufweisen. Muster 3 schließlich umfasst Fälle, die in den beiden Variablen „he01oq4r" und „he02oq4r" fehlende Werte haben. Anschließend wird die Häufigkeit fehlender Werte dargestellt. Die Mehrzahl der Fälle (Muster 1: N = 1752) weist keine fehlende Werte auf, N = 24 Fälle sind Muster 2 und N = 2 Fälle sind Muster 3 zuzuordnen.

Zusätzlich enthält dieser Abschnitt noch Informationen zur *Covariance Coverage* (Kasten 1.4). Hier wird angegeben, wie viel Prozent der Fälle Werte zu den entsprechenden Kovarianzen beisteuern. Dies ist die Menge an Informationen, die für die Schätzung von Modellparametern bei Verwendung von FIML zur Verfügung steht. So basiert beispielsweise die Kovarianz zwischen „he01oq4r" und „he02oq4r" auf 99.9 Prozent der Fälle.

Kasten 1.4: Ausschnitt aus dem Mplus-Output mit weiteren Informationen zu den fehlenden Werten im Datensatz

```
COVARIANCE COVERAGE OF DATA

Minimum covariance coverage value   0.100


     PROPORTION OF DATA PRESENT


              Covariance Coverage
                QCP_SER      HE01HQ4      SX03Q4R      SX04Q4R      HE01OQ4R
                _____      _____      _____      _____      _____
  QCP_SER        1.000
  HE01HQ4        1.000        1.000
  SX03Q4R        1.000        1.000        1.000
  SX04Q4R        1.000        1.000        1.000        1.000
  HE01OQ4R       0.999        0.999        0.999        0.999        0.999
  HE02OQ4R       0.999        0.999        0.999        0.999        0.999
  HE02HQ4R       1.000        1.000        1.000        1.000        0.999
  FF04DQ4R       1.000        1.000        1.000        1.000        0.999
  FF08DQ4R       1.000        1.000        1.000        1.000        0.999
  EV03Q4R        1.000        1.000        1.000        1.000        0.999
  EV04Q4R        1.000        1.000        1.000        1.000        0.999
  RA01Q4R        1.000        1.000        1.000        1.000        0.999
  RA03Q4R        1.000        1.000        1.000        1.000        0.999
  AS01Q4R        1.000        1.000        1.000        1.000        0.999
  AS02Q4R        1.000        1.000        1.000        1.000        0.999
  HE05MQ4R       1.000        1.000        1.000        1.000        0.999
  HE12MQ4R       1.000        1.000        1.000        1.000        0.999
  KA05Q4R        1.000        1.000        1.000        1.000        0.999
  ZU01Q4K        0.987        0.987        0.987        0.987        0.985
```

Schließlich enthält der Mplus-Output die eigentlichen deskriptiven Statistiken zum Datensatz. Zunächst finden wir die Mittelwerte der Variablen (Kasten 1.5), anschließend die Kovarianzen (Kasten 1.6) und Korrelationen (Kasten 1.7).

Kasten 1.5: Ausschnitt aus dem Mplus-Output mit Angaben zu den Mittelwerten in den Variablen

```
RESULTS FOR BASIC ANALYSIS

     ESTIMATED SAMPLE STATISTICS

              Means
                QCP_SER      HE01HQ4      SX03Q4R      SX04Q4R      HE01OQ4R
                _____      _____      _____      _____      _____
     1         6545.199        2.022        1.912        1.702        2.273

              Means
                HE02OQ4R     HE02HQ4R     FF04DQ4R     FF08DQ4R     EV03Q4R
                _____      _____      _____      _____      _____
     1           2.303        2.033        2.691        2.182        2.885

              Means
                EV04Q4R      RA01Q4R      RA03Q4R      AS01Q4R      AS02Q4R
                _____      _____      _____      _____      _____
     1           2.062        1.795        1.498        1.804        1.538

              Means
                HE05MQ4R     HE12MQ4R     KA05Q4R      ZU01Q4K
                _____      _____      _____      _____
     1           2.117        2.009        1.893        2.231
```

Kasten 1.6: Ausschnitt aus dem Mplus-Output mit Angaben zu den Kovarianzen zwischen den Variablen

```
           Covariances
              QCP_SER       HE01HQ4       SX03Q4R       SX04Q4R       HE01OQ4R

  QCP_SER   ************
  HE01HQ4      78.880         1.249
  SX03Q4R     -37.602         0.380         0.776
  SX04Q4R      48.860         0.286         0.442         0.654
  HE01OQ4R     27.085         0.173         0.143         0.150         0.846
  HE02OQ4R     80.228         0.135         0.077         0.087         0.428
  HE02HQ4R    -244.768        0.599         0.331         0.283         0.243
  FF04DQ4R     -21.836        0.234         0.237         0.210         0.355
  FF08DQ4R    -135.376        0.232         0.249         0.211         0.311
  EV03Q4R      -65.421        0.115         0.194         0.169         0.166
  EV04Q4R     -128.291        0.156         0.199         0.180         0.223
  RA01Q4R      -86.798        0.176         0.171         0.179         0.157
  RA03Q4R      -33.267        0.155         0.197         0.201         0.167
  AS01Q4R       35.825        0.213         0.227         0.190         0.192
  AS02Q4R        5.018        0.162         0.192         0.176         0.169
  HE05MQ4R      47.375        0.192         0.219         0.200         0.258
  HE12MQ4R    -101.408        0.217         0.213         0.189         0.267
  KA05Q4R       45.042       -0.044        -0.051        -0.040        -0.033
  ZU01Q4K       89.757       -0.140        -0.190        -0.179        -0.116
```

Kasten 1.7: Ausschnitt aus dem Mplus-Output mit Angaben zu den Korrelationen zwischen den Variablen

```
           Correlations
              QCP_SER       HE01HQ4       SX03Q4R       SX04Q4R       HE01OQ4R

  QCP_SER       1.000
  HE01HQ4       0.017         1.000
  SX03Q4R      -0.010         0.386         1.000
  SX04Q4R       0.015         0.317         0.620         1.000
  HE01OQ4R      0.007         0.169         0.176         0.202         1.000
  HE02OQ4R      0.021         0.133         0.097         0.119         0.514
  HE02HQ4R     -0.056         0.509         0.356         0.332         0.250
  FF04DQ4R     -0.005         0.212         0.272         0.262         0.390
  FF08DQ4R     -0.034         0.215         0.294         0.271         0.351
  EV03Q4R      -0.017         0.111         0.238         0.225         0.195
  EV04Q4R      -0.031         0.139         0.225         0.222         0.241
  RA01Q4R      -0.026         0.194         0.238         0.272         0.210
  RA03Q4R      -0.011         0.184         0.297         0.330         0.240
  AS01Q4R       0.010         0.222         0.300         0.274         0.244
  AS02Q4R       0.002         0.198         0.298         0.297         0.251
  HE05MQ4R      0.012         0.174         0.251         0.250         0.283
  HE12MQ4R     -0.028         0.220         0.274         0.264         0.329
  KA05Q4R       0.035        -0.128        -0.189        -0.159        -0.117
  ZU01Q4K       0.028        -0.161        -0.278        -0.286        -0.162
```

Wie bereits erwähnt bietet es sich an, die in Mplus generierten deskriptiven Statistiken mit den entsprechenden Resultaten in SPSS zu vergleichen. Hierbei ist allerdings zu berücksichtigen, dass die deskriptiven Statistiken in Mplus mit FIML (*Full Information Maximum Likelihood*) geschätzt wurden. Es kann also zu kleineren Abweichungen zu den Ergebnissen in SPSS kommen, da in SPSS bei der Berechnung von Korrelationen und Kovarianzen per Voreinstellung entweder paarweise Fallausschluss oder listenweiser Fallausschuss verwendet wird. Im vorgestellten Fall kann trotzdem auf diese Analyse zurückgegriffen werden, da nur wenige fehlende Werte vorliegen. Um einen exakten Vergleich vorzunehmen, müssten wir jedoch die Analyse in Mplus mit listenweisem Fallausschluss wiederholen (Option LIST-WISE IS ON in dem Befehlsblock DATA).

In Abbildung 1.19 sind die in SPSS berechneten Mittelwerte dargestellt (über Analysieren →
Korrelation → Bivariat), wobei wir paarweisen Fallausschuss verwendet haben.

Deskriptive Statistiken

	Mittelwert	Standardab weichung	N
qcp_ser	6545,20	4123,916	1778
he01hq4	2,02	1,118	1778
sx03q4r	1,9124	,88100	1778
sx04q4r	1,7017	,80901	1778
he01oq4r	2,2738	,91990	1776
he02oq4r	2,3030	,90593	1776
he02hq4r	2,0327	1,05453	1778
ff04dq4r	2,6914	,98941	1778
ff08dq4r	2,1819	,96402	1778
ev03q4r	2,8846	,92783	1778
ev04q4r	2,0622	1,00348	1778
ra01q4r	1,7950	,81351	1778
ra03q4r	1,4977	,75443	1778
as01q4r	1,8044	,85775	1778
as02q4r	1,5380	,73223	1778
he05mq4r	2,1168	,99081	1778
he12mq4r	2,0085	,88320	1778
ka05q4r	1,8926	,30974	1778
zu01q4k	2,2320	,77488	1754

Abbildung 1.19: Deskriptive Statistiken der in Mplus verwendeten Variablen in SPSS

Ein Vergleich der in Mplus und SPSS berechneten Mittelwerte zeigt nur minimale Unterschiede. Auch der Abgleich der hier nicht dargestellten Kovarianzen und Korrelationen führt zu weitgehend identischen Ergebnissen. Somit belegt diese Überprüfung die erfolgreiche Umwandlung des SPSS-Datensatzes in das für Mplus erforderliche ASCII-Format. In dem folgenden Kapitel 2 verwenden wir dieses Datensatz, um erste „richtige" Analysen – eine Explorative und eine Konfirmatorische Faktorenanalyse – durchzuführen.

2   Mplus – Explorative Faktorenanalyse, Konfirmatorische Faktorenanalyse, Strukturgleichungsmodelle

Die Untersuchung der dimensionalen Struktur von manifesten Variablen zählt zu den Routinetätigkeiten in der empirischen Sozialforschung. Zu diesem Zweck werden sowohl Explorative Faktorenanalysen wie auch auf Konfirmatorische Faktorenanalysen durchgeführt. Die Anwendung von Strukturgleichungsmodellen zur Analyse der statistischen Beziehungen zwischen manifesten und latenten Variablen zählt ebenfalls zu den Standardaufgaben in der Forschungspraxis. Vor diesem Hintergrund veranschaulichen wir in diesem Kapitel die praktische Durchführung von Explorativen Faktorenanalysen, Konfirmatorischen Faktorenanalysen und Strukturgleichungsmodellen in Mplus. Hierbei gehen wir auch auf die Überprüfung von indirekten Effekten im Rahmen von Mediationsanalysen ein. Alle hier vorgestellten Anwendungsbeispiele beruhen auf publizierten Studien aus dem an der Universität Bielefeld angesiedelten Forschungsprojekt „Gruppenbezogene Menschenfeindlichkeit" (Heitmeyer, 2002). Wir beginnen mit einer kurzen Vorstellung der Grundlagen von Explorativen und Konfirmatorischen Faktorenanalysen und gehen dann auf die praktische Durchführung dieser Verfahren ein. Anschließend erläutern wir die Anwendung von Strukturgleichungsmodellen und die Überprüfung indirekter Effekte in Mplus.

2.1   Explorative Faktorenanalyse und Konfirmatorische Faktorenanalyse

Annahmegemäß stellt das Konzept der Gruppenbezogenen Menschenfeindlichkeit ein „Syndrom" dar, das unterschiedliche Formen von Vorurteilen erklärt (s. Abbildung 2.1).

Zick, Wolf, Küpper, Davidov, Schmidt und Heitmeyer (2008) überprüften die in Abbildung 2.1 dargestellte Syndrom-Annahme auf Grundlage unterschiedlicher Datensätze aus dem GMF-Projekt. Die theoretische Erwartung lautete, dass die unterschiedlichen Elemente von GMF untereinander korrelieren und diese Korrelationen auf das GMF-Syndrom zurückgehen. Solche Annahmen können mit dem multivariaten Verfahren der Faktorenanalyse überprüft werden. Hierbei sind zwei generelle Typen der Faktorenanalyse zu unterscheiden: Die Explorative und die Konfirmatorische Faktorenanalyse.

Die Explorative Faktorenanalyse *(Exploratory Factor Analysis,* EFA) dient zur Aufdeckung der dimensionalen Struktur des Zusammenhangsmusters mehrerer manifester Variablen, die zur Messung latenter Konstrukte verwendet wurden. Ziel der EFA ist die Bestimmung der Anzahl der latenten Variablen, durch die die Zusammenhänge zwischen den manifesten Variablen optimal erklärt werden. Bei der EFA handelt es sich um ein exploratives Verfahren, dessen Anwendung keine a priori formulierten Hypothesen erfordert. Die inhaltliche

Interpretation der EFA-Ergebnisse erfolgt anhand des Ladungsmusters der manifesten Variablen hinsichtlich der latenten Variablen.

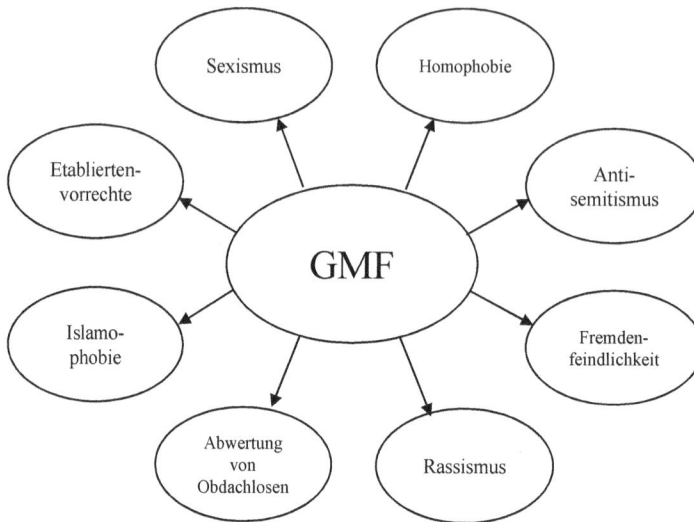

Abbildung 2.1: Das Syndrom Gruppenbezogener Menschenfeindlichkeit (GMF)

In Abbildung 2.2 ist ein hypothetisches Faktorenmodell dargestellt. In diesem Beispiel wird die Varianz und Kovarianz der manifesten Variablen durch zwei latente Variablen – den Faktoren – erklärt. Die höchsten Ladungen auf der ersten latenten Variablen weisen die manifesten Variablen 1 bis 3 auf. Die manifesten Variablen 4 bis 6 laden am höchsten auf der zweiten latenten Variablen. Auf Grundlage der gemeinsamen Inhalte der jeweiligen manifesten Variablen kann nun auf die Bedeutung der beiden latenten Variablen geschlossen werden.

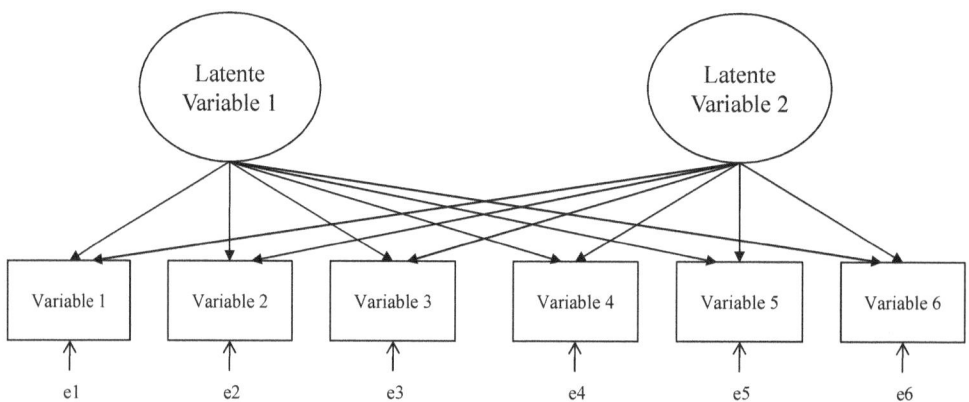

Abbildung 2.2: Schematische Darstellung einer Explorativen Faktorenanalyse mit sechs manifesten und zwei latenten Variablen

In der Forschungspraxis ist ein rein exploratives Vorgehen selten. Grundlegende Vorannahmen über Anzahl und Bedeutung von latenten Variablen liegen meist schon vor. Häufig wird daher die EFA genutzt, um eine erste Einschätzung über das Zutreffen solcher grundlegenden Vorannahmen zu erhalten. Weiterhin kann die EFA zur Identifikation von manifesten Variablen genutzt werden, die nicht wie beabsichtigt auf den latenten Variablen laden oder substanzielle Nebenladungen aufweisen. Solche manifesten Variablen können dann aus den weiteren Analysen ausgeschlossen werden.

Für die Durchführung einer EFA müssen verschiedene Entscheidungen getroffen werden. So müssen Anwender ein faktoranalytisches Modell auswählen (z.B. Hauptkomponentenanalyse, Hauptachsenanalyse), die Anzahl zu extrahierender latenter Variablen mit entsprechenden Kriterien bestimmen (z.B. Scree-Test), eine geeignete Rotationsmethode auswählen (orthogonale versus oblique Rotation) und schließlich eine sinnvolle Interpretation der gewählten Lösung vornehmen. Im Rahmen dieses Buches können wir keine ausführliche Beschreibung der EFA vornehmen. Es liegen aber eine Reihe von hilfreichen Veröffentlichungen mit Empfehlungen speziell zur praktischen Anwendung der EFA vor. Empfehlenswert sind die Texte von Fabrigar, Wegener, MacCallum und Strahan (1999) sowie Preacher und MacCallum (2003).

Im Unterschied zur EFA erfordert die Konfirmatorische Faktorenanalyse (*Confirmatory Factor Analysis*, CFA) spezifische Hypothesen über das Ladungsmuster der manifesten Variablen auf den latenten Variablen, über die Anzahl an latenten Variablen und über deren inhaltliche und statistische Beziehungen. In Abbildung 2.3 ist eine hypothetische faktorielle Struktur dargestellt, die im Rahmen von CFAs auch als Messmodell bezeichnet wird. In diesem Beispiel wird davon ausgegangen, dass die Varianz und Kovarianz der manifesten Variablen durch zwei latente Variablen statistisch erklärt wird. Desweiteren wird von einer Korrelation der beiden latenten Variablen ausgegangen. Schließlich liegen hinsichtlich der latenten Variablen explizite Annahmen über das Ladungsmuster der manifesten Variablen vor. An dieser Stelle wird auch ein weiterer Unterschied zur EFA offensichtlich: Nebenladungen werden in der CFA nicht zugelassen. Die entsprechenden Ladungen sind auf den Wert 0 fixiert.

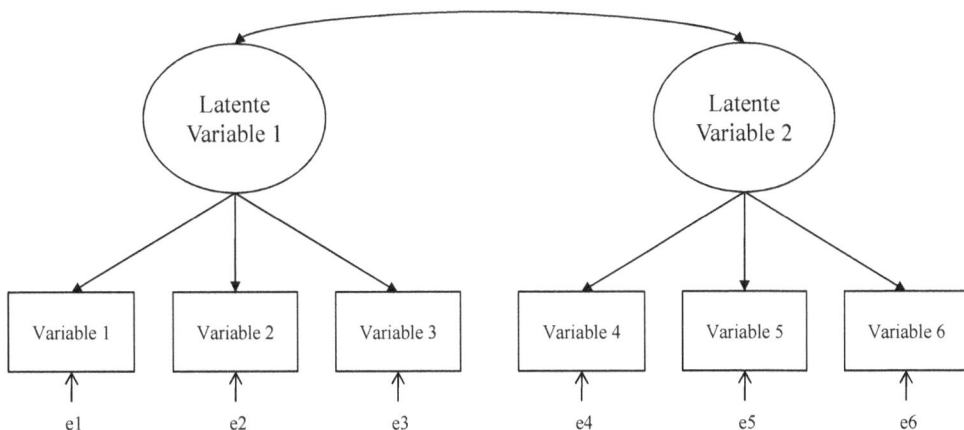

Abbildung 2.3: Schematische Darstellung einer Konfirmatorischen Faktorenanalyse mit sechs manifesten und zwei latenten Variablen

Aus den Annahmen über das Messmodell geht eine Reihe von Modellparametern hervor, die auf Basis der Daten geschätzt werden müssen. Letztlich wird davon ausgegangen, dass das Messmodell die beobachteten Daten – also die Varianzen und Kovarianzen der manifesten Variablen – erklärt. Die Beurteilung dieser Annahme erfolgt anhand der Überprüfung der Anpassung des Messmodells an die Daten, dem sogenannten Modell-Fit.

Zu diesem Zweck müssen zunächst die Modellparameter auf Basis der beobachteten Daten geschätzt werden. Hierzu wird typischerweise ein iteratives *Maximum-Likelihood*-Schätzverfahren (ML) verwendet. Die Datengrundlage bildet hierbei in der Regel die empirische Varianz-Kovarianzmatrix. Aus den so geschätzten Modellparametern wird dann eine modellimplizierte Varianz-Kovarianzmatrix bestimmt. Die Differenz zwischen dieser modellimplizierten Varianz-Kovarianzmatrix und der empirischen Varianz-Kovarianzmatrix ermöglicht dann die Bestimmung des Modell-Fits. Hierzu stehen verschiedene Fit-Maße zur Verfügung, die wir weiter unten näher darstellen.

Wie auch bei der EFA können wir an dieser Stelle nur einen kurzen Überblick über die CFA geben. Gute Einführungen finden sich bei Brown (2006), Kline (2010) und Reinecke (2005). Interessierte, die sich näher mit dem Thema beschäftigen wollen, verweisen wir auf diese Quellen.

Unser Ziel ist vielmehr zu vermitteln, wie eine EFA und eine CFA in Mplus praktisch durchgeführt werden. Hierzu greifen wir auf die eingangs beschriebene Datengrundlage von Zick et al. (2008) zurück.

2.1.1   Explorative Faktorenanalyse in Mplus

Sowohl für die EFA wie auch für die anschließend dargestellte CFA verwenden wir den Datensatz „GMF05_Querschnitt_CFA.sav". Wie in Kapitel 1 beschrieben, wurde dieser Datensatz bereits in einen Mplus-kompatiblen ASCII-File transformiert. Der Abbildung 2.4 können die Variablennamen wie auch die Item-Formulierungen entnommen werden.

	Name	Typ	Spaltenformat	Dezimalstellen	Variablenlabel
1	qcp_ser	Numerisch	5	0	Id-Nr. des Datensatzes
2	he01hq4	Numerisch	2	0	Gleichgeschlechtliche Ehen erlaubt
3	sx03q4r	Numerisch	8	2	Frauen wieder Rolle der Ehefrau u. Mutter
4	sx04q4r	Numerisch	8	2	Für Frau sollte es wichtiger sein, dem Mann bei der Karriere helfen
5	he01oq4r	Numerisch	8	2	Obdachlose aus Fußgängerzonen entfernen
6	he02oq4r	Numerisch	8	2	Obdachlose in den Städten unangenehm
7	he02hq4r	Numerisch	8	2	Ekelhaft, wenn Homosexuelle sich in der Öffentlichkeit küssen
8	ff04dq4r	Numerisch	8	2	Es leben zu viele Ausländer in Deutschland
9	ff08dq4r	Numerisch	8	2	Wenn Arbeitsplätze knapp werden, sollte man die Ausländer in die Heimat schicken.
10	ev03q4r	Numerisch	8	2	Wer neu ist, sollte sich mit weniger zufrieden geben
11	ev04q4r	Numerisch	8	2	Wer schon immer hier lebt, sollte mehr Rechte haben
12	ra01q4r	Numerisch	8	2	Aussiedler sollten besser gestellt werden als Ausländer, da deutscher Abstammung.
13	ra03q4r	Numerisch	8	2	Die Weißen sind zurecht führend in Welt
14	as01q4r	Numerisch	8	2	Juden in Deutschland zu viel Einfluss
15	as02q4r	Numerisch	8	2	Juden an ihren Verfolgungen mitschuldig
16	he05mq4r	Numerisch	8	2	Durch die vielen Muslime, fühle ich mich wie ein Fremder
17	he12mq4r	Numerisch	8	2	Muslimen sollte die Zuwanderung untersagt werden
18	ka05q4r	Numerisch	8	2	Hatten Sie schon einmal Kontakt zu Ausländern?
19	zu01q4k	Numerisch	8	2	Schulabschluss, gruppiert nach 3 Kat.

Abbildung 2.4: Variablenansicht des Datensatzes „GMF05_Querschnitt_CFA.sav" in SPSS

Alle Items zur Messung der GMF-Elemente (s. Tabelle 2.1) konnten von den befragten Personen auf einer vierstufigen Antwortskala beantwortet werden (1 = „stimme voll und ganz zu" bis 4 = „stimme überhaupt nicht zu"). Die Items wurden allerdings so kodiert, dass höhere Werte einer höheren Zustimmung entsprechen.

Zur Operationalisierung der acht von Zick et al. (2008) untersuchten GMF-Elemente wurden je zwei manifeste Variablen verwendet. In Tabelle 2.1 ist die Zuordnung der Indikatoren zu den Elementen aufgeführt.

Tabelle 2.1: Zuordnung der Indikatoren im Datensatz „GMF05_Querschnitt_CFA.sav" zu den GMF-Elementen

Element von GMF (in Klammern der Name der latenten Variablen in Mplus)	Indikatoren
Sexismus (sexism)	sx03q4r, sx04q4r
Homophobie (homoph)	he01hq4, he02hq4r
Antisemitismus (antisem)	as01q4r, as02q4r
Fremdenfeindlichkeit (fremdenf)	ff04dq4r, ff08dq4r
Rassismus (rass)	ra01q4r, ra03q4r
Abwertung von Obdachlosen (obdachl)	he01oq4r, he02oq4r
Islamophobie (islamph)	he05mq4r, he12mq4r
Etabliertenvorrechte (etabl)	ev03q4r, ev04q4r

Die recht sparsame Operationalisierung der Elemente von GMF ist für repräsentative Umfragen nicht ungewöhnlich. Eine umfassendere Operationalisierung ist meist aufgrund der begrenzten Befragungsdauer nicht möglich. Aus zeitökonomischen Gründen ist es daher notwendig, Merkmale mit wenigen Indikatoren zu messen. In Abbildung 2.5 ist der Mplus-Input für eine EFA dieser Indikatoren in Mplus abgebildet.

```
Mplus - [EFA.inp]
 File  Edit  View  Mplus  Graph  Window  Help

TITLE:     Explorative Faktorenanalyse in Mplus

DATA:      FILE IS GMF05_Querschnitt_CFA.dat;

VARIABLE: NAMES ARE qcp_ser he01hq4 sx03q4r sx04q4r he01oq4r
          he02oq4r he02hq4r ff04dq4r ff08dq4r ev03q4r ev04q4r
          ra01q4r ra03q4r as01q4r as02q4r he05mq4r he12mq4r
          ka05q4r zu01q4k;
          USEVARIABLES ARE he01hq4 sx03q4r sx04q4r he01oq4r
          he02oq4r he02hq4r ff04dq4r ff08dq4r ev03q4r ev04q4r
          ra01q4r ra03q4r as01q4r as02q4r he05mq4r he12mq4r;
          MISSING ARE he01oq4r he02oq4r (99);

ANALYSIS: TYPE IS EFA 1 8;  !Auswahl EFA mit Festlegung der minimalen
                            !und maximalen Anzahl an zu extrahierenden
                            !Faktoren
```

Abbildung 2.5: Mplus-Input für eine Explorative Faktorenanalyse

Für die Durchführung der EFA benötigen wir lediglich die Indikatoren für die unterschiedlichen Elemente von GMF (Tabelle 4). Aus diesem Grund haben wir eine entsprechende Auswahl mit der Option USEVARIABLES in dem Befehlsblock VARIABLE vorgenommen. Die eigentliche Analyse spezifizieren wir im Befehlsblock ANALYSIS mit der folgenden Option:

ANALYSIS: TYPE IS EFA 1 8;

Mit TYPE IS EFA wird in Mplus eine Explorative Faktorenanalyse angefordert. Die erste Zahl (hier 1) und die letzte Zahl (hier 8) definieren die minimale und maximale Anzahl der zu extrahierenden Faktoren. Mplus berechnet automatisch alle faktoriellen Modelle, die durch die Festlegung des Minimums und Maximums möglich sind. In unserem Beispiel werden somit acht unterschiedliche faktorielle Modelle berechnet. Wir haben uns für das Maximum von acht Faktoren entschieden, da wir annehmen, dass die acht Elemente von GMF durch die Daten abgebildet werden. Zusätzlich möchten wir aber auch alternative faktorielle Modelle zulassen und mit unserer theoretisch angenommenen faktoriellen Struktur vergleichen. So ist es z.B. denkbar, dass alle manifesten Variablen auf nur einer gemeinsamen latenten Variable laden, also eine einfaktorielle Lösung bereits gut auf die Daten passt und auch sinnvoll zu interpretieren ist.

Mit der Option ROTATION kann in dem Befehlsblock ANALYSIS eine der im Mplus-Manual aufgeführten Rotationsmethoden ausgewählt werden. Hierbei sind sowohl orthogonale (z.B. VARIMAX) wie auch oblique (z.B. PROMAX) Rotationsmethoden erhältlich. Darüber hinaus stehen aber auch Mischformen (z.B. OBLIMIN) zur Verfügung. Einen sehr guten Überblick über Vor- und Nachteile unterschiedlicher Rotationstechniken gibt Browne (2001).

Für alle Berechnungen verwendet Mplus, wenn nicht anders spezifiziert, das *Maximum-Likelihood*-Schätzverfahren. Diese Voreinstellung sollte auch beim Vergleich der Ergebnisse von in Mplus und SPSS durchgeführten EFAs beachtet werden. So ist ein sinnvoller Vergleich nur dann möglich, wenn die in SPSS berechnete EFA ebenfalls auf einer *Maximum-Likelihood*-Schätzung beruht. Da die Schätzung auf einer Korrelationsmatrix basiert, liegen alle Modellparameter in standardisierter Form vor.

In unserem Beispiel treten beim Ausführen der Analyse in Mplus Fehlermeldungen auf. Zwar erhalten wir vorerst die Meldung, dass es beim Einlesen der Daten und des Mplus-Inputs zu keinen Problemen gekommen ist. Aber an einer späteren Stelle im Mplus-Output, vor der Zusammenfassung des Modell-Fits bzw. der Ergebnisse der Schätzung, erscheint die in Kasten 2.1 dargestellte Fehlermeldung.

Kasten 2.1: Ausschnitt aus dem Mplus-Output mit einer Fehlermeldung bei Durchführung der Explorativen Faktorenanalyse

```
    NO CONVERGENCE.   NUMBER OF ITERATIONS EXCEEDED.
    PROBLEM OCCURRED IN EXPLORATORY FACTOR ANALYSIS WITH 6 FACTOR(S).

    NO CONVERGENCE.   NUMBER OF ITERATIONS EXCEEDED.
    PROBLEM OCCURRED IN EXPLORATORY FACTOR ANALYSIS WITH 8 FACTOR(S).
```

Diese Fehlermeldungen verweisen auf Probleme bei der Schätzung von EFA-Lösungen mit sechs und acht Faktoren. In der vorliegenden Analyse sind die Iterationen nicht ausreichend für die *Maximum-Likelihood*-Schätzung. Dies bedeutet, dass das Konvergenzkriterium für die Schätzung nicht erreicht wird. Eine Alternative besteht darin, die Anzahl an maximalen Iterationen zu erhöhen. Das Maximum kann durch die Option ITERATIONS im Befehls-block ANALYSIS heraufgesetzt werden, z.B. auf 10000 Iterationen:

ANALYSIS: ITERATIONS ARE 10000;

Die Voreinstellung in Mplus sind maximal 1000 Iterationen. Jedoch führt das Heraufsetzen der maximalen Anzahl von Iterationen in unserem Beispiel genauso wenig zu einer Lösung des Problems wie die Verwendung alternativer Rotationstechniken.

Eine mögliche Ursache für dieses Problem liegt in der geringen Anzahl an Variablen in Be-zug zur Anzahl der zu extrahierenden Faktoren. Um dennoch den Mplus-Output für eine EFA vorstellen zu können, werden wir uns im Folgenden auf eine Auswahl an Variablen beschränken. Wir konzentrieren uns deshalb auf die drei GMF-Elemente Antisemitismus, Islamophobie und Rassismus. Unser Ziel besteht nun darin, für diese drei Elemente eine einfaktorielle, zweifaktorielle und dreifaktorielle Lösung miteinander zu vergleichen. In Abbildung 2.6 ist der entsprechende Mplus-Input dargestellt.

```
Mplus - [EFA_reduced.inp]
File  Edit  View  Mplus  Graph  Window  Help

TITLE:      EFA basierend auf den Elementen Fremdenfeindlichkeit,
            Rassismus und Islamophobie

DATA:       FILE IS GMF05_Querschnitt_CFA.dat;

VARIABLE: NAMES ARE qcp_ser he01hq4 sx03q4r sx04q4r he01oq4r
            he02oq4r he02hq4r ff04dq4r ff08dq4r ev03q4r ev04q4r
            ra01q4r ra03q4r as01q4r as02q4r he05mq4r he12mq4r
            ka05q4r zu01q4k;
            USEVARIABLES ARE as01q4r as02q4r ra01q4r ra03q4r
            he05mq4r he12mq4r;

ANALYSIS: TYPE IS EFA 1 3;
```

Abbildung 2.6: Mplus-Input für eine Explorative Faktorenanalyse mit einer reduzierten Anzahl an Variablen

Vor diesem Hintergrund haben wir als minimale Faktorenanzahl einen Faktor und als maxi-male Anzahl drei Faktoren spezifiziert.

In den Kasten 2.2 und 2.3 sind zunächst nur die Ergebnisse der einfaktoriellen Lösung darge-stellt. Wir besprechen im Folgenden sukzessive die zentralen im Mplus-Output dargestellten Informationen.

Kasten 2.2: Ausschnitt aus dem Mplus-Output mit Informationen zum Eigenwertverlauf und zu dem Modell-Fit für die einfaktorielle Lösung

```
RESULTS FOR EXPLORATORY FACTOR ANALYSIS

           EIGENVALUES FOR SAMPLE CORRELATION MATRIX
               1            2            3            4            5
              ____         ____         ____         ____         ____
      1      2.702        0.921        0.881        0.606        0.499

           EIGENVALUES FOR SAMPLE CORRELATION MATRIX
               6
              ____
      1      0.390

EXPLORATORY FACTOR ANALYSIS WITH 1 FACTOR(S):

TESTS OF MODEL FIT

Chi-Square Test of Model Fit

          Value                            390.628
          Degrees of Freedom                     9
          P-Value                           0.0000

Chi-Square Test of Model Fit for the Baseline Model

          Value                           2404.353
          Degrees of Freedom                    15
          P-Value                           0.0000

CFI/TLI

          CFI                               0.840
          TLI                               0.734

Loglikelihood

          H0 Value                       -12195.173
          H1 Value                       -11999.859

Information Criteria

          Number of Free Parameters            18
          Akaike (AIC)                    24426.346
          Bayesian (BIC)                  24525.044
          Sample-Size Adjusted BIC        24467.860
            (n* = (n + 2) / 24)

RMSEA (Root Mean Square Error Of Approximation)

          Estimate                          0.154
          90 Percent C.I.                   0.142  0.168
          Probability RMSEA <= .05          0.000

SRMR (Standardized Root Mean Square Residual)

          Value                             0.061
```

Zunächst findet sich im Mplus-Output der auf der Stichproben-Korrelationsmatrix basierende Eigenwertverlauf (Kasten 2.2). Vereinfacht ausgedrückt deuten die Ergebnisse des Eigenwertverlaufs auf eine einfaktorielle Lösung hin, da die Eigenwerte nach dem ersten Faktor deutlich abfallen (2.702, 0.921, 0.881,...).

Im Anschluss an den Eigenwertverlauf finden sich Angaben zum Modell-Fit („Tests of Model Fit"). Wir gehen kurz auf die unterschiedlichen Kennwerte für die Modellgüte (Modell-Fit) ein. Eine ausführliche Darstellung findet sich bei Kline (2010, S. 193ff) und Reinecke (2005, S. 116ff).

Als grundlegende Fit-Statistik wird zunächst die χ^2-Statistik („Value" im Mplus-Output) mit den dazugehörigen Freiheitsgraden („Degrees of Freedom") und dem Signifikanzniveau („P-Value") ausgegeben. Diese χ^2-Statistik dient zur Überprüfung der Nullhypothese, der zufolge die modellimplizierte Kovarianzmatrix mit der (geschätzten) Populationskovarianzmatrix übereinstimmt. In unserem Fall ist die χ^2-Statistik mit $\chi^2 = 390.628$, df = 9, p < .001 signifikant. Somit muss die Nullhypothese verworfen werden, da das Modell die Daten nur ungenügend repliziert. Zwar empfiehlt es sich aus verschiedenen Gründen (s. Kline, 2010) die χ^2-Statistik nicht zur Modellevaluation zu verwenden; für den Vergleich von Alternativmodellen wird die χ^2-Statistik jedoch in der Regel verwendet (s. Kapitel 2.1.2). In Mplus kann auf zahlreiche alternative Fit-Maße zurückgegriffen werden. Diese sind der *Comparative Fit Index* (CFI), der *Tucker Lewis Index* (TLI), der *Root Mean Square Error of Approximation* (RMSEA) und das *Standardized Root Mean Square Residual* (SRMR). Der CFI und der TLI stellen beide inkrementelle Fit-Indizes dar. Sie zeigen an, in welchem Ausmaß das postulierte Modell eine bessere Datenanpassung aufweist als ein Unabhängigkeitsmodell, in dem definitionsgemäß zwischen den manifesten Variablen keine Zusammenhänge bestehen. Auch für das Unabhängigkeitsmodell wird in Mplus die χ^2-Statistik ausgegeben („Chi-Square Test of Model Fit for the Baseline Model"). Beide Indizes (CFI und TLI) sind normiert und schwanken zwischen 0 und 1, wobei höhere Werte einen besseren Modell-Fit anzeigen. Nach Hu und Bentler (1999) zeigen Werte im CFI und TLI $\geq$ .95 einen guten Modell-Fit an.

Der RMSEA zeigt den approximativen Modell-Fit an. Es handelt sich hierbei um einen *Badness-of-fit-index*, wobei kleinere Werte einen besseren Modell-Fit kennzeichnen. Der RMSEA schwankt zwischen 0 und 1. RMSEA Werte $\leq$ .05 werden als gut und Werte $\leq$ .08 als zufriedenstellend angesehen. In Mplus wird zusätzlich noch das 90%-Konfidenzintervall für den RMSEA ausgegeben sowie der *Test of close fit* (im Mplus-Output bezeichnet mit „Probability RMSEA <= .05"). Das Konfidenzintervall (englisch *confidence interval*, CI) zeigt an, in welchem Bereich der Populations-RMSEA mit 90% Wahrscheinlichkeit liegt. Der *Test of close fit* prüft die Nullhypothese, dass der Populations-RMSEA $\leq$ .05 ist, wobei der entsprechende p-Wert angegeben wird. Akzeptable Werte für den RMSEA sind nach Hu und Bentler $\leq$ .06.

Der SRMR zeigt den Mittelwert für die Abweichung der beobachteten und geschätzten Korrelationen an. Ein Wert von 0 zeigt perfekten Modell-Fit an, während größere Werte einen zunehmend schlechteren Fit bedeuten. Nach Hu und Bentler (1999) sind Werte $\leq$ .08 im SRMR akzeptabel.

Darüber hinaus finden sich im Mplus-Output noch Angaben zur *Log-Likelihood* sowie Informationstheoretische Maße („Information Criteria"), auf die wir an dieser Stelle nicht näher eingehen.

Für die Modellevaluation sollten stets mehrere Indizes verwendet werden. Wir werden im Folgenden für alle Modelle den CFI, den RMSEA (inkl. dem Konfidenzintervall) und den SRMR zur Modellevaluation heranziehen.

Kasten 2.3: Ausschnitt aus dem Mplus-Output mit Informationen zu den Faktorladungen, Korrelationen
zwischen den Faktoren und Residualvarianzen der manifesten Variablen für die einfaktorielle Lösung

```
              GEOMIN ROTATED LOADINGS
                    1

AS01Q4R             0.696
AS02Q4R             0.714
RA01Q4R             0.413
RA03Q4R             0.530
HE05MQ4R            0.542
HE12MQ4R            0.569

              GEOMIN FACTOR CORRELATIONS
                    1

        1           1.000

              ESTIMATED RESIDUAL VARIANCES
                 AS01Q4R        AS02Q4R        RA01Q4R        RA03Q4R        HE05MQ4R

        1        0.515          0.490          0.830          0.720          0.706

              ESTIMATED RESIDUAL VARIANCES
                 HE12MQ4R

        1        0.676

              S.E. GEOMIN ROTATED LOADINGS
                    1

AS01Q4R             0.018
AS02Q4R             0.018
RA01Q4R             0.024
RA03Q4R             0.021
HE05MQ4R            0.022
HE12MQ4R            0.022

              S.E. GEOMIN FACTOR CORRELATIONS
                    1

        1           0.000

              S.E. ESTIMATED RESIDUAL VARIANCES
                 AS01Q4R        AS02Q4R        RA01Q4R        RA03Q4R        HE05MQ4R

        1        0.025          0.026          0.020          0.022          0.024

              S.E. ESTIMATED RESIDUAL VARIANCES
                 HE12MQ4R

        1        0.025

              Est./S.E. GEOMIN ROTATED LOADINGS
                    1

AS01Q4R             38.173
AS02Q4R             39.225
RA01Q4R             17.323
RA03Q4R             24.940
HE05MQ4R            24.643
HE12MQ4R            26.351

              Est./S.E. GEOMIN FACTOR CORRELATIONS
                    1

        1           0.000

              Est./S.E. ESTIMATED RESIDUAL VARIANCES
                 AS01Q4R        AS02Q4R        RA01Q4R        RA03Q4R        HE05MQ4R

        1        20.301         18.878         42.146         32.001         29.656

              Est./S.E. ESTIMATED RESIDUAL VARIANCES
                 HE12MQ4R
                 27.532
```

Das einfaktorielle Faktorenmodell weist keinen guten Modell-Fit auf, die Fit-Werte liegen nahezu alle in einem unbefriedigenden Bereich (χ^2 = 390.628; df = 9; p = .005; CFI = .840; RMSEA = .154 (90% CI = .142/.168); SRMR = .061).

Im Anschluss an die Informationen zum Modell-Fit folgen im Mplus-Output die Schätzer für die Modellparameter (Kasten 2.3). Zunächst werden die Schätzer für die Faktorladungen („Geomin rotated loadings"), die Korrelationen zwischen den Faktoren („Geomin factor correlations") und die Residualvarianzen („Estimated residual variances") dargestellt. Im Anschluss daran finden sich die Standardfehler für die entsprechenden Schätzer und die Prüfgrößen („Est./S.E."). Die Ladungen der Variablen auf dem Faktor sind zwar in einem zufriedenstellenden Bereich (.413–.714). Der inakzeptable Modell-Fit spricht aber gegen eine einfaktorielle Lösung.

Die zweifaktorielle Lösung weist einen besseren, aber immer noch nicht optimalen Modell-Fit auf (χ^2 = 98.888; df = 4; p = .005; CFI = .960; RMSEA = .116 (90% CI = .096/.136); SRMR = .034). Das Ladungsmuster (Kasten 2.4) ist nicht optimal zu interpretieren. Insbesondere die beiden Indikatoren für Rassismus („ra01q4r", „ra03q4r") laden nicht eindeutig auf einem der beiden Faktoren.

Kasten 2.4: Ausschnitt aus dem Mplus-Output mit Informationen zu den Faktorladungen für die zweifaktorielle Lösung

```
          GEOMIN ROTATED LOADINGS
                1              2
 AS01Q4R       0.529          0.224
 AS02Q4R       0.937         -0.003
 RA01Q4R       0.101          0.361
 RA03Q4R       0.248          0.332
 HE05MQ4R     -0.006          0.677
 HE12MQ4R      0.001          0.719
```

Es deutet sich also an, dass die dreifaktorielle Lösung die beobachteten Daten am besten erklären kann. Das dreifaktorielle Modell weist jedoch keine Freiheitsgrade auf und ist somit genau identifiziert. Aus diesem Grund repliziert das Modell die Daten perfekt und eine Modellevaluation auf Grundlage von Fit-Indizes ist nicht möglich (Kline, 2010). Dennoch kann das Ladungsmuster der dreifaktoriellen Lösung interpretiert werden (Kasten 2.5). In Übereinstimmung mit den theoretischen Annahmen laden die zur Messung der unterschiedlichen GMF-Elemente dienenden beobachteten Variablen jeweils auf einem eindeutig zu interpretierenden Faktor. Darüber hinaus korrelieren die drei GMF-Elemente wie erwartet substanziell positiv miteinander. Zusammengenommen stützen diese Ergebnisse die Messung der unterschiedlichen GMF-Elemente durch drei Faktoren, die ihrerseits jeweils mit zwei Indikatoren operationalisiert wurden.

Kasten 2.5: Ausschnitt aus dem Mplus-Output mit Informationen zu den Faktorladungen für die dreifaktorielle
Lösung

```
          GEOMIN ROTATED LOADINGS
               1              2              3

AS01Q4R        0.692         -0.002          0.162
AS02Q4R        0.656          0.208         -0.001
RA01Q4R       -0.146          0.632          0.015
RA03Q4R        0.009          0.698         -0.069
HE05MQ4R      -0.019         -0.001          0.789
HE12MQ4R       0.014          0.192          0.521


          GEOMIN FACTOR CORRELATIONS
               1              2              3

     1         1.000
     2         0.565          1.000
     3         0.434          0.590          1.000
```

Die EFA ist streng genommen ein rein exploratives Verfahren. Zur Überprüfung von a priori
Annahmen über die Anzahl an Faktoren, das Ladungsmuster und die Zusammenhänge zwi-
schen den Faktoren ist die CFA die Methode der Wahl. Daher werden wir nun die CFA in
Mplus vorstellen.

2.1.2   Konfirmatorische Faktorenanalyse in Mplus

Die folgenden Analysen basieren wiederum auf dem Datensatz „GMF05_Querschnitt_
CFA.sav". Mit der CFA möchten wir das in Abbildung 2.1 schematisch dargestellte Faktorenmodell 2. Ordnung (hierarchisches Faktorenmodell) prüfen. In diesem Fall betrachten wir
alle acht Elemente von GMF: „Sexismus", „Homophobie", „Antisemitismus", „Fremdenfeindlichkeit", „Rassismus", „Abwertung von Obdachlosen", „Islamophobie" und „Etabliertenvorrechte". Alle Elemente wurden im GMF-Survey aus dem Jahre 2005 (s. Heitmeyer,
2006) mit jeweils zwei Indikatoren gemessen. Die genaue Bezeichnung der Items im Datensatz ist in Tabelle 2.1 aufgeführt. Abbildung 2.7 stellt das zu schätzende Modell dar.

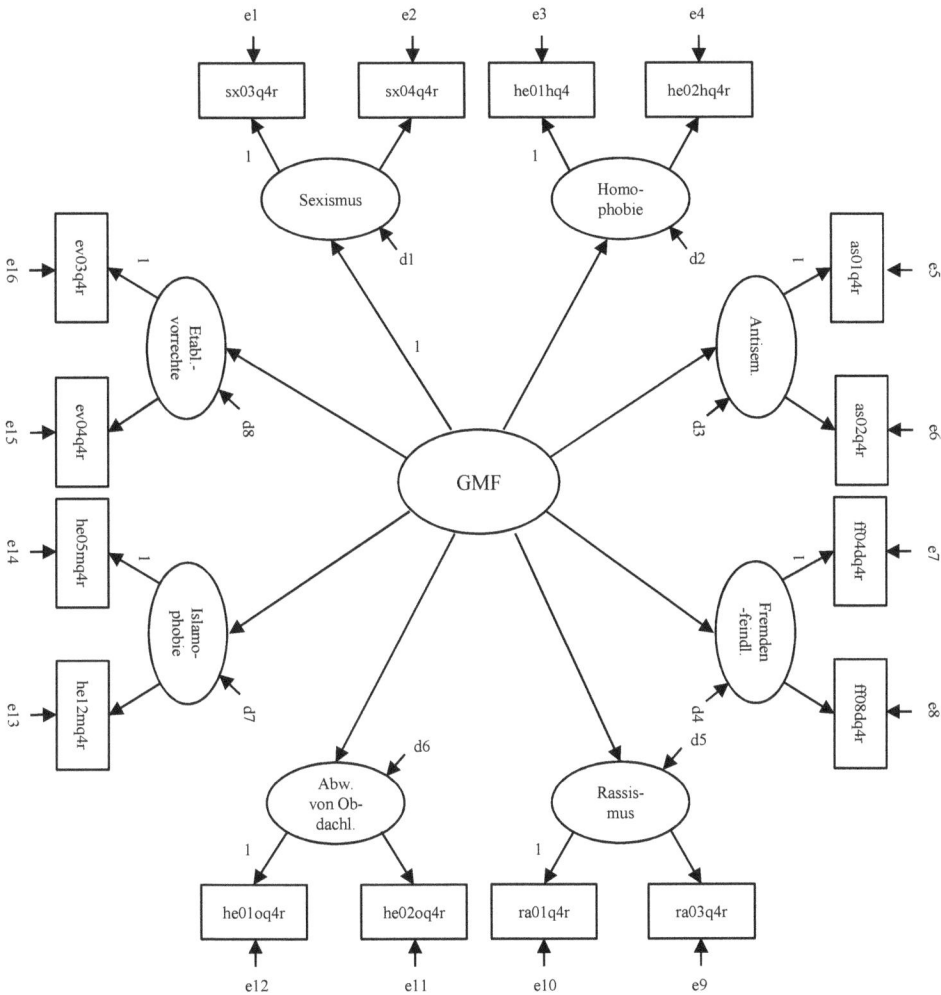

Abbildung 2.7: Faktorenmodell 2. Ordnung für das Syndrom Gruppenbezogene Menschenfeindlichkeit

Der entsprechende Mplus-Input für das in Abbildung 2.7 dargestellte Modell ist in Abbildung 2.8 aufgeführt.

Im Befehlsblock MODEL haben wir zunächst die acht Elemente von GMF als Faktoren 1. Ordnung spezifiziert. An dieser Stelle sind einige Voreinstellungen in Mplus zu beachten. Die Ladung des ersten Indikators der jeweiligen latenten Variablen wird von Mplus automatisch auf den Wert 1 fixiert, um die latenten Variablen mit einer Metrik zu versehen. Beispielsweise ist für die latente Variable „sexism" die Ladung des Indikators „sx03q4r" auf den Wert 1 fixiert. Alle weiteren Modellparameter werden von Mplus automatisch geschätzt und erfordern keine gesonderte Spezifikation im Befehlsblock MODEL. Diese Modellparameter beinhalten die Varianzen der latenten Variablen (in diesem Fall die Residuen, da es sich aufgrund des Faktors 2. Ordnung, der später spezifiziert wird, um endogene Variablen handelt) und die Residuen der Indikatoren. Auch alle weiteren notwendigen Restriktionen wer-

den von Mplus automatisch vorgenommen; z.B. sind die Ladungen der Indikatoren auf den
Residuen per Voreinstellung auf 1 fixiert.

```
Mplus - [CFA.inp]
  File  Edit  View  Mplus  Graph  Window  Help

  D  ☞ ◫   ✄ ▤ ▦   ◈   RUN   ☑ ☒ ▧   ▨ ▧ ▧   ▥ ▥ ▥   ?

    TITLE:      Konfirmatorische Faktorenanalyse in Mplus

    DATA:       FILE IS GMF05_Querschnitt_CFA.dat;

    VARIABLE:   NAMES ARE qcp_ser he01hq4 sx03q4r sx04q4r he01oq4r
                he02oq4r he02hq4r ff04dq4r ff08dq4r ev03q4r ev04q4r
                ra01q4r ra03q4r as01q4r as02q4r he05mq4r he12mq4r
                ka05q4r zu01q4k;
                USEVARIABLES ARE he01hq4 sx03q4r sx04q4r he01oq4r
                he02oq4r he02hq4r ff04dq4r ff08dq4r ev03q4r ev04q4r
                ra01q4r ra03q4r as01q4r as02q4r he05mq4r he12mq4r;
                MISSING ARE he01oq4r he02oq4r (99);

    MODEL:      sexism BY sx03q4r sx04q4r;        !Spezifikation der
                homoph BY he01hq4 he02hq4r;       !Faktoren 1. Ordnung
                antisem BY as01q4r as02q4r;
                fremdenf BY ff04dq4r ff08dq4r;
                rass BY ra01q4r ra03q4r;
                obdachl BY he01oq4r he02oq4r;
                islamph BY he05mq4r he12mq4r;
                etabl BY ev03q4r ev04q4r;

                gmf BY sexism homoph antisem fremdenf !Spezifikation
                rass obdachl islamph etabl;           !des Faktors 2. Ordnung

    OUTPUT:     STDYX;
```

Abbildung 2.8: Mplus-Input für Faktorenmodell 2. Ordnung des Syndroms Gruppenbezogener
Menschenfeindlichkeit

Im zweiten Teil des Befehlsblocks MODEL haben wir das Syndrom GMF als Faktor 2. Ordnung spezifiziert. Für diese latente Variable werden die Indikatoren durch die latenten Variablen 1. Ordnung gebildet:

MODEL: GMF BY sexism homoph antisem fremdenf

              rass obdachl islamph etabl;

Das Faktorenmodell 2. Ordnung weist einen befriedigenden Modell-Fit auf (χ^2 = 647.780; df
= 96; p < .001; CFI = .938; RMSEA = .057 (90% CI = .053/.061); SRMR = .044).

In Kasten 2.6 sind die standardisierten Faktorladungen abgebildet. Sämtliche Ladungen der
manifesten Variablen auf den latenten Variablen 1. Ordnung weichen signifikant von 0 ab (p
< .001) und liegen in einem guten Bereich (.512–.880), d.h. die einzelnen Indikatoren weisen
eine ausreichende Reliabilität auf. Die Ladungen der latenten Variablen 1. Ordnung auf der
latenten Variable 2. Ordnung sind ebenfalls alle signifikant (p < .001) und zufriedenstellend
(.543–.931). Insgesamt sprechen diese empirischen Ergebnisse für das theoretisch angenommene Messmodell, demzufolge das Konstrukt GMF als Faktor 2. Ordnung und die verschiedenen GMF-Elemente als Faktoren 1. Ordnung konzipiert werden können.

Kasten 2.6: Ausschnitt aus dem Mplus-Output mit Informationen zu den Faktorladungen für das Faktorenmodell 2. Ordnung des Syndroms Gruppenbezogener Menschenfeindlichkeit.

```
STDYX Standardization

                                                    Two-Tailed
                    Estimate      S.E.    Est./S.E.  P-Value

SEXISM    BY
    SX03Q4R         0.795        0.020    39.880     0.000
    SX04Q4R         0.780        0.020    39.196     0.000

HOMOPH    BY
    HE01HQ4         0.620        0.024    25.773     0.000
    HE02HQ4R        0.820        0.026    30.969     0.000

ANTISEM   BY
    AS01Q4R         0.789        0.017    46.603     0.000
    AS02Q4R         0.760        0.017    44.454     0.000

FREMDENF  BY
    FF04DQ4R        0.790        0.013    61.986     0.000
    FF08DQ4R        0.784        0.013    61.090     0.000

RASS      BY
    RA01Q4R         0.570        0.023    24.838     0.000
    RA03Q4R         0.647        0.023    27.860     0.000

OBDACHL   BY
    HE01OQ4R        0.880        0.029    30.779     0.000
    HE02OQ4R        0.584        0.024    24.001     0.000

ISLAMPH   BY
    HE05MQ4R        0.684        0.017    40.870     0.000
    HE12MQ4R        0.728        0.016    45.036     0.000

ETABL     BY
    EV03Q4R         0.512        0.023    22.088     0.000
    EV04Q4R         0.699        0.024    29.026     0.000

GMF       BY
    SEXISM          0.569        0.023    25.121     0.000
    HOMOPH          0.552        0.025    21.655     0.000
    ANTISEM         0.700        0.019    36.101     0.000
    FREMDENF        0.929        0.013    71.190     0.000
    RASS            0.795        0.026    30.712     0.000
    OBDACHL         0.543        0.026    21.206     0.000
    ISLAMPH         0.931        0.016    56.495     0.000
    ETABL           0.798        0.026    30.399     0.000
```

Ein zufriedenstellender Modell-Fit reicht jedoch nicht aus, um von einer Bestätigung der theoretischen Annahmen auszugehen. Vielmehr sollte das theoretisch angenommene Modell mit Alternativmodellen verglichen werden, die ebenfalls eine sinnvolle Interpretation zulassen. Anhand eines Modellvergleichs mittels eines χ^2-Differenztests (s.u.) kann dann entschieden werden, ob das theoretisch angenommene Modell (Modell 1) oder ein Alternativmodell (Modell 2) favorisiert werden sollten.

Ein Alternativmodell für unser Beispiel besteht in einem Modell, in dem alle manifesten Variablen auf nur einer latenten Variable laden und die unterschiedlichen Elemente von GMF somit nicht unterschieden werden können. Die theoretische Erwartung lautet hierbei, dass Personen sich ganz allgemein in ihrem Vorurteilsausmaß unterscheiden – unabhängig davon, ob es sich um eine bestimmte Fremdgruppe handelt. Abbildung 2.9 zeigt die Spezifikation dieses einfaktoriellen Alternativmodells in Mplus.

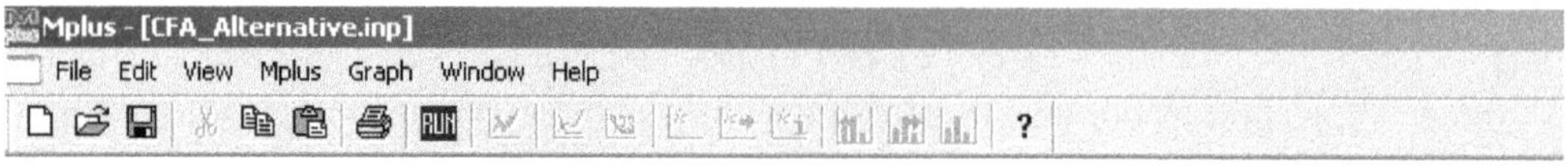
Mplus - [CFA_Alternative.inp]
File Edit View Mplus Graph Window Help

```
TITLE:     Prüfung eines alternativen Messmodells

DATA:      FILE IS GMF05_Querschnitt_CFA.dat;

VARIABLE:  NAMES ARE qcp_ser he01hq4 sx03q4r sx04q4r he01oq4r
           he02oq4r he02hq4r ff04dq4r ff08dq4r ev03q4r ev04q4r
           ra01q4r ra03q4r as01q4r as02q4r he05mq4r he12mq4r
           ka05q4r zu01q4k;
           USEVARIABLES ARE he01hq4 sx03q4r sx04q4r he01oq4r
           he02oq4r he02hq4r ff04dq4r ff08dq4r ev03q4r ev04q4r
           ra01q4r ra03q4r as01q4r as02q4r he05mq4r he12mq4r;
           MISSING ARE he01oq4r he02oq4r (99);

MODEL:     gmf BY sx03q4r sx04q4r !Spezifikation einer
           he01hq4 he02hq4r       !latenten Variablen
           as01q4r as02q4r
           ff04dq4r ff08dq4r
           ra01q4r ra03q4r
           he01oq4r he02oq4r
           he05mq4r he12mq4r
           ev03q4r ev04q4r;

OUTPUT:    STDYX;
```

Abbildung 2.9: Mplus-Input für ein mögliches Alternativmodell (einfaktorielles Modell) des Syndroms Gruppenbezogener Menschenfeindlichkeit

Der Modell-Fit dieses alternativen Messmodells ist schlecht (χ^2 = 2412.577; df = 104; p < .001; CFI = .742; RMSEA = .112 (90% CI = .108/.116); SRMR = .071). Bereits der Vergleich der Kennwerte für den Modell-Fit deutet darauf hin, dass dieses alternative Modell die Daten deutlich schlechter repliziert als das postulierte Messmodell. Konventionsgemäß wird ein inferenzstatistischer Vergleich der beiden Modelle über den χ^2-Differenztest vorgenommen. Die Differenz in den χ^2-Werten der beiden zu vergleichenden Modelle ist bei Anwendung des *Maximum-Likelihood*-Schätzverfahrens approximativ χ^2-verteilt. Die Differenz in den Freiheitsgraden der beiden Modelle entspricht hierbei der Anzahl an Freiheitsgraden für den χ^2-Differenztest. Die χ^2-Differenz wird also wie folgt berechnet:

$$\Delta\chi^2 = \chi^2_{\text{Modell 2}} - \chi^2_{\text{Modell 1}},$$

wobei der χ^2-Wert des weniger restriktiven Modells von dem χ^2-Wert des restriktiveren Modells subtrahiert wird.

In Mplus ist der χ^2-Differenztest nicht implementiert, so dass entsprechende Berechnungen manuell durchgeführt werden müssen. Hierbei muss die Signifikanz der Teststatistiken in entsprechenden χ^2-Tabellen nachgeschlagen bzw. mit Online-Tools (z.B. http://www.fourmilab.ch/rpkp/experiments/analysis/chiCalc.html) berechnet werden.

In unserem Beispiel beträgt die χ^2-Differenz $\Delta\chi^2$ = 2412.577 – 647.780 = 1764.797 und ist mit 8 Freiheitsgraden signifikant (p < .001). Somit weist das restriktivere Alternativmodell einen statistisch bedeutsam schlechteren Modell-Fit auf als das postulierte Messmodell. Die Ergebnisse des χ^2-Differenztests sprechen also für das postulierte Messmodell mit acht verschiedenen, aber korrelierten latenten Variablen.

Eine häufig verwendete Alternative zum *Maximum-Likelihood*-Schätzverfahren ist ein robustes *Maximum-Likelihood*-Schätzverfahren (Kline, 2010). In Mplus kann hierzu auf das MLM- oder MLR-Verfahren zurückgegriffen werden (s. Kap. 16 im Mplus-Manual für Details). Der Vorteil dieser Verfahren besteht darin, dass sie robust gegenüber nicht-normalverteilten Daten sind. Die Standardfehler der Parameterschätzer werden ebenso wie die χ^2-Statistik für das jeweilige Modell korrigiert. Allerdings erfordert ein Modellvergleich auf Grundlage der χ^2-Differenzstatistik eine Korrektur, da die Differenz der korrigierten χ^2-Statistiken der zu vergleichenden Modelle selbst nicht χ^2-verteilt ist. Wir möchten diese Korrektur im Anschluss an den bereits zuvor verwendeten Modellvergleich vorstellen. Zu diesem Zweck reanalysieren wir die beiden bereits beschriebenen Modelle mit einem robusten *Maximum-Likelihood*-Schätzverfahren. Die erforderliche Spezifikation im Mplus-Input lautet:

ANALYSIS: ESTIMATOR IS MLR;

Da der Datensatz fehlende Werte beinhaltet benutzen wir den MLR-Schätzer; MLM kann bei Vorliegen fehlender Werte nur im Rahmen eines listenweisen Fallausschlusses verwendet werden. Zusätzliche Modifikationen im Vergleich zur vorhergehenden Analyse sind nicht erforderlich.

Im Mplus-Output erscheint bei der Zusammenfassung des Modell-Fits für unser theoretisch angenommenes Faktorenmodell 2. Ordnung die in Kasten 2.7 dargestellte Meldung:

Kasten 2.7: Ausschnitt aus dem Mplus-Output mit einem Hinweis bei Verwendung robuster *Maximum-Likelihood*-Schätzverfahren

```
TESTS OF MODEL FIT

Chi-Square Test of Model Fit

        Value                       1871.945*
        Degrees of Freedom             104
        P-Value                     0.0000
        Scaling Correction Factor    1.289
          for MLR

*    The chi-square value for MLM, MLMV, MLR, ULSMV, WLSM and WLSMV cannot be used
     for chi-square difference testing in the regular way.  MLM, MLR and WLSM
     chi-square difference testing is described on the Mplus website.  MLMV, WLSMV,
     and ULSMV difference testing is done using the DIFFTEST option.
```

Die Meldung weist darauf hin, dass die auf Grundlage der angegebenen Schätzverfahren berechnete χ^2-Statistik nicht für den χ^2-Differenztest verwendet werden kann. Vielmehr muss zunächst eine von Satorra und Bentler (2001) entwickelte Korrektur vorgenommen werden. Die Durchführung dieser Korrektur erfordert den im Mplus-Output bereitgestellten „Scaling Correction Factor" (Kasten 2.7). In unserem Beispiel beträgt dieser Korrekturfaktor den Wert 1.264. Für das Alternativmodell beträgt die χ^2-Statistik basierend auf dem MLR-Schätzverfahren 1871.945. Der Korrekturfaktor beträgt den Wert 1.289.

Der Vergleich dieser beiden Modelle mit dem χ^2-Differenztest im Rahmen einer MRL-Schätzung erfordert verschiedene Berechnungsschritte. In einem ersten Schritt muss die „difference test scaling correction" („cd") berechnet werden:

cd = (d0 × c0 – d1 × c1) / (d0 – d1),

wobei d0 die Freiheitsgrade des restriktiveren Modells angibt und c0 den Korrekturfaktor dieses Modells darstellt. In unserem Beispiel ergibt sich für cd folgender Wert:

cd = (104 × 1.289 – 96 × 1.264) / (104 – 96) = 1.589.

Im zweiten Schritt wird nun der *Satorra-Bentler scaled χ^2-difference test* angewandt:

TRd = (T0 × c0 – T1 × c1) / cd,

wobei T0 für den χ^2-Wert des restriktiveren Modells steht. Angewandt auf unser Beispiel ergibt sich:

TRd = (1871.945 × 1.289 – 512.300 × 1.264) / 1.589 = 1111.007.

Diese korrigierte Differenz zwischen den beiden χ^2-Werten ist nun angenähert χ^2-verteilt. Der Unterschied im Modell-Fit zwischen den beiden Modellen ist signifikant ($\Delta\chi^2$ = 1111.007, df = 8, p < .001). In diesem Beispiel ist also der Modell-Fit des weniger restriktiven Modells signifikant besser als der Modell-fit des restriktiveren Modells. Die Ergebnisse sprechen erneut gegen das restriktivere Messmodell mit nur einem latenten Faktor.

2.2   Strukturgleichungsmodelle

Strukturgleichungsmodelle (*Structural Equation Modeling*, SEM) stellen eine Kombination aus Messmodellen (s. Konfirmatorische Faktorenanalyse) und Strukturmodellen (Pfadmodelle) dar. In Abbildung 2.10 sind die Bestandteile eines Strukturgleichungsmodells schematisch dargestellt.

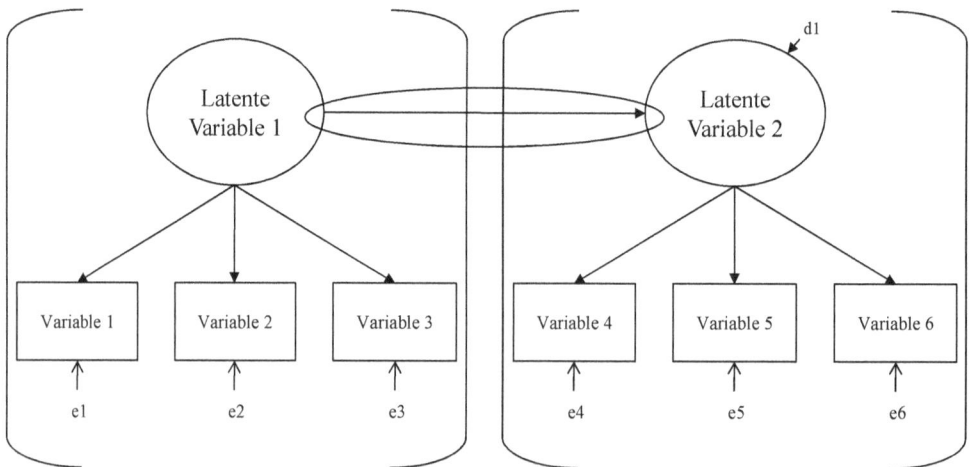

Abbildung 2.10: Schematische Darstellung eines Strukturgleichungsmodells
(Hinweis: Eckige Klammern stehen für die Messmodelle, die Ellipse für das Strukturmodell)

Strukturgleichungsmodelle dienen zur Überprüfung gerichteter Hypothesen. Hierbei besteht ein zentraler Vorteil von SEM in der Verwendung latenter Variablen. Dies ermöglicht bei der Datenanalyse die statistisch angemessen Berücksichtigung von Messfehlern in den beobachteten Variablen. Im Rahmen von SEM können simultan Hypothesen über strukturelle Beziehungen zwischen Variablen (Strukturmodell) wie auch über Messbeziehungen (Messmodell) geprüft werden. Gute Einführungen in SEM geben Kline (2010) und Reinecke (2005).

2.2.1   Strukturgleichungsmodelle in Mplus

Wir möchten nun die Spezifikation von Strukturgleichungsmodellen in Mplus vorstellen. Dabei beziehen wir uns erneut auf eine Forschungsarbeit, die auf Basis von Daten des GMF-Projektes entstanden ist.

Christ und Wagner (2008) haben den Effekt von Intergruppenkontakt auf das GMF-Syndrom untersucht. Die Annahme war, dass ein höheres Ausmaß an Intergruppenkontakt das Ausmaß an GMF reduziert. Es wurde also ein negativer Zusammenhang zwischen Intergruppenkontakt und GMF angenommen. Zur Überprüfung dieser Annahme auf Grundlage einer Befragung der deutschen Allgemeinbevölkerung aus dem Jahre 2007 (N = 864) verwendeten die Autoren Strukturgleichungsmodelle. Die Ergebnisse zeigen einen erwartungskonformen negativen Zusammenhang zwischen dem Ausmaß an Intergruppenkontakt und GMF.

In Abbildung 2.11 ist der Mplus-Input für diese Analyse dargestellt. Der hierzu verwendete Datensatz „GMF07_Querschnitt_SEM.sav" enthält eine Frage zum Ausmaß an Intergruppenkontakt („Wie viele Ihrer Freunde und Bekannte sind in Deutschland lebende Ausländerinnen und Ausländer?"; „ka03nq4r") sowie die in Tabelle 2.1 aufgelisteten Indikatoren für die unterschiedlichen Elemente von GMF. Die Endungen der Variablennamen haben sich im Vergleich zu dem vorherigen Beispiel allerdings leicht verändert (q6 statt q4).

Die Spezifikation des Messmodells für das GMF-Syndrom entspricht der im vorhergehenden Abschnitt vorgestellten Syntax zur Konfirmatorischen Faktorenanalyse.

Da für Intergruppenkontakt nur ein einziger Indikator im Datensatz vorhanden ist, kann hierfür keine latente Variable spezifiziert werden. Der Strukturpart des Modells wird demnach durch folgende Befehlszeile festgelegt:

```
MODEL:      GMF ON ka03nq4r;
```

Der Modell-Fit für das SEM ist zufriedenstellend (χ^2 = 378.719; df = 111; p < .001; CFI = .937; RMSEA = .053 (90% CI = .047/.059); SRMR = .045). In Kasten 2.8 ist ein Ausschnitt aus dem Mplus-Output mit den standardisierten Schätzern für die Faktorladungen und für den Effekt von Intergruppenkontakt auf GMF dargestellt.

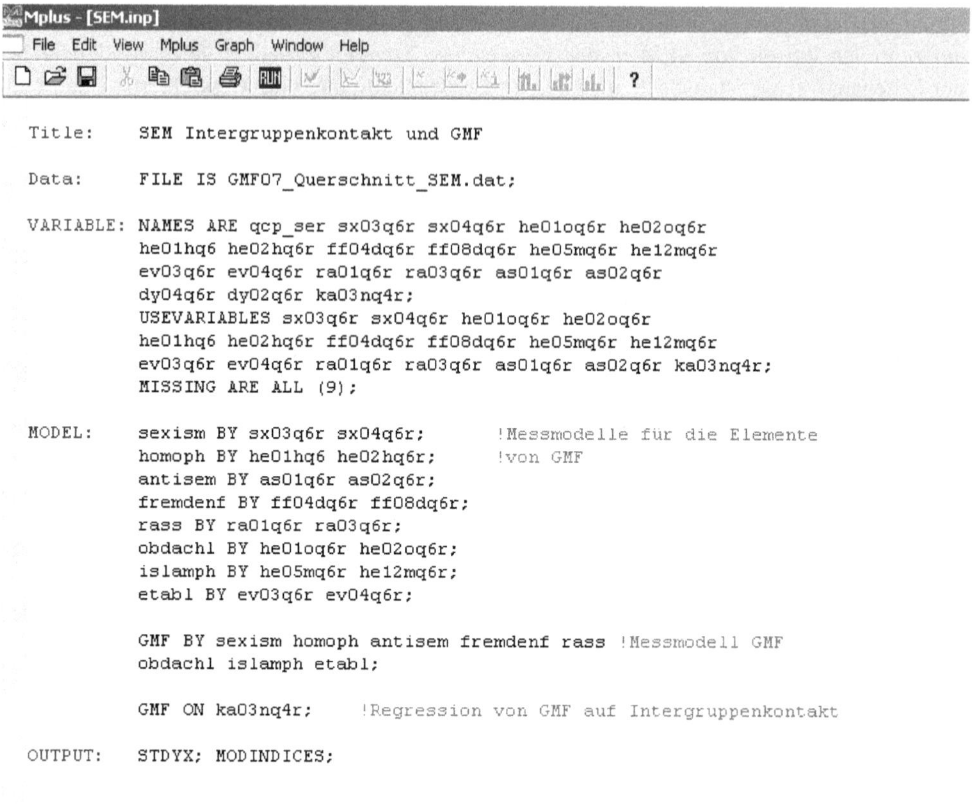

```
Mplus - [SEM.inp]
  File  Edit  View  Mplus  Graph  Window  Help

  □ ☞ ▦    ✂ 🖺 🖺 🖨 RUN  ☑ ☑ ▦  ▦ ▦ ▦ ▦  ▦ ▦ ▦  ?


  Title:     SEM Intergruppenkontakt und GMF

  Data:      FILE IS GMF07_Querschnitt_SEM.dat;

  VARIABLE: NAMES ARE qcp_ser sx03q6r sx04q6r he01oq6r he02oq6r
            he01hq6 he02hq6r ff04dq6r ff08dq6r he05mq6r he12mq6r
            ev03q6r ev04q6r ra01q6r ra03q6r as01q6r as02q6r
            dy04q6r dy02q6r ka03nq4r;
            USEVARIABLES sx03q6r sx04q6r he01oq6r he02oq6r
            he01hq6 he02hq6r ff04dq6r ff08dq6r he05mq6r he12mq6r
            ev03q6r ev04q6r ra01q6r ra03q6r as01q6r as02q6r ka03nq4r;
            MISSING ARE ALL (9);

  MODEL:     sexism BY sx03q6r sx04q6r;         !Messmodelle für die Elemente
             homoph BY he01hq6 he02hq6r;        !von GMF
             antisem BY as01q6r as02q6r;
             fremdenf BY ff04dq6r ff08dq6r;
             rass BY ra01q6r ra03q6r;
             obdachl BY he01oq6r he02oq6r;
             islamph BY he05mq6r he12mq6r;
             etabl BY ev03q6r ev04q6r;

             GMF BY sexism homoph antisem fremdenf rass !Messmodell GMF
             obdachl islamph etabl;

             GMF ON ka03nq4r;      !Regression von GMF auf Intergruppenkontakt

  OUTPUT:    STDYX; MODINDICES;
```

Abbildung 2.11: Mplus-Input für das Strukturgleichungsmodell zur Prüfung des Zusammenhangs zwischen Intergruppenkontakt und Gruppenbezogener Menschenfeindlichkeit

Kasten 2.8: Ausschnitt aus dem Mplus-Output mit Informationen zu den standardisierten Schätzern der Faktorladungen

```
STDYX Standardization

                                              Two-Tailed
                    Estimate      S.E.    Est./S.E.    P-Value

SEXISM    BY
    SX03Q6R          0.703       0.034      20.379      0.000
    SX04Q6R          0.839       0.037      22.613      0.000

HOMOPH    BY
    HE01HQ6          0.732       0.034      21.832      0.000
    HE02HQ6R         0.762       0.034      22.395      0.000

ANTISEM   BY
    AS01Q6R          0.769       0.028      27.578      0.000
    AS02Q6R          0.749       0.028      26.695      0.000

FREMDENF  BY
    FF04DQ6R         0.770       0.019      40.122      0.000
    FF08DQ6R         0.753       0.020      38.225      0.000

RASS      BY
    RA01Q6R          0.529       0.033      16.264      0.000
    RA03Q6R          0.667       0.033      20.253      0.000

OBDACHL   BY
    HE01OQ6R         0.789       0.040      19.567      0.000
    HE02OQ6R         0.588       0.036      16.232      0.000

ISLAMPH   BY
    HE05MQ6R         0.698       0.022      31.579      0.000
    HE12MQ6R         0.831       0.019      43.408      0.000

ETABL     BY
    EV03Q6R          0.615       0.032      19.149      0.000
    EV04Q6R          0.655       0.032      20.304      0.000

GMF       BY
    SEXISM           0.485       0.036      13.428      0.000
    HOMOPH           0.532       0.035      15.174      0.000
    ANTISEM          0.643       0.031      20.852      0.000
    FREMDENF         0.972       0.019      51.173      0.000
    RASS             0.853       0.037      22.820      0.000
    OBDACHL          0.560       0.038      14.820      0.000
    ISLAMPH          0.896       0.021      43.371      0.000
    ETABL            0.760       0.035      21.674      0.000

GMF       ON
    KA03NQ4R        -0.244       0.035      -7.015      0.000
```

Die Faktorladungen für die latenten Variablen 1. Ordnung (GMF-Elemente) und für die latente Variable 2. Ordnung (GMF-Syndrom) liegen alle in einem guten Bereich (.485–.972). Ein ähnliches Ergebnis konnte wir bereits bei der CFA in Kapitel 2.1.2 feststellen, wobei wir nun auf einen anderen Datensatz zurückgreifen. Die einzige Erweiterung des zuvor spezifizierten Messmodells für GMF liegt in der Hinzunahme der unabhängigen Variable Intergruppenkontakt, die einen signifikant negativen Einfluss auf GMF ausübt (-.244, p < .001). Somit bestätigt sich der von Christ und Wagner (2008) vermutete negative Zusammenhang zwischen dem Ausmaß an Intergruppenkontakt und GMF.

Christ und Wagner (2008) haben weiterhin untersucht, wie sich die vorurteilsreduzierende Wirkung von Intergruppenkontakt auf GMF erklären lässt. Die Vermutung lautete, dass der Kontakt mit Mitgliedern von Fremdgruppen zu einer Relativierung der eigenen Perspektive beiträgt, also zu einer Aufweichung einer ‚provinziellen' Sicht der Welt aus Perspektive der Eigengruppe führt. Erwartungsgemäß sollte diese deprovinzialisierte Sicht mit einer gesteigerten Wertschätzung kultureller Vielfalt einhergehen, die den vorurteilsreduzierenden Effekt von Intergruppenkontakt erklärt.

Im Datensatz sind zwei Indikatoren zur Messung des Konstrukts „Wertschätzung kultureller Vielfalt" vorhanden: Zum einen Antwortreaktionen auf die Frage, ob die deutsche Kultur durch unterschiedliche Gruppen bereichert („dy04q6r"), und zum anderen Antwortreaktionen auf die Frage, ob die Vielfalt von Lebensstilen, Kulturen und Religionen in Deutschland wertgeschätzt wird („dy02q6r").

Bei den von Christ und Wagner (2008) postulierten Variablenbeziehungen handelt es um eine Mediationshypothese, die in Abbildung 2.12 schematisch dargestellt ist. Annahmegemäß sollte der negative Effekt von Intergruppenkontakt auf GMF zumindest teilweise durch „Wertschätzung kultureller Vielfalt" erklärt werden. Wird bei der Analyse „Wertschätzung kultureller Vielfalt" mit aufgenommen, so sollte der Effekt von Intergruppenkontakt auf GMF geringer ausfallen als in der vorherigen Analyse, in der „Wertschätzung kultureller Vielfalt" nicht berücksichtigt wurde.

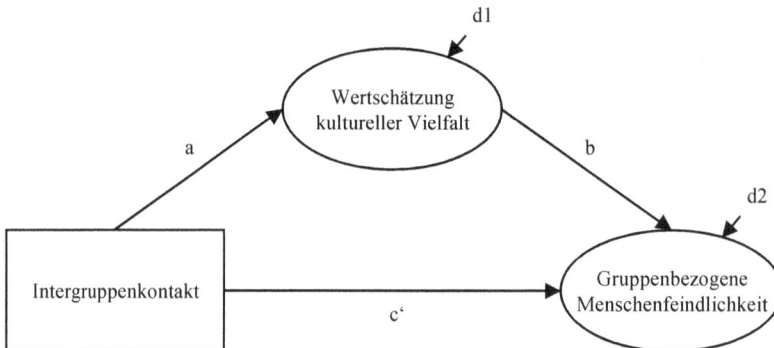

Abbildung 2.12: Theoretisch angenommenes Mediationsmodell für den Zusammenhang zwischen Intergruppenkontakt und Gruppenbezogener Menschenfeindlichkeit

Grundlage einer solchen Mediationsanalyse (MacKinnon, 2008) bildet die Zerlegung des Effekts von Intergruppenkontakt (totaler Effekt, c) in seinen direkten (c') und indirekten Anteil (a × b). Bei Vorliegen einer Mediation sollte der indirekte Effekt a × b signifikant von 0 abweichen. Zur Überprüfung der statistischen Signifikanz indirekter Effekte steht in Mplus sowohl der sogenannte Sobel-Test als auch die *Bootstrap*-Technik zur Verfügung. Wie wir im Folgenden zeigen werden, ermöglichen beide Verfahren die Bestimmung des Standardfehlers für den indirekten Effekt. Für eine genauere Beschreibung dieser Verfahren empfehlen wir das Buch von MacKinnon (2008).

In Abbildung 2.13 ist zunächst der Mplus-Input dargestellt, mit dem der Sobel-Test angefordert wird.

```
Mplus - [SEM_ModelIndirect_Sobel.inp]
 File  Edit  View  Mplus  Graph  Window  Help

MODEL:     sexism BY sx03q6r sx04q6r;      !Messmodelle für die Elemente
           homoph BY he01hq6 he02hq6r;      !von GMF
           antisem BY as01q6r as02q6r;
           fremdenf BY ff04dq6r ff08dq6r;
           rass BY ra01q6r ra03q6r;
           obdachl BY he01oq6r he02oq6r;
           islamph BY he05mq6r he12mq6r;
           etabl BY ev03q6r ev04q6r;

           GMF BY sexism homoph antisem fremdenf rass !Messmodell GMF
           obdachl islamph etabl;

           wertsch BY dy04q6r dy02q6r;      !Messmodell für Wertschätzung
                                             !kultureller Vielfalt

           GMF ON ka03nq4r;        !Direkter Effekt von Kontakt auf GMF (c')
           wertsch ON ka03nq4r;    !Effekt von Kontakt auf Wertschätzung
                                    !kultureller Vielfakt (a)

           GMF ON wertsch;         !Effekt von Wert. kultureller Vielfalt
                                    !auf GMF (b)

           MODEL INDIRECT:
           GMF IND ka03nq4r;       !Prüfung des indirekten Effekts von Kontakt
                                    !auf GMF
```

Abbildung 2.13: Ausschnitt aus dem Mplus-Input zur Prüfung eines indirekten Effekts (Mediation) in Mplus

Neben den Messmodellen für GMF und Wertschätzung kultureller Vielfalt ist der Strukturpart des Models von entscheidender Bedeutung. Hier haben wir das in Abbildung 2.12 dargestellte Mediationsmodell spezifiziert. Sowohl Intergruppenkontakt als auch Wertschätzung kultureller Vielfalt stellen unabhängige Variablen zur Vorhersage von GMF dar:

```
MODEL:      GMF ON ka03nq4r;
            GMF ON wertsch;
```

Gleichzeitig dient Intergruppenkontakt auch als unabhängige Variable zur Vorhersage von Wertschätzung kultureller Vielfalt:

```
MODEL:      wertsch ON ka03nq4r;
```

Zur Prüfung einer Mediation benötigen wir die Teststatistik für den indirekten Effekt. Mit der Option MODEL INDIRECT in dem Befehlsblock MODEL können indirekte Effekte angefordert werden. In diesem Fall erhalten wir ebenfalls die Schätzung eines Standardfehlers für den indirekten Effekt und erhalten entsprechend den Sobel-Test für den indirekten Effekt.

Für die Berechnung indirekter Effekte mit der Option MODEL INDIRECT stehen in Mplus zwei Optionen zur Verfügung: IND und VIA. Mit der Option IND wird ein bestimmter indirekter Effekt spezifiziert. Liegen mehrere indirekte Effekte vor, wird damit ein Set von indirekten Effekten spezifiziert. Mit der Option VIA lassen sich indirekte Effekte für eine bestimmte Mediatorvariable anfordern. Die Optionen IND und VIA unterscheiden sich also nur im Falle multipler Mediatoren und/oder abhängiger Variablen (s. Kapitel 17 im Mplus-Manual). Da wir in unserem Fall nur eine Mediatorvariable und eine abhängige Variable betrachten, führen beide Optionen zum gleichen Ergebnis. Der indirekte Effekt wurde wie folgt spezifiziert:

MODEL:

MODEL INDIRECT: GMF IND ka03nq4r;

Der Fit des Modells ist zufriedenstellend (χ^2 = 468.506; df = 142; p < .001; CFI = .935; RMSEA = .052 (90% CI = .046/.057); SRMR = .047). In Kasten 2.9 ist der Ergebnisteil für den Strukturpart (unstandardisierte Schätzer) des zugehörigen Mplus-Outputs dargestellt.

Kasten 2.9: Ausschnitt aus dem Mplus-Output mit Informationen zu den unstandardisierten Schätzern für den Strukturpart des Mediationsmodells

```
MODEL RESULTS

                                                    Two-Tailed
                   Estimate     S.E.    Est./S.E.    P-Value

GMF      ON
    WERTSCH        -0.266      0.034     -7.720       0.000

GMF      ON
    KA03NQ4R       -0.033      0.016     -2.076       0.038

WERTSCH  ON
    KA03NQ4R        0.241      0.038      6.352       0.000
```

Sowohl Wertschätzung kultureller Vielfalt („wertsch"; –.266, p < .001) als auch Intergruppenkontakt („ka03nq4r"; –.033, p = .016) üben einen signifikant negativen Einfluss auf GMF aus. Darüber hinaus zeigt sich für Intergruppenkontakt ein signifikant positiver Effekt auf Wertschätzung kultureller Vielfalt (.241, p < .001).

Im Vergleich zum zuvor spezifizierten Modell (s. Abbildung 2.11), in dem nicht für den Effekt von Wertschätzung kultureller Vielfalt kontrolliert wurde (-.10, p < .001; unstandardisierte Schätzer), fällt der Effekt von Intergruppenkontakt auf GMF nun deutlich geringer aus. Die Frage ist nun, ob diese Reduktion im Effekt von Intergruppenkontakt auf GMF statistisch bedeutsam ist oder nicht. Zur Beantwortung dieser Frage haben wir uns den indirekten Effekt in Mplus ausgeben lassen. Am Ende des Mplus-Outputs finden sich die entsprechenden Ergebnisse für den indirekten Effekt. Die üblicherweise bei Mediationsanalysen berichteten unstandardisierten Schätzer sind in Kasten 2.10 dargestellt.

Zunächst finden sich die Angaben zum totalen Effekt von Intergruppenkontakt auf GMF („Total": –.097, p < .001). Der totale Effekt setzt sich zusammen aus dem (totalen) indirekten Effekt („Total indirect": –.064, p < .001) und dem direkten Effekt („Direct": –.033, p = .016) von Intergruppenkontakt auf GMF. Im Mplus-Output wird zusätzlich zwischen dem totalen indirekten Effekt und spezifischen indirekten Effekten („Specific indirect") unterschieden. Diese sind in unserem Beispiel allerdings identisch, da es nur einen indirekten Effekt von Intergruppenkontakt gibt. Nur im Falle multipler indirekter Effekte, und somit auch multipler Mediatoren, sind die Angaben zu spezifischen indirekten Effekten von Relevanz.

Kasten 2.10: Ausschnitt aus dem Mplus-Output mit unstandardisierten Schätzern für den indirekten Effekt von Intergruppenkontakt auf GMF über Wertschätzung kultureller Vielfalt

```
TOTAL, TOTAL INDIRECT, SPECIFIC INDIRECT, AND DIRECT EFFECTS

                                                     Two-Tailed
                    Estimate      S.E.   Est./S.E.    P-Value

Effects from KA03NQ4R to GMF

  Total              -0.097      0.019    -5.113      0.000
  Total indirect     -0.064      0.013    -5.027      0.000

  Specific indirect

   GMF
   WERTSCH
   KA03NQ4R          -0.064      0.013    -5.027      0.000

  Direct
   GMF
   KA03NQ4R          -0.033      0.016    -2.076      0.038
```

Da der indirekte Effekt signifikant von 0 abweicht und der direkte Effekt von Intergruppenkontakt somit signifikant kleiner ist als der totale Effekt, unterstützen die Ergebnisse das in Abbildung 2.12 dargestellte Mediationsmodell. Dies bedeutet, dass ein Teil des negativen Effekts von Intergruppenkontakt auf GMF durch die Wertschätzung kultureller Vielfalt erklärt wird.

Der konventionelle Sobel-Test basiert auf der Annahme einer Normalverteilung des indirekten Effektes in der Population. Da es sich bei dem indirekten Effekt jedoch um ein Produkt handelt ($a \times b$, Abbildung 2.12), kommt es häufig zu einer Verletzung der Normalverteilungsannahme. In kleinen Stichproben ($N < 400$) führt diese Verletzung der Voraussetzung zu einer geringeren Teststärke des Sobel-Tests, und damit zu einem höheren Risiko für einen Fehler 2. Art (Shrout & Bolger, 2002). Insbesondere bei kleinen Stichproben kann alternativ auf *Bootstrapping*-Prozeduren zurückgegriffen werden, die an keine Verteilungsannahme bezüglich der Stichprobenkennwertverteilung des indirekten Effekts geknüpft sind (MacKinnon, 2008). *Bootstrapping* ist ein *Resampling*-Ansatz, bei dem eine Stichprobenkennwertverteilung (hier für den indirekten Effekt) anhand der Daten geschätzt wird. Dabei werden aus der ursprünglichen Stichprobe wiederholt Stichproben gezogen, wodurch die Modellparameter immer wieder geschätzt werden. Über die verschiedenen *Bootstrapping*-Stichproben können dann Konfidenzintervalle und Signifikanztests für die Schätzungen der Modellparameter bestimmt werden. In der Regel werden im Falle der Prüfung von indirekten Effekten sogenannte *bias*-korrigierte *Bootstrapping*-Konfidenzintervalle verwendet, da symmetrische Konfidenzintervalle zu inkorrekten Schlüssen führen können. Näheres hierzu findet sich bei MacKinnon (2008; S. 333ff).

Die Spezifikation des *Bootstrapping*-Verfahrens ist in Abbildung 2.14 dargestellt.

Im Vergleich zum zuvor spezifizierten Mplus-Input (Abbildung 2.13) ergeben sich nur wenige Veränderungen. Im Befehlsblock ANALYSIS haben wir nun die Option BOOTSTRAP verwendet:

ANALYSIS: BOOTSTRAP = 1000;

```
Mplus - [SEM_ModelIndirect_Bootstrap.inp]
 File  Edit  View  Mplus  Graph  Window  Help

ANALYSIS: BOOTSTRAP = 1000;          !Spezfikation der Anzahl an
                                     !Bootstrap-Stichproben

MODEL:     sexism BY sx03q6r sx04q6r;        !Messmodelle für die Elemente
           homoph BY he01hq6 he02hq6r;       !von GMF
           antisem BY as01q6r as02q6r;
           fremdenf BY ff04dq6r ff08dq6r;
           rass BY ra01q6r ra03q6r;
           obdachl BY he01oq6r he02oq6r;
           islamph BY he05mq6r he12mq6r;
           etabl BY ev03q6r ev04q6r;

           GMF BY sexism homoph antisem fremdenf rass !Messmodell GMF
           obdachl islamph etabl;

           wertsch BY dy04q6r dy02q6r;        !Messmodell für Wertschätzung
                                              !kultureller Vielfalt

           GMF ON ka03nq4r;          !Direkter Effekt von Kontakt auf GMF (c')
           wertsch ON ka03nq4r;      !Effekt von Kontakt auf Wertschätzung
                                     !kultureller Vielfakt (a)

           GMF ON wertsch;           !Effekt von Wert. kultureller Vielfalt
                                     !auf GMF (b)

           MODEL INDIRECT:
           GMF IND ka03nq4r;         !Prüfung des indirekten Effekts von Kontakt
                                     !auf GMF

OUTPUT:    STDYX;
           CINTERVAL(BCBOOTSTRAP);   !Anfordern von Konfidenzintervallen,
                                     !hier bias-korrigierte
                                     !Bootstrap-Konfidenzintervalle
```

Abbildung 2.14: Ausschnitt aus dem Mplus-Input zur Prüfung eines indirekten Effekts (Mediation) in Mplus mit *Bootstrapping*

Hiermit wird in Mplus *Bootstrapping* angefordert und spezifiziert, wie viele *Bootstrapping*-Stichproben verwendet werden sollen. In unserem Beispiel haben wir 1000 *Bootstrapping*-Stichproben angefordert.

Darüber hinaus haben wir im Befehlsblock OUTPUT die Option CINTERVAL verwendet. Hiermit werden generell Konfidenzintervalle für die Modellparameter angefordert. Da wir die Option BOOTSTRAP im Befehlsblock ANALYSIS und die Option MODEL INDIRECT im Befehlsblock MODEL verwendet haben, erhalten wir auch Konfidenzintervalle für den indirekten Effekt. Weiterhin haben wir *bias*-korrigierte Konfidenzintervalle spezifiziert, indem wir in Klammern BCBOOTSTRAP angegeben haben.

Im Mplus-Output erhalten wir nun die *Bootstrapping*-Schätzer für alle Modellparameter inklusive des indirekten Effekts. In Kasten 2.11 ist der Ausschnitt des Mplus-Outputs für die *bias*-korrigierten Konfidenzintervalle des unstandardisierten indirekten Effekts dargestellt.

Kasten 2.11: Ausschnitt aus dem Mplus-Output mit Informationen zu den *bias*-korrigierten Konfidenzintervallen des indirekten Effekts von Intergruppenkontakt auf GMF über Wertschätzung kultureller Vielfalt auf Basis des *Bootstrapping*-Verfahrens

```
CONFIDENCE INTERVALS OF TOTAL, TOTAL INDIRECT, SPECIFIC INDIRECT, AND DIRECT EFFECTS

                   Lower .5%  Lower 2.5%  Lower 5%  Estimate  Upper 5%  Upper 2.5%  Upper .5%

Effects from KA03NQ4R to GMF

   Total           -0.148     -0.139      -0.131    -0.097    -0.067    -0.063      -0.054
   Total indirect  -0.099     -0.091      -0.088    -0.064    -0.045    -0.042      -0.035

   Specific indirect

    GMF
    WERTSCH
    KA03NQ4R       -0.099     -0.091      -0.088    -0.064    -0.045    -0.042      -0.035

   Direct
    GMF
    KA03NQ4R       -0.074     -0.064      -0.058    -0.033    -0.007    -0.003       0.004
```

Der *Bootstrapping*-Schätzer für den indirekten Effekt ist –.064 (s. „Specific indirect" unter der Überschrift „Estimate"). Dabei handelt es sich um den Mittelwert der Schätzer für den indirekten Effekt aus den 1000 Boostrapping-Stichproben. Weiterhin finden wir im Mplus-Output die Unter- und Obergrenze für ein 95%- und 90%-Konfidenzintervall. Die Untergrenze für das 95%-Konfidenzintervall des indirekten Effekts ist –.091, die Obergrenze ist –.042. Da der Wert 0 im Konfidenzintervall nicht enthalten ist, gilt der indirekte Effekt konventionsgemäß als statistisch signifikant.

2.3   Literaturhinweise

Im folgenden Kasten (Kasten 2.12) stellen wir hilfreiche Referenzen für die Konfirmatorische Faktorenanalyse und Strukturgleichungsmodelle vor und kommentieren diese.

Kasten 2.12: Empfohlene Literatur für die Konfirmatorische Faktorenanalyse und Strukturgleichungsmodelle

Brown, T. A. (2006). *Confirmatory Factor Analysis.* New York: Guilford

Eine hervorragende Einführung in die Konfirmatorische Faktorenanalyse, in der auch fortgeschrittene Anwendungen dieser Methode behandelt werden. Das Lehrbuch enthält zudem ein Kapitel zu den Grundlagen der Explorativen Faktorenanalyse und beinhaltet einige Mplus-Beispiele.

Kline R. B. (2010). *Principles and practice of structural equation modeling* (3rd ed.). New York: Guilford.

Eine sehr empfehlenswerte und didaktisch exzellente Einführung in Strukturgleichungsmodelle. Behandelt werden die Grundlagen von Strukturgleichungsmodellen wie auch fortgeschrittene Anwendungen.

Reinecke, J. (2005). *Strukturgleichungsmodelle.* München: Oldenbourg.

Dies ist eines der wenigen deutschen Lehrbücher zu Strukturgleichungsmodellen. Im Unterschied zu den zuvor genannten Lehrbüchern werden in diesem sehr empfehlenswerten Lehrbuch auch technische Details behandelt.

3   Mplus – Multiple Gruppenvergleiche

Der Vergleich von verschiedenen Substichproben bzw. Gruppen spielt in den Sozialwissenschaften eine wichtige Rolle. Im Rahmen von Strukturgleichungsmodellen beziehen sich solche Vergleiche häufig sowohl auf die Ausprägungen als auch auf die Beziehung zwischen latenten Variablen. Dabei zählt das Vorliegen von Messinvarianz zu den zentralen Voraussetzungen für den Vergleich verschiedener Substichproben. Mit Messinvarianz ist gemeint, dass die Messmodelle zwischen den Substichproben vergleichbar sind. Ziel dieses Kapitels ist die Veranschaulichung der praktischen Durchführung Multipler Gruppenvergleiche in Mplus. Dazu werden wir zunächst etwas genauer auf verschiedene Formen von Messinvarianz eingehen, bevor wir an einem Fallbeispiel die Prüfung von Messinvarianz in Mplus demonstrieren. Anschließend zeigen wir, wie latente Mittelwerte und Kovarianzen von latenten Variablen zwischen verschiedenen Substichproben verglichen werden.

3.1   Messinvarianz

In Kapitel 2.1 veranschaulichten wir die Durchführung der Explorativen und Konfirmatorischen Faktorenanalyse in Mplus anhand einer von Zick et al. durchgeführten Studie (2006), in der die Autoren auf Grundlage Konfirmatorischer Faktorenanalysen das Syndrom „Gruppenbezogene Menschenfeindlichkeit" (GMF) empirisch stützen konnten. In einem weiteren Schritt untersuchten die Autoren die Gültigkeit des Messmodells in unterschiedlichen Bildungsgruppen. Dazu verglichen Zick et al. (2006) das Messmodell des GMF-Syndroms zwischen niedrig-, mittel- und hochgebildeten Personen.

Die Frage der Messinvarianz bezieht sich auf die unterschiedlichen Modellparameter eines Messmodells, also den Faktorladungen, den *intercepts* der manifesten Variablen und den Residualvarianzen. Von zentralem Interesse ist hierbei die Frage nach der Vergleichbarkeit der Messmodelle zwischen Substichproben. Es gibt verschiedene Formen der Messinvarianz, die unterschiedlich restriktiv sind.

Die grundlegendste und somit am wenigsten restriktive Form von Messinvarianz bezieht sich auf die Gleichheit der Faktorenstruktur und wird häufig als „konfigurale Messinvarianz" bezeichnet. Konfigurale Messinvarianz liegt vor, wenn die Anzahl an Faktoren und das Ladungsmuster zwischen manifesten und latenten Variablen in den Substichproben identisch sind. Sind auch die Faktorladungen zwischen den Substichproben identisch, so wird von „metrischer Messinvarianz" gesprochen. „Skalare" oder auch „starke faktorielle Messinvarianz" liegt dann vor, wenn darüber hinaus die *intercepts* der manifesten Variablen identisch sind. Bei den *intercepts* handelt es sich um die geschätzten Ausprägungen der manifesten Variablen, wenn die Ausprägung in der latenten Variablen 0 ist. „Strikte faktorielle Messinvarianz" liegt vor, wenn sich die Residuen der manifesten Variablen zwischen den Gruppen nicht unterscheiden (Meredith, 1993). Diese restriktivste Form der Messinvarianz wird in der Forschungspraxis aber nur selten geprüft.

Die verschiedenen Formen von Messinvarianz sind nicht unabhängig voneinander, sondern stehen in einer hierarchischen Beziehung. Ohne konfigurale Messinvarianz kann auch keine metrische Messinvarianz vorliegen, und ohne metrische Messinvarianz fehlt die Voraussetzung für skalare Messinvarianz. Auch für die Prüfung der Invarianz weiterer Parameter des Messmodells müssen bestimmte Formen der Messinvarianz vorliegen: Soll die Beziehung zwischen latenten Variablen verglichen werden (Kovarianz, gerichtete Beziehungen), so muss zumindest metrische Messinvarianz gegeben sein. Sollen die Mittelwerte latenter Variablen zwischen Substichproben verglichen werden, muss skalare Messinvarianz vorliegen. Einen guten Überblick über die verschiedenen Formen von Messinvarianz gibt Brown (2006).

In der Forschungspraxis werden die verschiedenen Formen von Messinvarianz entweder in Form des *Step-Down-* oder des *Step-Up*-Ansatzes geprüft (Brown, 2006). Dazu werden unterschiedlich restriktive Messmodelle im Rahmen eines Multiplen Gruppenvergleichs miteinander verglichen. Da die Modelle geschachtelt sind, wird dieser Vergleich mit einem χ^2-Differenztest durchgeführt.

Bei dem *Step-Down*-Ansatz wird mit der restriktivsten Form der Messinvarianz begonnen, in der alle Modellparameter zwischen den Gruppen gleichgesetzt werden. Anschließend wird sukzessive ein Teil der Gleichheitsrestriktionen fallengelassen. Sollte sich der Modell-Fit nicht statistisch bedeutsam verbessern, wird dies als empirische Unterstützung der restriktiveren Form von Messinvarianz gewertet und die Gleichheitsrestriktionen können beibehalten werden.

In den meisten Untersuchungen wird jedoch der *Step-Up*-Ansatz angewendet. Hier wird mit der am wenigsten restriktiven Form von Messinvarianz begonnen, also einem Messmodell, in dem von konfiguraler Messinvarianz ausgegangen wird. Die restriktiveren Formen von Messinvarianz werden dann mit diesem Ausgangsmodell verglichen. Sollte sich der Modell-Fit nicht statistisch bedeutsam verschlechtern, wird die jeweils restriktivere Form von Messinvarianz beibehalten.

Brown (2006) schlägt folgendes schrittweises Vorgehen vor: (1) Separate Überprüfung des Messmodells in den Substichproben; (2) Multipler Gruppenvergleich des Messmodells (*Baseline*-Modell); (3) Prüfung von metrischer Messinvarianz; (4) Prüfung von skalarer Messinvarianz; (5) Prüfung gleicher Residualvarianzen der manifesten Variablen (optional); (6) Prüfung gleicher Varianzen der latenten Variablen; (7) Prüfung gleicher Kovarianzen zwischen den latenten Variablen; (8) Prüfung gleicher latenter Mittelwerte zwischen den Variablen.

Die Schritte 1–5 gehören im engeren Sinne zur Überprüfung von Messinvarianz, die Schritte 6–8 dienen zur Prüfung von Populationsheterogenität. Mit Populationsheterogenität ist gemeint, dass die Varianzen der latenten Variablen, die Kovarianzen zwischen den latenten Variablen und die latenten Mittelwerte Eigenschaften der Populationen beschreiben, die den Substichproben zu Grunde liegen. Somit wird geprüft, ob die Streuung, die Zusammenhänge und die Ausprägungen in den latenten Variablen zwischen den Gruppen variieren (Brown, 2006).

Es ist nicht immer erforderlich, die von Brown (2006) vorgeschlagene Reihenfolge vollständig beizubehalten. Vielmehr hängt es von der konkreten Fragestellung ab, welche Formen von Messinvarianz Gegenstand der Analyse sind. Stehen bei einem Vergleich von Gruppen die Beziehungen zwischen den latenten Variablen im Mittelpunkt des Forschungsinteresses, so ist häufig bereits die Überprüfung metrischer Messinvarianz ausreichend. Besteht das Analyseziel hingegen in der Überprüfung der latenten Mittelwerte zwischen den Gruppen, ist der Nachweis skalarer Messinvarianz zwingend erforderlich.

Allerdings ermöglicht bereits das Vorliegen von partieller Messinvarianz den Vergleich von Beziehungen zwischen latenten Variablen und die Analyse der latenten Mittelwerte dieser Variablen (Byrne, Shavelson & Muthén, 1989). Partielle Messinvarianz ist dann gegeben, wenn zwar ein Teil der Modellparameter bedeutsam zwischen den Gruppen variiert, für die restlichen Parameter aber Invarianz vorliegt. Zumindest wenn Invarianz für einen Teil der Faktorladungen vorliegt, kann es sinnvoll und gerechtfertigt sein, die Beziehungen latenter Variablen zwischen den Gruppen zu vergleichen (s. Steinmetz, in press, für eine aktuelle Simulationsstudie). Nähere Ausführungen hierzu finden sich bei Brown (2006) und Byrne et al. (1989).

3.2   Multipler Gruppenvergleich in Mplus

Für die Demonstration des Multiplen Gruppenvergleichs in Mplus orientieren wir uns an der zuvor erwähnten Studie von Zick et al. (2008) und nutzen den bereits in Kapitel 2.1 vorgestellten Datensatz dieser Untersuchung „GMF05_Querschnitt_CFA.sav".

Aus Darstellungsgründen vereinfachen wir die Fragestellung für den Multiplen Gruppenvergleich. So verzichten wir auf die Prüfung von Messinvarianz für das GMF-Syndrom als Faktor 2. Ordnung (Kapitel 2.1.2). Stattdessen betrachten wir nur die als Faktoren 1. Ordnung konzipierten Elemente von GMF: „Sexismus", „Homophobie", „Antisemitismus", „Fremdenfeindlichkeit", „Rassismus", „Abwertung von Obdachlosen", „Islamophobie" und „Etabliertenvorrechte". Darüber hinaus beschränken uns auf den Vergleich von Personen mit mittlerem und hohem Bildungsniveau.

Zur Prüfung von Messinvarianz wählen wir den von Brown (2006) vorgeschlagenen *Step-Up*-Ansatz. Wir führen also zunächst für beide Bildungsgruppen einen separaten Test des Messmodells durch, um auf diese Weise konfigurale Messinvarianz zu prüfen (Schritt 1). Wenn das theoretisch angenommene Messmodell in beiden Bildungsgruppen einen akzeptablen Modell-Fit aufweist, können wir von konfiguraler Messinvarianz ausgehen. Inhaltlich würde dies bedeuten, dass in beiden Bildungsgruppen die acht Elemente von GMF nachgewiesen werden können und die entsprechenden Indikatoren auf den jeweiligen Elementen laden. Anschließend werden wir das *Baseline*-Modell mit einem Multiplen Gruppenvergleich schätzen (Schritt 2), um schließlich metrische Messinvarianz zu prüfen (Schritt 3). Hierdurch ist erkennbar, ob sich die Faktorladungen der manifesten Variablen auf den jeweiligen GMF-Elementen zwischen den Gruppen der Mittel- und Hochgebildeten signifikant voneinander unterscheiden oder nicht. Invariante Faktorladungen stellen eine Voraussetzung für den Vergleich der Beziehungen der GMF-Elemente zwischen den beiden Bildungsgruppen dar. Zusätzlich werden wir auch skalare Invarianz anhand der Überprüfung von Unterschieden in den *intercepts* der manifesten Variablen zwischen den beiden Bildungsgruppen untersuchen (Schritt 4). Skalare Invarianz zählt zu den Voraussetzungen für einen Vergleich der latenten Mittelwerte in den verschiedenen GMF-Elementen zwischen den beiden Bildungsgruppen.

In Mplus gibt es zwei grundsätzliche Möglichkeiten zur Durchführung eines Multiplen Gruppenvergleichs. Die Entscheidung für eine der beiden Möglichkeiten ist davon abhängig, ob die Daten für die zu vergleichenden Gruppen in einem oder in getrennten Datensätzen vorliegen. In unserem Beispiel geht es um den Vergleich von zwei Bildungsgruppen. Sollten die Daten hierzu in getrennten Datensätzen vorliegen, so wird ein Multipler Gruppenvergleich mit der mehrfachen Verwendung der Option `FILE` im Befehlsblock `DATA` angefordert (Abbildung 3.1).

```
Mplus - [MG_FILE IS.inp]
  File  Edit  View  Mplus  Graph  Window  Help

  [toolbar]   RUN                          ?

   TITLE:     Multiple Gruppenvergleiche - Multiple Option FILE IS

   DATA:      FILE (mittel) IS GMF05_BildungMittel.dat;
              FILE (hoch) IS GMF05_BildungHoch.dat;

   VARIABLE: NAMES ARE qcp_ser he01hq4 sx03q4r sx04q4r he01oq4r
             he02oq4r he02hq4r ff04dq4r ff08dq4r ev03q4r ev04q4r
             ra01q4r ra03q4r as01q4r as02q4r he05mq4r he12mq4r
             ka05q4r zu01q4k;
             USEVARIABLES ARE he01hq4 sx03q4r sx04q4r he01oq4r
             he02oq4r he02hq4r ff04dq4r ff08dq4r ev03q4r ev04q4r
             ra01q4r ra03q4r as01q4r as02q4r he05mq4r he12mq4r;
             MISSING ARE he01oq4r he02oq4r (99);
```

Abbildung 3.1: Mplus-Input für einen Multiplen Gruppenvergleich in Mplus unter multipler Verwendung der Option `FILE` im Befehlsblock `DATA`

Unser Beispiel erfordert also lediglich die zweifache Verwendung der Option `FILE`. Mplus führt automatisch einen Multiplen Gruppenvergleich zwischen den Gruppen für das im Befehlsblock `MODEL` spezifizierte Modell durch. Unmittelbar nach `FILE` ist den Gruppen in Klammern eine Bezeichnung zu geben. Aus naheliegenden Gründen haben wir uns für die Bezeichnungen „mittel" und „hoch" entschieden.

In den meisten Untersuchungen liegt jedoch nur ein einzelner Datensatz vor. Im Datensatz muss eine kategoriale Variable vorhanden sein, die kodiert, welche Beobachtung zu welcher Gruppe gehört. Der Datensatz „GMF05_Querschnitt_CFA.sav" enthält die Variable „zu01q4k". Diese kodiert das Bildungsniveau der Befragten, wobei drei Niveaus unterschieden werden: 1 = Personen mit einem niedrigen Bildungsniveau; 2 = Personen mit einem mittleren Bildungsniveau; 3 = Personen mit einem hohen Bildungsniveau.

Mit der Option `GROUPING` im Befehlsblock `VARIABLE` können nun die Gruppen für den Multiplen Gruppenvergleich spezifiziert werden. In Abbildung 3.2 ist der entsprechende Ausschnitt des Mplus-Inputs für unser Beispiel dargestellt.

```
Mplus - [MG_GROUPING.inp]
 File  Edit  View  Mplus  Graph  Window  Help

 [toolbar icons]  RUN                        ?

   TITLE:     Multiple Gruppenvergleiche - Option GROUPING

   DATA:      FILE IS GMF05_Querschnitt_CFA.dat;

   VARIABLE:  NAMES ARE qcp_ser he01hq4 sx03q4r sx04q4r he01oq4r
              he02oq4r he02hq4r ff04dq4r ff08dq4r ev03q4r ev04q4r
              ra01q4r ra03q4r as01q4r as02q4r he05mq4r he12mq4r
              ka05q4r zu01q4k;
              USEVARIABLES ARE he01hq4 sx03q4r sx04q4r he01oq4r
              he02oq4r he02hq4r ff04dq4r ff08dq4r ev03q4r ev04q4r
              ra01q4r ra03q4r as01q4r as02q4r he05mq4r he12mq4r;
              MISSING ARE he01oq4r he02oq4r (99);
              USEOBSERVATIONS = zu01q4k EQ 2 OR zu01q4k EQ 3;
              GROUPING IS zu01q4k (2=mittel 3=hoch);
```

Abbildung 3.2: Mplus-Input für einen Multiplen Gruppenvergleich in Mplus unter Verwendung der Option GROU-PING im Befehlsblock VARIABLE

Mit der Option USEOBSERVATIONS haben wir die Befragten mit mittlerem und hohem Bildungsniveau ausgewählt, da wir den Multiplen Gruppenvergleich nur für diese beiden Bildungsgruppen durchführen:

VARIABLE: USEOBSERVATIONS = zu01q4k EQ 2 OR zu01q4k EQ 3;

In der Option GROUPING haben wir entsprechend diese beiden Bildungsgruppen spezifiziert:

VARIABLE: GROUPING IS zu01q4k (2 = mittel 3 = hoch);

In Klammern werden die entsprechenden Kategorien definiert und mit einem Label versehen.

Zur Prüfung von konfiguraler, metrischer und skalarer Messinvarianz möchten wir, wie bereits oben beschrieben, dem von Brown (2006) vorgeschlagenen Vorgehen folgen, wobei wir allerdings nur die Schritte 1 bis 4 durchlaufen. Zunächst prüfen wir das Messmodell der acht Elemente von GMF in beiden Gruppen getrennt. Anschließend schätzen wir im Rahmen eines Multiplen Gruppenvergleichs das *Baseline*-Modell. In diesem Modell ist lediglich die faktorielle Struktur vorgegeben, es enthält aber noch keine Restriktionen hinsichtlich der Parameter des Messmodells. Dieses *Baseline*-Modell dient als Grundlage der Bewertung, ob Messmodelle mit Restriktionen für Modellparametern im Multiplen Gruppenvergleich zu einer bedeutsamen Verschlechterung des Model-Fits führen. Zunächst setzen wir zur Überprüfung metrischer Invarianz die Faktorladungen zwischen den Gruppen gleich. Anschließend prüfen wir die Vergleichbarkeit der *intercepts* der manifesten Variablen (skalare Messinvarianz), wobei wir auch hierzu Gleichheitsrestriktionen anwenden.

In Abbildung 3.3 ist der Mplus-Input zur Prüfung des Messmodells für die Gruppe der Personen mittleren Bildungsniveaus dargestellt.

```
Mplus - [MG_Mittel.inp]
    File  Edit  View  Mplus  Graph  Window  Help

    TITLE:      Fit des Messmodells
                Befragte mit mittlerem Bildungsniveau

    DATA:       FILE IS GMF05_Querschnitt_CFA.dat;

    VARIABLE:   NAMES ARE qcp_ser he01hq4 sx03q4r sx04q4r he01oq4r
                he02oq4r he02hq4r ff04dq4r ff08dq4r ev03q4r ev04q4r
                ra01q4r ra03q4r as01q4r as02q4r he05mq4r he12mq4r
                ka05q4r zu01q4k;
                USEVARIABLES ARE he01hq4 sx03q4r sx04q4r he01oq4r
                he02oq4r he02hq4r ff04dq4r ff08dq4r ev03q4r ev04q4r
                ra01q4r ra03q4r as01q4r as02q4r he05mq4r he12mq4r;
                MISSING ARE he01oq4r he02oq4r (99);
                USEOBSERVATIONS = zu01q4k EQ 2;  !Auswahl der Befragten mit
                                                 !mittlerem Bildungsniveau

    MODEL:      sexism BY sx03q4r* sx04q4r;      !Ladung des ersten Indikators wird
                                                 !frei geschätzt (Überschreibung der
                                                 !Voreinstellung in Mplus)
                sexism@1;                        !Entsprechend muss die Varianz der
                                                 !latenten Variablen auf 1 fixiert werden

                homoph BY he01hq4* he02hq4r;
                homoph@1;
                antisem BY as01q4r* as02q4r;
                antisem@1;
                fremdenf BY ff04dq4r* ff08dq4r;
                fremdenf@1;
                rass BY ra01q4r* ra03q4r;
                rass@1;
                obdachl BY he01oq4r* he02oq4r;
                obdachl@1;
                islamph BY he05mq4r* he12mq4r;
                islamph@1;
                etabl BY ev03q4r* ev04q4r;
                etabl@1;
```

Abbildung 3.3: Mplus-Input zur Schätzung des Messmodells in der Gruppe der Befragten mit mittlerem Bildungsniveau

Da wir das Messmodell nur für Personen mit mittlerem Bildungsniveau schätzen möchten, wählen wir mit der Option USEOBSERVATIONS im Befehlsblock VARIABLE die entsprechenden Befragten aus:

VARIABLE: USEOBSERVATIONS = zu01q4k EQ 2;

Auf diese Weise werden in der Analyse nur diejenigen Fälle verwendet, die in der kategorialen Variablen den Wert 2 aufweisen (EQ steht für „equals").

Da wir zur Prüfung metrischer Invarianz die Faktorladungen zwischen den unterschiedlichen Bildungsgruppen vergleichen möchten, schätzen wir alle Faktorladungen frei. Die Voreinstellung in Mplus ist, dass die Ladung der ersten Variable nach der Option BY im Befehlsblock MODEL auf 1 fixiert wird, um die latente Variable mit einer Metrik zu versehen. Mit der Option „*" kann diese Voreinstellung überschrieben werden:

MODEL: sexism BY sx03q4r* sx04q4r;

Die Ladung der manifesten Variablen „sx03q4r" auf der latenten Variablen „sexism" wird nun frei geschätzt. Um dieser latenten Variable eine Metrik zu geben, haben wir ihre Varianz auf 1 fixiert (Brown, 2006). Das Messmodell ist nun identifiziert:

```
MODEL:      sexism@1;
```

Wird im Befehlsblock `MODEL` lediglich ein Variablenname aufgeführt (hier „sexism"), so bezieht sich diese Option immer auf die Varianz (im Falle von exogenen Variablen) oder Residualvarianz (im Falle von endogenen Variablen) von latenten oder manifesten Variablen. Mittels der Option `@` können Modellparameter auf einen bestimmten Wert fixiert werden.

Der Fit des Modells in der Gruppe der Befragten mittleren Bildungsniveaus ist gut (χ^2 = 150.396; df = 76; p < .001; CFI = .970; RMSEA = .040 (90% CI = .031/.050); SRMR = .026).

Die Wiederholung der Analyse für die Gruppe der Befragten mit hohem Bildungsniveau (`USEOBSERVATIONS` = `zu01q4k EQ 3`) zeigt, dass dieses Messmodell ebenfalls einen guten Modell-Fit aufweist (χ^2 = 149.205; df = 76; p < .001; CFI = .980; RMSEA = .035 (90% CI = .027/.044); SRMR = .023). Insgesamt demonstrieren die separaten Analysen, dass das Messmodell in beiden Bildungsgruppen jeweils einen guten Fit aufweist und somit von konfiguraler Messinvarianz ausgegangen werden kann.

Im nächsten Schritt schätzen wir mittels eines Multiplen Gruppenvergleichs das *Baseline*-Modell (Schritt 2). In diesem Modell ist lediglich die faktorielle Struktur vorgegeben, die Parameter des Messmodells in den zwei Bildungsgruppen werden dagegen frei geschätzt. In Abbildung 3.4 ist der entsprechende Ausschnitt aus dem Modell-Input aufgeführt.

Im Befehlsblock `VARIABLE` haben wir zum Vergleich der Befragten mit mittlerem und hohem Bildungsniveau die Option `GROUPING` verwendet:

```
VARIABLE:   GROUPING IS zu01q4k (2 = mittel 3 = hoch);
```

Zuvor haben wir wiederum mit der Option `USEOBSERVATIONS` diese Subgruppen von Befragte mit mittlerem und hohem Bildungsniveau ausgewählt:

```
VARIABLE:   USEOBSERVATIONS = zu01q4k EQ 2 OR zu01q4k EQ 3;
```

In Mplus legt die Option `GROUPING` diejenige Gruppe als Referenzgruppe fest, die den niedrigsten Wert in der kategorialen Variablen hat, die die Zugehörigkeit der Beobachtungen zu den unterschiedlichen Gruppen definiert. Somit dienen in unserem Beispiel die Befragten mittleren Bildungsniveaus als Referenzgruppe. Soll eine alternative Gruppe als Referenzgruppe genutzt werden, so muss die kategoriale Variable so rekodiert werden, dass die gewünschte Referenzgruppe den niedrigsten Wert erhält. Solche Rekodierungen können leicht in SPSS oder anderen Statistikpaketen vorgenommen werden. Wird für den Multiplen Gruppenvergleich auf separate Datenfiles zurückgegriffen, so bildet immer die in der Option `FILE` zuerst genannte Gruppe die Referenzgruppe. In dem in Abbildung 3.1 gezeigten Beispiel stellen die Befragten mittleren Bildungsniveaus ebenfalls die Referenzgruppe dar.

Bei der Durchführung eines Multiplen Gruppenvergleichs in Mplus sind verschiedene Voreinstellungen zu beachten. So werden automatisch sämtliche Faktorladungen und *intercepts* der manifesten Variablen zwischen den Gruppen gleichgesetzt. Auf diese Weise wird in Mplus automatisch sowohl metrische als auch skalare Invarianz angenommen.

```
Mplus - [MG_Baseline.inp]
  File  Edit  View  Mplus  Graph  Window  Help

  [toolbar icons]  ?
```

```
MODEL:    !Spezifikation des Modells
          !Übergeordneter Befehlsblock
          sexism BY sx03q4r* sx04q4r;
          sexism@1;
          homoph BY he01hq4* he02hq4r;
          homoph@1;
          antisem BY as01q4r* as02q4r;
          antisem@1;
          fremdenf BY ff04dq4r* ff08dq4r;
          fremdenf@1;
          rass BY ra01q4r* ra03q4r;
          rass@1;
          obdachl BY he01oq4r* he02oq4r;
          obdachl@1;
          islamph BY he05mq4r* he12mq4r;
          islamph@1;
          etabl BY ev03q4r* ev04q4r;
          etabl@1;

          MODEL hoch:      !Gruppenspezifischer Befehlsblock MODEL:
                           !Spezifikation von Abweichungen

          sexism BY sx03q4r sx04q4r;     !Freie Schätzung der Ladungen
          homoph BY he01hq4 he02hq4r;    !in der Gruppe hoch (Überschreibung
          antisem BY as01q4r as02q4r;    !der Voreinstellung in Mplus)
          fremdenf BY ff04dq4r ff08dq4r;
          rass BY ra01q4r ra03q4r;
          obdachl BY he01oq4r he02oq4r;
          islamph BY he05mq4r he12mq4r;
          etabl BY ev03q4r ev04q4r;

          [sx03q4r sx04q4r];     !Freie Schätzung der Intercepts der Indikatoren
          [he01hq4 he02hq4r];    !in der Gruppe hoch
          [as01q4r as02q4r];     !(Überschreibung der Voreinstellung in Mplus)
          [ff04dq4r ff08dq4r];
          [ra01q4r ra03q4r];
          [he01oq4r he02oq4r];
          [he05mq4r he12mq4r];
          [ev03q4r ev04q4r];

          [sexism-etabl@0];      !Fixierung der Intercepts der Faktoren 1. Ordnung
                                 !auf null zu Identifikationszwecken
```

Abbildung 3.4: Ausschnitt aus dem Mplus-Input für das *Baseline*-Modell im Rahmen eines Multiplen Gruppenvergleichs zur Prüfung von Messinvarianz

Unser Analysebeispiel erfordert zunächst die Deaktivierung der Mplus-Voreinstellungen. Schließlich möchten wir im *Baseline*-Modell zunächst ein unrestringiertes Modell prüfen, in dem die Modellparameter der zu vergleichenden Gruppen frei geschätzt werden. Diese Anforderung haben wir im gruppenspezifischen Teil des Befehlsblocks MODEL sowohl für die Faktorladungen als auch für die *intercepts* spezifiziert. Die Optionen im gruppenspezifischen Teil des Befehlsblocks MODEL bewirken, dass die entsprechenden Modellparameter in dieser Gruppe frei geschätzt werden. Für die Faktorladungen haben wir entsprechende Befehlszeilen eingefügt, z.B.:

```
MODEL:        MODEL hoch:
              sexism BY sx03q4r sx04q4r;
```

Die Ladungen der beiden Sexismus-Indikatoren auf der latenten Variable „sexism" werden nun in der Gruppe der Befragten hohen Bildungsniveaus frei geschätzt. Da es nur zwei zu vergleichende Gruppen gibt, werden die Ladungen auch in der Gruppe der Befragten mittleren Bildungsniveaus frei geschätzt. Werden mehr als zwei Gruppen miteinander verglichen, müssen entsprechend zusätzliche gruppenspezifische Blöcke verwendet werden.

Da auch die *intercepts* der manifesten Variablen frei geschätzt werden sollen, haben wir im gruppenspezifischen Teil des Befehlsblocks MODEL auch die *intercepts* aufgeführt. Hierdurch werden die entsprechenden Parameter in der Gruppe der Befragten mit hohem Bildungsniveau frei geschätzt:

```
MODEL:        MODEL hoch:
              [sx03q4r sx04q4r];
```

Eckige Klammern im Befehlsblock MODEL beziehen sich immer auf die *intercepts* (im Falle von endogenen Variablen) oder Mittelwerte (im Falle von exogenen Variablen) von manifesten oder latenten Variablen.

Eine weitere Voreinstellung in Mplus fixiert die Mittelwerte der latenten Variablen in der Referenzgruppe auf den Wert 0. Gleichzeitig werden die Mittelwerte der latenten Variablen in Vergleichsgruppe frei geschätzt. In unserem Beispiel führt diese Voreinstellung allerdings zu einer Unteridentifikation des Modells, da wir ja ebenfalls alle *intercepts* in den Gruppen frei schätzen. Aus diesem Grund müssen wir auch in der Vergleichsgruppe der Befragten mit hohem Bildungsniveau die latenten Mittelwerte auf den Wert 0 fixieren. Dies haben wir mit folgender Befehlszeile im gruppenspezifischen Teil des Befehlsblocks MODEL vorgenommen:

```
MODEL:        MODEL hoch:
              [sexism-etabl@0];
```

Der Bindestrich steht für „bis" und kann genutzt werden, wenn sich eine Befehlszeile auf eine Reihe von Variablen in einer bestimmten Reihenfolge bezieht. In diesem Fall gilt die Fixierung auf den Wert 0 für alle acht latenten Variablen, von „sexism" (Sexismus), die als erstes in dem Befehlsblock MODEL definiert wurde, bis „etabl" („Etabliertenvorrechte"), die zuletzt definiert wurde.

Der zugehörige Mplus-Output belegt zunächst die Umsetzung des gewünschten Multiplen Gruppenvergleichs (Kasten 3.1). Der Output informiert darüber hinaus über die Anzahl der verglichenen Gruppen („Number of groups: 2"). Zusätzlich wird für jede der Gruppen die Fallzahl aufgeführt („Number of observations").

Kasten 3.1: Ausschnitt aus dem Mplus-Output mit Angaben zu Anzahl und Größe der Gruppen im Rahmen des Multiplen Gruppenvergleichs

```
INPUT READING TERMINATED NORMALLY

Multiple Gruppenvergleiche - Baseline Modell

SUMMARY OF ANALYSIS

Number of groups                                           2
Number of observations
   Group MITTEL                                          607
   Group HOCH                                            777
```

Der Modell-Fit für das *Baseline*-Modell ist gut (χ^2 = 299.600; df = 152; p < .001; CFI = .976; RMSEA = .037 (90% CI = .031/.044); SRMR = .024). Der χ^2-Wert für das *Baseline*-Modell setzt sich aus den χ^2-Werten für das Messmodell in beiden Bildungsgruppen zusammen (Kasten 3.2). Hieraus wird auch ersichtlich, warum mit dem *Baseline*-Modell nicht konfigurale Invarianz geprüft werden kann. Der globale Fit des *Baseline*-Modells spiegelt nicht wider, ob der Fit in einer der Gruppen möglicherweise inakzeptabel ist. Aus diesem Grund ist zunächst eine separate Prüfung des Modells in den verschiedenen Gruppen erforderlich.

Kasten 3.2: Ausschnitt aus dem Mplus-Output mit Angaben zum Beitrag der einzelnen Gruppen zum χ^2-Wert für das *Baseline*-Modell im Rahmen des Multiplen Gruppenvergleichs

```
Chi-Square Contributions From Each Group

         MITTEL                    150.395
         HOCH                      149.205
```

Weiterhin sind im Mplus-Output die Parameterschätzer für beide Gruppen separat aufgeführt. In Kasten 3.3 stellen wir nur den Mplus-Output für die Ladungen der manifesten Variablen auf den unterschiedlichen Elementen von GMF dar. In beiden Gruppen unterscheiden sich die Schätzer der Faktorladungen. Dies belegt die erfolgreiche Deaktivierung der Mplus-Voreinstellungen.

Kasten 3.3: Ausschnitt aus dem Mplus-Output mit Angaben zu den unstandardisierten Schätzern der Faktorladungen in beiden Bildungsgruppen im Rahmen des Multiplen Gruppenvergleichs

Group MITTEL

	Estimate	S.E.	Est./S.E.	Two-Tailed P-Value
SEXISM BY				
SX03Q4R	0.644	0.039	16.518	0.000
SX04Q4R	0.639	0.037	17.285	0.000
HOMOPH BY				
HE01HQ4	0.709	0.058	12.201	0.000
HE02HQ4R	0.811	0.061	13.335	0.000
ANTISEM BY				
AS01Q4R	0.756	0.042	18.226	0.000
AS02Q4R	0.536	0.034	15.573	0.000
FREMDENF BY				
FF04DQ4R	0.673	0.035	18.982	0.000
FF08DQ4R	0.750	0.037	20.304	0.000
RASS BY				
RA01Q4R	0.409	0.039	10.526	0.000
RA03Q4R	0.444	0.038	11.619	0.000
OBDACHL BY				
HE01OQ4R	0.722	0.054	13.352	0.000
HE02OQ4R	0.610	0.050	12.298	0.000
ISLAMPH BY				
HE05MQ4R	0.636	0.040	15.723	0.000
HE12MQ4R	0.663	0.038	17.387	0.000
ETABL BY				
EV03Q4R	0.390	0.044	8.892	0.000
EV04Q4R	0.778	0.062	12.511	0.000

Group HOCH

	Estimate	S.E.	Est./S.E.	Two-Tailed P-Value
SEXISM BY				
SX03Q4R	0.602	0.029	21.118	0.000
SX04Q4R	0.523	0.025	21.091	0.000
HOMOPH BY				
HE01HQ4	0.736	0.040	18.213	0.000
HE02HQ4R	0.757	0.036	20.997	0.000
ANTISEM BY				
AS01Q4R	0.557	0.029	18.933	0.000
AS02Q4R	0.417	0.023	18.405	0.000
FREMDENF BY				
FF04DQ4R	0.755	0.030	24.991	0.000
FF08DQ4R	0.581	0.027	21.407	0.000
RASS BY				
RA01Q4R	0.387	0.031	12.583	0.000
RA03Q4R	0.310	0.024	12.708	0.000
OBDACHL BY				
HE01OQ4R	0.785	0.044	17.791	0.000
HE02OQ4R	0.515	0.038	13.708	0.000
ISLAMPH BY				
HE05MQ4R	0.591	0.031	19.111	0.000
HE12MQ4R	0.584	0.027	21.613	0.000
ETABL BY				
EV03Q4R	0.453	0.037	12.161	0.000
EV04Q4R	0.604	0.041	14.731	0.000

Im nächsten Schritt möchten wir das Vorliegen metrischer Invarianz überprüfen (Schritt 3). Hierzu vergleichen wir das *Baseline*-Modell mit einem Modell, in dem die Ladungen der manifesten Variablen auf den entsprechenden latenten Variablen zwischen den Befragten mit mittlerem und hohem Bildungsniveau gleichgesetzt werden.

Wir möchten nun auf die Voreinstellung gleicher Faktorladungen für die Durchführung eines Multiplen Gruppenvergleichs in Mplus zurückgreifen. Hierzu entfernen wir im Mplus-Input die Befehlszeilen im gruppenspezifischen Teil des Befehlsblocks (Abbildung 3.5).

```
Mplus - [MG_Metric.inp]
   File  Edit  View  Mplus  Graph  Window  Help

   MODEL:      sexism BY sx03q4r* sx04q4r;
               sexism@1;
               homoph BY he01hq4* he02hq4r;
               homoph@1;
               antisem BY as01q4r* as02q4r;
               antisem@1;
               fremdenf BY ff04dq4r* ff08dq4r;
               fremdenf@1;
               rass BY ra01q4r* ra03q4r;
               rass@1;
               obdachl BY he01oq4r* he02oq4r;
               obdachl@1;
               islamph BY he05mq4r* he12mq4r;
               islamph@1;
               etabl BY ev03q4r* ev04q4r;
               etabl@1;

               MODEL hoch:

               !sexism BY sx03q4r sx04q4r;
               !homoph BY he01hq4 he02hq4r;
               !antisem BY as01q4r as02q4r;
               !fremdenf BY ff04dq4r ff08dq4r;
               !rass BY ra01q4r ra03q4r;
               !obdachl BY he01oq4r he02oq4r;
               !islamph BY he05mq4r he12mq4r;
               !etabl BY ev03q4r ev04q4r;

               [sx03q4r sx04q4r];
               [he01hq4 he02hq4r];
               [as01q4r as02q4r];
               [ff04dq4r ff08dq4r];
               [ra01q4r ra03q4r];
               [he01oq4r he02oq4r];
               [he05mq4r he12mq4r];
               [ev03q4r ev04q4r];

               [sexism-etabl@0];
```

Abbildung 3.5: Ausschnitt aus dem Mplus-Input für das Modell zur Prüfung metrischer Invarianz im Rahmen eines Multiplen Gruppenvergleichs

Anstelle die Befehlszeilen im gruppenspezifischen Teil für die Faktorladungen zu löschen, fügen wir vor die entsprechenden Befehlszeilen Ausrufezeichen ein. Die Befehlszeilen werden nun von Mplus ignoriert, was durch die grüne Schriftfärbung kenntlich gemacht wird.

Dieses Vorgehen ermöglicht an späterer Stelle den schnellen Rückgriff auf wichtige Bestandteile der Befehlszeilen.

Da die *intercepts* in beiden Gruppen weiterhin frei geschätzt werden, haben wir die entsprechenden Befehlszeilen im gruppenspezifischen Teil beibehalten.

Das Modell mit gleichen Faktorladungen ist restriktiver als das vorherige *Baseline*-Modell: Aufgrund der Gleichheitsrestriktionen müssen statt 32 Faktorladungen (die Ladung der 16 manifesten Variablen auf den acht latenten Variablen, jeweils separat für beide Gruppen) nur noch 16 Faktorladungen geschätzt werden. Daher hat das Modell mit gleichen Faktorladungen 16 Freiheitsgrade mehr als das *Baseline*-Modell. In Kasten 3.4 ist ein Ausschnitt aus dem Mplus-Output dargestellt. Dieser zeigt, dass die Schätzer für die Faktorladungen zwischen den Gruppen gleich sind.

Kasten 3.4: Ausschnitt aus dem Mplus-Output mit Angaben zu den Faktorladungen in beiden Bildungsgruppen für das Modell zur Prüfung metrischer Invarianz im Rahmen eines Multiplen Gruppenvergleichs

(Hinweis: Die relevanten Teile des Mplus-Outputs wurden zur Veranschaulichung zusammengefügt, die Abfolge entspricht daher nicht exakt derjenigen im Original-Output)

```
                                                    Two-Tailed
                      Estimate      S.E.   Est./S.E.   P-Value

Group MITTEL

 SEXISM    BY
    SX03Q4R           0.627        0.023    27.023      0.000
    SX04Q4R           0.566        0.021    27.193      0.000

 HOMOPH    BY
    HE01HQ4           0.738        0.034    21.956      0.000
    HE02HQ4R          0.781        0.031    24.992      0.000

 ANTISEM   BY
    AS01Q4R           0.640        0.025    26.119      0.000
    AS02Q4R           0.467        0.019    24.364      0.000

Group HOCH

 SEXISM    BY
    SX03Q4R           0.627        0.023    27.023      0.000
    SX04Q4R           0.566        0.021    27.193      0.000

 HOMOPH    BY
    HE01HQ4           0.738        0.034    21.956      0.000
    HE02HQ4R          0.781        0.031    24.992      0.000

 ANTISEM   BY
    AS01Q4R           0.640        0.025    26.119      0.000
    AS02Q4R           0.467        0.019    24.364      0.000
```

Der Fit des Modells mit gleichen Faktorladungen ist weiterhin gut ($\chi^2 = 370.331$; df = 168; p < .001; CFI = .967; RMSEA = .042 (90% CI = .036/.047); SRMR = .050). Allerdings zeigt der Vergleich dieses restriktiveren Modells mit dem *Baseline*-Modell mittels eines χ^2-Differenztests eine signifikante Abnahme im Modell-Fit ($\Delta\chi^2 = 70.731$, df = 16, p < .001). Dies bedeutet, dass in mindestens einer der Faktorladungen statistisch bedeutsame Unterschiede zwischen den beiden Gruppen vorliegend. Die Annahme vollständiger metrischer Invarianz muss also aufgegeben werden.

Zur Beantwortung der Frage, für welche Faktorladungen bedeutsame Unterschiede zwischen beiden Bildungsgruppen vorliegen, müssen die Gleichheitsrestriktionen nun sukzessive fallengelassen werden. Bei diesem Vorgehen liefern Modifikations-Indizes wichtige Informationen. Wir haben uns mittels der Option MODINDICES im Befehlsblock OUTPUT Modifikationsindizes ausgeben lassen. Mplus berechnet univariate Modifikationsindizes. Für jeden Parameter, der entweder auf 0 fixiert oder, wie in unserem Beispiel, zwischen Gruppen gleichgesetzt ist, wird eine eigene Berechnung durchgeführt. Die Modifikationsindizes informieren über die zu erwartende Änderung des χ^2-Werts des Gesamtmodells für den Fall, dass der entsprechende Modellparameter nicht auf 0 fixiert bzw. zwischen Gruppen gleichgesetzt, sondern frei geschätzt wird. Wird ein zuvor fixierter Parameter frei geschätzt, verliert das Modell einen Freiheitsgrad und ist daher weniger restriktiv. Modifikationsindizes erlauben somit die Beantwortung der Frage, ob der Verlust an Freiheitsgraden durch eine Verbesserung des Modell-Fits aufgewogen wird.

Die Voreinstellung in Mplus legt fest, dass Modifikationsindizes nur für diejenigen Modellparameter ausgegeben werden, für die die geschätzte Veränderung im χ^2-Wert größer oder gleich dem Wert 10 ist. Abweichungen von dieser Voreinstellung können durch einen in Klammern angegebenen alternativen Wert spezifiziert werden:

```
OUTPUT:      MODINDICES (4);
```

Auf diese Weise wird die Grenze für die Ausgabe von Modifikationsindizes auf den Wert vier festgelegt. Im Hintergrund steht hierbei die Überlegung, dass eine χ^2-Differenz von 4 bei einem Freiheitsgrad ungefähr auf dem 5%-Niveau signifikant ist.

In Kasten 3.5 sind die Modifikationsindizes für beide Gruppen dargestellt, die sich auf die Faktorladungen beziehen („BY Statements"). Alle weiteren Modifikationsindizes, die sich auf andere Modellparameter beziehen („ON/BY Statements"; „WITH Statements"; „Variances/Residual Variances"), interessieren an dieser Stelle nicht.

Die Interpretation der unterschiedlichen Spalten des Mplus-Outputs lautet folgendermaßen: „M.I." bedeutet Modifikationsindex und informiert über die geschätzte Änderung im χ^2-Wert bei freier Schätzung des entsprechenden Parameters. „E.P.C." kennzeichnet die geschätzte Änderung des Parameters („Expected Parameter Change"), „Std E.P.C." steht für den geschätzten standardisierten Parameter mit der Std-Standardisierung und „StdYX E.P.C." bezeichnet den im Rahmen der STDYX-Standardisierung geschätzten standardisierten Parameter. Es handelt sich jeweils um näherungsweise Angaben, von denen die tatsächlich geschätzten Werte der Parameter abweichen können.

Die Modifikationsindizes zeigen, dass ein Teil der manifesten Variablen Nebenladungen aufweist. In unserem Fall sind die Modifikationsindizes der manifesten Variablen und deren Ladungen auf den im Messmodell angenommenen latenten Variablen von Bedeutung. In beiden Gruppen („Group MITTEL" und „Group HOCH") sind dies die Ladungen der beiden Indikatoren für Fremdenfeindlichkeit („ff04dq4r", „ff08dq4r") und die Ladung eines Indikators für „Antisemitismus" („as01q4r").

Kasten 3.5: Ausschnitt aus dem Mplus-Output mit Angaben zu den Modifikationsindizes für das Modell zur Prüfung metrischer Invarianz im Rahmen eines Multiplen Gruppenvergleichs

(Hinweis: Die relevanten Teile des Mplus-Outputs wurden zur Veranschaulichung zusammengefügt, die Abfolge entspricht daher nicht exakt derjenigen im Original-Output)

```
MODEL MODIFICATION INDICES

Minimum M.I. value for printing the modification index    10.000

                         M.I.     E.P.C.   Std E.P.C.   StdYX E.P.C.
Group MITTEL

BY Statements

ANTISEM  BY FF04DQ4R    14.083   -0.167     -0.167       -0.178
ANTISEM  BY FF08DQ4R    12.847    0.146      0.146        0.161
ANTISEM  BY RA03Q4R     13.652    0.161      0.161        0.223
ANTISEM  BY AS01Q4R     15.142    0.126      0.126        0.154
FREMDENF BY FF04DQ4R    13.559   -0.099     -0.099       -0.105
FREMDENF BY FF08DQ4R    11.816    0.092      0.092        0.101
RASS     BY FF04DQ4R    18.892   -0.199     -0.199       -0.212
RASS     BY FF08DQ4R    17.642    0.178      0.178        0.196
ISLAMPH  BY FF04DQ4R    13.810   -0.160     -0.160       -0.171
ISLAMPH  BY FF08DQ4R    12.213    0.145      0.145        0.160
ETABL    BY FF04DQ4R    15.664   -0.185     -0.185       -0.198
ETABL    BY FF08DQ4R    14.351    0.164      0.164        0.181

Group HOCH

BY Statements

ANTISEM  BY AS01Q4R     15.144   -0.065     -0.065       -0.081
FREMDENF BY FF04DQ4R    13.560    0.061      0.061        0.066
FREMDENF BY FF08DQ4R    11.818   -0.053     -0.053       -0.062
RASS     BY AS01Q4R     10.609   -0.147     -0.147       -0.183
ISLAMPH  BY FF04DQ4R    14.332    0.164      0.164        0.179
ISLAMPH  BY FF08DQ4R    12.742   -0.149     -0.149       -0.175
```

Die Spalte „E.P.C." zeigt, dass die unstandardisierte Ladung des Indikators „ff04dq4r" in der Gruppe der Befragten mit mittlerem Bildungsniveau bei freier Schätzung niedriger ausfallen würde (-0.099). Die unstandardisierte Ladung des Indikators „ff08dq4r" würde jedoch bei freier Schätzung höher ausfallen (0.092).

Wie die Spalte „M.I." (geschätzte Veränderung in dem χ^2-Wert) zeigt, ist die größte Veränderung im Modell-Fit bei freier Schätzung der Ladung des Indikators „as01q4r" in beiden Gruppen zu erwarten. Aus diesem Grund haben wir die Gleichheitsrestriktion für diesen Indikator zunächst fallengelassen. Der entsprechende Modell-Input ist in Abbildung 3.6 dargestellt. Wichtig ist, solche Modifikationen sukzessive vorzunehmen. Nur auf diese Weise ist erkennbar, ob eine Modellverbesserung durch einen bestimmten Modellparameter zustande kommt oder nicht. Werden mehrere Modifikationen simultan vorgenommen, kann an der Verbesserung des Modell-Fits nicht abgelesen werden, durch welchen bzw. welche Modellparameter die Verbesserung erzeugt wurde.

```
Mplus - [MG_Metric_partiell.inp]
  File  Edit  View  Mplus  Graph  Window  Help

MODEL:      sexism BY sx03q4r* sx04q4r;
            sexism@1;
            homoph BY he01hq4* he02hq4r;
            homoph@1;
            antisem BY as01q4r* as02q4r;
            antisem@1;
            fremdenf BY ff04dq4r* ff08dq4r;
            fremdenf@1;
            rass BY ra01q4r* ra03q4r;
            rass@1;
            obdachl BY he01oq4r* he02oq4r;
            obdachl@1;
            islamph BY he05mq4r* he12mq4r;
            islamph@1;
            etabl BY ev03q4r* ev04q4r;
            etabl@1;

            MODEL hoch:

            !sexism BY sx03q4r sx04q4r;
            !homoph BY he01hq4 he02hq4r;
             antisem BY as01q4r;  !Freie Schätzung der Ladung in der Gruppe hoch
            !fremdenf BY ff04dq4r ff08dq4r;
            !rass BY ra01q4r ra03q4r;
            !obdachl BY he01oq4r he02oq4r;
            !islamph BY he05mq4r he12mq4r;
            !etabl BY ev03q4r ev04q4r;

            [sx03q4r sx04q4r];
            [he01hq4 he02hq4r];
            [as01q4r as02q4r];
            [ff04dq4r ff08dq4r];
            [ra01q4r ra03q4r];
            [he01oq4r he02oq4r];
            [he05mq4r he12mq4r];
            [ev03q4r ev04q4r];

            [sexism-etabl@0];
```

Abbildung 3.6: Ausschnitt aus dem Mplus-Input für das modifizierte Modell zur Prüfung partieller metrischer Invarianz im Rahmen eines Multiplen Gruppenvergleichs (freie Schätzung der Ladung des Indikators „as01q4r")

Der Ausschnitt des Mplus-Inputs in Abbildung 3.6 zeigt, dass im gruppenspezifischen Teil des Befehlsblocks MODEL lediglich die Ladung des Indikators „as01q4r" in der Gruppe der Befragten mit hohem Bildungsabschluss frei geschätzt wird. Der Fit dieses modifizierten Modells zur Prüfung von (partieller) metrischer Invarianz ist gut (χ^2 = 354.546; df = 167; p < .001; CFI = .970; RMSEA = .040 (90% CI = .034/.046); SRMR = .043). Der Vergleich mit dem restriktiveren Modell unter Annahme gleicher Faktorladungen mittels eines χ^2-Differenztests zeigt, dass sich der Modell-Fit bedeutsam verbessert hat ($\Delta\chi^2$ = 15.785, df = 1, p < .001). Hieraus können wir ableiten, dass sich die Ladung des Indikators „as01q4r" in beiden Bildungsgruppen signifikant unterscheidet.

Allerdings ist der Vergleich mit dem *Baseline*-Modell hinsichtlich des Modell-Fits nach wie vor signifikant ($\Delta\chi^2$ = 54.946, df = 15, p < .001). Dies bedeutet, dass es auch in weiteren Faktorladungen Unterschiede zwischen beiden Bildungsgruppen gibt. So weisen die Modifikationsindizes darauf hin, dass auch für den Indikator „ff08dq4r" Unterschiede zwischen den Gruppen vorliegen. In einem weiteren Schritt haben wir nun auch diese Ladung in beiden Gruppen frei geschätzt, indem wir im gruppenspezifischen Teil des Befehlsblocks MODEL eine zusätzliche Befehlszeile Schätzung eingefügt haben (Abbildung 3.7).

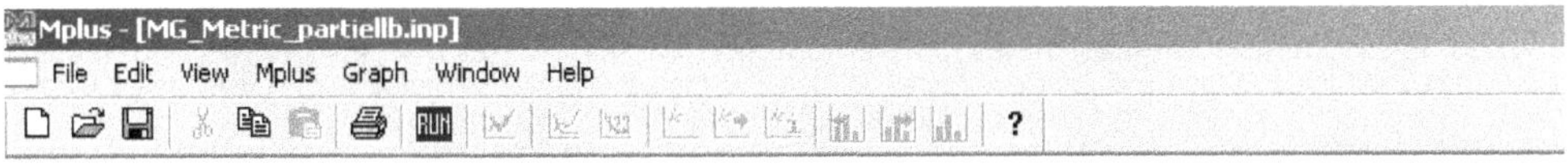

```
MODEL hoch:

!sexism BY sx03q4r sx04q4r;
!homoph BY he01hq4 he02hq4r;
antisem BY as01q4r;
fremdenf BY ff08dq4r;
!rass BY ra01q4r ra03q4r;
!obdachl BY he01oq4r he02oq4r;
!islamph BY he05mq4r he12mq4r;
!etabl BY ev03q4r ev04q4r;
```

Abbildung 3.7: Ausschnitt aus dem Mplus-Input für das modifizierte Modell zur Prüfung metrischer Invarianz im Rahmen eines Multiplen Gruppenvergleichs (Prüfung partieller metrischer Messinvarianz)

Der Modell-Fit des so modifizierten Modells ($\chi^2 = 340.934$; df = 166; p < .001; CFI = .972; RMSEA = .039 (90% CI = .033/.045); SRMR = .039) hat sich im Vergleich zum vorherigen Modell wiederum bedeutsam verbessert ($\Delta\chi^2 = 13.612$, df = 1, p < .001). Im Vergleich zum *Baseline*-Modell weist dieses Modell jedoch nach wie vor einen signifikant schlechteren Modell-Fit auf ($\Delta\chi^2 = 41.334$, df = 14, p < .001). Allerdings zeigen die Modifikationsindizes, dass durch das Freisetzen von weiteren Faktorladungen keine substanzielle Verbesserung im Modell-Fit zu erwarten sind. Relevant sind wiederum die Indizes unter der Überschrift „BY Statements" in Kasten 3.6. Es werden hier nur Ladungen von einzelnen manifesten Variablen auf anderen GMF-Elementen (Nebenladungen) aufgeführt. Dies deutet darauf hin, dass in den weiteren, bislang gleichgesetzten Faktorladungen zwar kleinere Unterschiede zwischen den Gruppen vorliegen, die insgesamt im Vergleich zum *Baseline*-Modell zu einem schlechteren Modell-Fit führen. Zusammenfassend können die Ergebnisse aber als Beleg für das Vorliegen partieller metrischer Messinvarianz interpretiert werden: Während für zwei Faktorladungen statistisch bedeutsame Unterschiede zwischen den Gruppen vorliegen, weichen die weiteren Faktorladungen zwischen den Bildungsgruppen nur unbedeutsam voneinander ab. So erlaubt der Nachweis partieller metrischer Messinvarianz, die Beziehungen zwischen den verschiedenen latenten Variablen für die Gruppen der Befragten mittleren und höheren Bildungsniveaus miteinander zu vergleichen.

Kasten 3.6: Ausschnitt aus dem Mplus-Output mit Angaben zu Modifikationsindizes für das Modell zur Prüfung partieller metrischer Invarianz im Rahmen eines Multiplen Gruppenvergleichs (freie Schätzung der Faktorladungen für die Indikatoren „as01q4r" und „ff08dq4r")

(Hinweis: Die relevanten Teile des Mplus-Outputs wurden zur Veranschaulichung zusammengefügt, die Abfolge entspricht daher nicht exakt derjenigen im Original-Output)

```
MODEL MODIFICATION INDICES

                          M.I.     E.P.C.   Std E.P.C.   StdYX E.P.C.
Group MITTEL

BY Statements

ANTISEM  BY RA03Q4R     12.787    0.146       0.146        0.202
RASS     BY FF04DQ4R    10.074   -0.142      -0.142       -0.151
RASS     BY AS01Q4R     19.341   -0.468      -0.468       -0.542
RASS     BY AS02Q4R     14.733    0.143       0.143        0.194


WITH Statements

AS01Q4R   WITH RA01Q4R   15.519  -0.092      -0.092       -0.346
AS02Q4R   WITH RA03Q4R   15.623   0.066       0.066        0.179
HE05MQ4R  WITH FF04DQ4R  12.297   0.096       0.096        0.213
HE05MQ4R  WITH FF08DQ4R  12.725  -0.099      -0.099       -0.220


Group HOCH

BY Statements

FREMDENF BY AS01Q4R     11.836    0.236       0.236        0.311
FREMDENF BY AS02Q4R     12.043   -0.121      -0.121       -0.202
ISLAMPH  BY AS01Q4R     12.066    0.248       0.248        0.328
ISLAMPH  BY AS02Q4R     12.066   -0.122      -0.122       -0.204


WITH Statements

SX03Q4R   WITH HE01HQ4   25.293   0.094       0.094        0.258
SX04Q4R   WITH HE01HQ4   11.269  -0.055      -0.055       -0.181
RA01Q4R   WITH EV04Q4R   14.564   0.078       0.078        0.213
```

Im nächsten Schritt möchten wir nun das Vorliegen skalarer Messinvarianz überprüfen (Schritt 4). Dies beinhaltet die Beantwortung der Frage, ob sich die *intercepts* der manifesten Variablen zwischen den Bildungsgruppen signifikant voneinander unterscheiden oder nicht. Hierzu setzen wir in einem ersten Schritt die *intercepts* der manifesten Variablen zwischen beiden Bildungsgruppen gleich. Bei diesem Vorgehen greifen wir wiederum auf die Voreinstellungen in Mplus zurück. Der entsprechende Ausschnitt des Mplus-Inputs für das Modell zur Prüfung skalarer Messinvarianz ist in Abbildung 3.8 dargestellt. Die zuvor nachgewiesenen Unterschiede in den Ladungen der beiden Indikatoren „as01q4r" und „ff08dq4r" werden weiter berücksichtigt, d.h. die Ladungen werden in beiden Gruppen frei geschätzt. Die Fixierung der latenten Mittelwerte in der Gruppe der Befragten hohen Bildungsniveaus kann nun fallengelassen werden. Auch ohne diese Restriktionen ist das Modell aufgrund der Gleichsetzung der *intercepts* in den beobachteten Variablen identifiziert.

```
         Mplus - [MG_Scalar.inp]
  ___    File   Edit   View   Mplus   Graph   Window   Help

  [  ] [ ] [ ]   [ ] [ ] [ ]   [ ]   [RUN]  [ ] [ ] [ ]  [ ] [ ] [ ]   [ ] [ ] [ ]   ?


  MODEL:       sexism BY sx03q4r* sx04q4r;
               sexism@1;
               homoph BY he01hq4* he02hq4r;
               homoph@1;
               antisem BY as01q4r* as02q4r;
               antisem@1;
               fremdenf BY ff04dq4r* ff08dq4r;
               fremdenf@1;
               rass BY ra01q4r* ra03q4r;
               rass@1;
               obdachl BY he01oq4r* he02oq4r;
               obdachl@1;
               islamph BY he05mq4r* he12mq4r;
               islamph@1;
               etabl BY ev03q4r* ev04q4r;
               etabl@1;

               MODEL hoch:

               antisem BY as01q4r;
               fremdenf BY ff08dq4r;

               ![sx03q4r sx04q4r];      !Voreinstellung in Mplus
               ![he01hq4 he02hq4r];     !--> Gleichheitsrestriktionen Intercepts
               ![as01q4r as02q4r];
               ![ff04dq4r ff08dq4r];
               ![ra01q4r ra03q4r];
               ![he01oq4r he02oq4r];
               ![he05mq4r he12mq4r];
               ![ev03q4r ev04q4r];

               ![sexism-etabl@0];
```

Abbildung 3.8: Ausschnitt aus dem Mplus-Input für das Modell zur Prüfung skalarer Invarianz im Rahmen eines Multiplen Gruppenvergleichs

Im Vergleich zum zuvor spezifizierten Modell mit partieller Messinvarianz weist das Modell zur Prüfung skalarer Messinvarianz 8 zusätzliche Freiheitsgrade auf: Anstatt 16 *intercepts* (jeweils 8 *intercepts* in den beiden Bildungsgruppen) müssen nur 8 *intercepts* geschätzt werden. Der Modell-Fit für das Modell zur Prüfung von skalarer Messinvarianz ist gut (χ^2 = 361.198; df = 174; p < .001; CFI = .970; RMSEA = .039 (90% CI = .034/.045); SRMR = .039), fällt allerdings im Vergleich zum Modell-Fit des zuvor berechneten Modells partieller metrischer Messinvarianz signifikant schlechter aus ($\Delta\chi^2$ = 20.264, df = 8, p = .009). Dies deutet darauf hin, dass zumindest in einem der *intercepts* Unterschiede zwischen den Bildungsgruppen vorliegen. Um zu dieser Fragestellung genauere Informationen zu erhalten, betrachten wir wiederum die Modifikationsindizes (Kasten 3.7). Unter der Überschrift „Means/Intercepts/Thresholds" finden wir die *intercepts* für die Indikatoren „he01hq4" und „h02hq4r" aufgelistet. Es handelt sich hierbei um die beiden Indikatoren für das Element „Homophobie" von GMF. Für beide Indikatoren lautet die Schätzung, dass das Aufheben der Gleichheitsrestriktion zu einer substanziellen Verbesserung des Modell-Fits führen. Wir folgen in diesem Beispiel den Hinweisen der Modifikationsindizes. Erneut empfiehlt es sich, die Gleichheitsrestriktionen der Modellparameter sukzessive fallenzulassen. Somit heben wir zunächst die Gleichheitsrestriktion für den *intercept* des Indikators „he01hq4" auf.

Kasten 3.7: Ausschnitt aus dem Mplus-Output mit Angaben zu den Modifikationsindizes für das Modell zur Prüfung skalarer Invarianz im Rahmen eines Multiplen Gruppenvergleichs

(Hinweis: Die relevanten Teile des Mplus-Outputs wurden zur Veranschaulichung zusammengefügt, die Abfolge entspricht daher nicht exakt derjenigen im Original-Output)

```
MODEL MODIFICATION INDICES

Minimum M.I. value for printing the modification index     10.000

                           M.I.     E.P.C.   Std E.P.C.   StdYX E.P.C.
Group MITTEL

BY Statements

ANTISEM  BY RA03Q4R        11.260    0.138     0.138        0.190
RASS     BY AS01Q4R        17.100   -0.436    -0.436       -0.504
RASS     BY AS02Q4R        12.418    0.129     0.129        0.175

WITH Statements

AS01Q4R  WITH RA01Q4R      15.274   -0.090    -0.090       -0.329
AS02Q4R  WITH RA03Q4R      15.280    0.065     0.065        0.179
HE05MQ4R WITH FF04DQ4R     12.102    0.095     0.095        0.211
HE05MQ4R WITH FF08DQ4R     13.071   -0.101    -0.101       -0.223

Means/Intercepts/Thresholds

[ HE01HQ4  ]               14.355   -0.081    -0.081       -0.073
[ HE02HQ4R ]               14.353    0.051     0.051        0.047

Group HOCH

BY Statements

FREMDENF BY EV04Q4R        10.089   -0.189    -0.189       -0.207
FREMDENF BY AS01Q4R        10.909    0.216     0.216        0.287
FREMDENF BY AS02Q4R        10.420   -0.111    -0.111       -0.185
ISLAMPH  BY HE02OQ4R       10.007   -0.143    -0.143       -0.161
ISLAMPH  BY AS01Q4R        13.302    0.251     0.251        0.333
ISLAMPH  BY AS02Q4R        12.031   -0.122    -0.122       -0.204

WITH Statements

SX03Q4R  WITH HE01HQ4      27.600    0.098     0.098        0.257
RA01Q4R  WITH EV04Q4R      15.281    0.079     0.079        0.212

Means/Intercepts/Thresholds

[ HE01HQ4  ]               14.355    0.134     0.134        0.127
[ HE02HQ4R ]               14.352   -0.195    -0.195       -0.207
```

Abbildung 3.9 zeigt den entsprechenden Ausschnitt des Mplus-Inputs.

```
Mplus - [MG_Scalar_partiell.inp]
File   Edit   View   Mplus   Graph   Window   Help

  MODEL:      sexism BY sx03q4r* sx04q4r;
              sexism@1;
              homoph BY he01hq4* he02hq4r;
              homoph@1;
              antisem BY as01q4r* as02q4r;
              antisem@1;
              fremdenf BY ff04dq4r* ff08dq4r;
              fremdenf@1;
              rass BY ra01q4r* ra03q4r;
              rass@1;
              obdachl BY he01oq4r* he02oq4r;
              obdachl@1;
              islamph BY he05mq4r* he12mq4r;
              islamph@1;
              etabl BY ev03q4r* ev04q4r;
              etabl@1;

              MODEL hoch:

              antisem BY as01q4r;
              fremdenf BY ff08dq4r;

              ![sx03q4r sx04q4r];
              [he01hq4];              !Freie Schätzung des Intercepts in der Gruppe hoch
              ![as01q4r as02q4r];
              ![ff04dq4r ff08dq4r];
              ![ra01q4r ra03q4r];
              ![he01oq4r he02oq4r];
              ![he05mq4r he12mq4r];
              ![ev03q4r ev04q4r];

              ![sexism-etabl@0];
```

Abbildung 3.9: Ausschnitt aus dem Mplus-Input für das Modell zur Prüfung partieller skalarer Invarianz im Rahmen eines Multiplen Gruppenvergleichs (freie Schätzung des *intercepts* für den Indikator „he01hq4")

Die Anpassung des so modifizierten Modells zur Prüfung partieller skalarer Messinvarianz an die Daten (χ^2 = 346.636; df = 173; p < .001; CFI = .972; RMSEA = .038 (90% CI = .032/.044); SRMR = .039) ist signifikant besser als der Modell-Fit des restriktiveren Modells zur Prüfung von skalarer Messinvarianz ($\Delta\chi^2$ = 14.562, df = 1, p < .001) und weicht nun nicht mehr signifikant vom Fit des Modells unter Annahme partieller metrischer Messinvarianz ab ($\Delta\chi^2$ = 5.702, df = 7, p = .575). Somit kann davon ausgegangen werden, dass sich die *intercepts* der verbleibenden Indikatoren zwischen den Bildungsgruppen nicht signifikant voneinander unterscheiden.

Insgesamt ist somit von partieller skalarer Messinvarianz auszugehen. Vor diesem Hintergrund sind auch Mittelwertvergleiche in den latenten Variablen, hier also den Elementen von GMF, zwischen den beiden Bildungsgruppen möglich. Im folgenden Abschnitt möchten wir auf diesen Vergleich latenter Mittelwerte in Mplus eingehen.

3.3   Vergleich latenter Mittelwerte

Im vorhergehenden Abschnitt konnten wir partielle metrische und skalare Invarianz für die beiden Bildungsgruppen absichern. In diesem Abschnitt zeigen wir, wie ein solcher Vergleich latenter Mittelwerte in Mplus durchgeführt wird. Aus inhaltlicher Perspektive dient der Vergleich latenter Mittelwerte zur Beantwortung der Frage, ob sich das durch die verschiedenen GMF-Elemente gemessene Ausmaß von GMF für Befragte mit mittlerem Bildungsniveau signifikant von dem Ausmaß von GMF für Befragte mit höherem Bildungsniveau unterscheidet. In Mplus greift an dieser Stelle erneut eine von uns bereits am Anfang dieses Kapitels erwähnte Voreinstellung. Während die Mittelwerte in den latenten Variablen für die Referenzgruppe der Befragten mit mittlerem Bildungsniveau auf den Wert 0 fixiert bleiben, werden die Mittelwerte bei den als Vergleichsgruppe dienenden Befragten mit hohem Bildungsniveau frei geschätzt. Wie bei latenten Mittelwertvergleichen üblich, wird hierdurch nicht das absolute Ausmaß der latenten Mittelwerte, sondern die Differenz zwischen Vergleichs- und Referenzgruppe in den latenten Mittelwerten berechnet.

Im Vergleich zum im vorherigen Abschnitt beschriebenen Modell mit partieller skalarer Invarianz erfordert die Umsetzung eines latenten Mittelwertvergleichs in Mplus keine weiteren Veränderungen. An dieser Stelle konzentrieren wir uns somit direkt auf die Schätzung der latenten Mittelwerte für die Gruppe der Befragten mit mittlerem Bildungsniveau. In Kasten 3.8 sind die latenten Mittelwerte für diese Gruppe dargestellt.

Kasten 3.8: Ausschnitt aus dem Mplus-Output mit Angaben zu den latenten Mittelwerten der Gruppe der Befragten mittleren Bildungsniveaus (Referenzgruppe) im Rahmen eines Multiplen Gruppenvergleichs

```
MODEL RESULTS

                                                    Two-Tailed
                     Estimate      S.E.   Est./S.E.   P-Value

Group MITTEL

  Means
    SEXISM            0.000       0.000     999.000    999.000
    HOMOPH            0.000       0.000     999.000    999.000
    ANTISEM           0.000       0.000     999.000    999.000
    FREMDENF          0.000       0.000     999.000    999.000
    RASS              0.000       0.000     999.000    999.000
    OBDACHL           0.000       0.000     999.000    999.000
    ISLAMPH           0.000       0.000     999.000    999.000
    ETABL             0.000       0.000     999.000    999.000
```

Gut zu erkennen ist die aufgrund der Voreinstellung von Mplus vorgenommene Fixierung der latenten Mittelwerte der Referenzgruppe auf den Wert 0. In Kasten 3.9 sind die geschätzten Differenzen der latenten Mittelwerte dargestellt. Der Vergleich der Befragten mittleren Bildungsniveaus mit den Befragten hohen Bildungsniveaus zeigt, dass die Befragten mit hohem Bildungsniveau in allen acht Elementen von GMF signifikant niedrigere Werte aufweisen.

Kasten 3.9: Ausschnitt aus dem Mplus-Output mit Angaben zu den latenten Mittelwerten in der Gruppe der Befragten mit hohem Bildungsniveau (Vergleichsgruppe) im Rahmen eines Multiplen Gruppenvergleichs

```
MODEL RESULTS

                                                  Two-Tailed
                  Estimate     S.E.   Est./S.E.    P-Value

Group HOCH

Means
    SEXISM         -0.447     0.064     -7.021       0.000
    HOMOPH         -0.496     0.074     -6.737       0.000
    ANTISEM        -0.631     0.074     -8.493       0.000
    FREMDENF       -0.897     0.071    -12.670       0.000
    RASS           -0.761     0.090     -8.443       0.000
    OBDACHL        -0.325     0.063     -5.200       0.000
    ISLAMPH        -0.694     0.071     -9.837       0.000
    ETABL          -0.601     0.078     -7.693       0.000
```

So ist der Mittelwert im GMF-Element „Fremdenfeindlichkeit" („fremdenf") bei den Befragten mit hohem Bildungsniveau um 0.897 (p < .001) Skalenwerte niedriger als bei den Befragten mit mittlerem Bildungsniveau.

Dieses Beispiel demonstriert, dass der Vergleich latenter Mittelwerte in Mplus einfach durchgeführt werden kann. Von zentraler Bedeutung ist hierbei aber, das – wie in unserem Beispiel geschehen – bereits im Vorfeld der eigentlich interessierenden Analysen konfigurale, (partielle) metrische und (partielle) skalare Messinvarianz überprüft und abgesichert werden.

3.4 Vergleich von Beziehungen zwischen latenten Variablen

Neben dem Vergleich von latenten Mittelwerten interessiert in vielen Fällen auch der Vergleich von Beziehungen zwischen latenten Variablen für verschiedene Gruppen. Im Folgenden möchten wir daher vorstellen, wie ein solcher Vergleich in Mplus durchgeführt werden kann. Voraussetzung für den Vergleich von Beziehungen zwischen latenten Variablen ist das Vorliegen von zumindest partieller metrischer Messinvarianz. Diese Form von Invarianz haben wir für das GMF-Syndrom bereits absichern können.

Hinsichtlich unseres Beispiels kann mit dem Multiplen Gruppenvergleich geprüft werden, ob die Zusammenhänge der GMF-Elemente zwischen den beiden Bildungsgruppen übereinstimmen oder signifikant voneinander abweichen. Wir beziehen uns hier nur auf Kovarianzen (Option WITH im Befehlsblock MODEL). Das Vorgehen beim Vergleich von gerichteten Beziehungen (Regressionsparameter; Option ON im Befehlsblock MODEL) unterscheidet sich hiervon allerdings nicht. Zum Zwecke der Übersichtlichkeit beschränken wir uns bei diesem Vergleich auf die Frage, ob die Kovarianzen zwischen den GMF-Elementen Fremdenfeindlichkeit („fremdenf"), Islamophobie („islamph") und Rassismus („rass") in beiden Bildungsgruppen übereinstimmen oder ob sie sich statistisch bedeutsam voneinander unterscheiden.

Für den Vergleich der Kovarianzen verwenden wir die gleiche Logik wie bei der Prüfung unterschiedlicher Formen von Messinvarianz. Wir vergleichen ein Modell *ohne* Gleichheitsrestriktionen hinsichtlich der entsprechenden Modellparameter mit einem Modell *mit* solchen Gleichheitsrestriktionen. Falls das restriktivere Modell keine signifikant schlechtere Datenanpassung zeigt als das weniger restriktive Modell ist davon auszugehen, dass sich die Kovarianzen zwischen beiden Gruppen nicht signifikant voneinander unterscheiden. Beim weniger restriktiven Modell werden diese hingegen frei geschätzt. Wir schätzen zunächst das weniger restriktive Modell. Dabei handelt es sich erneut um das Modell unter Annahme partieller skalarer Messinvarianz, welches wir bereits weiter oben geschätzt haben. Der Modell-Fit war gut ($\chi^2 = 346.636$; df = 173; p < .001; CFI = .972; RMSEA = .038 (90% CI = .032/.044); SRMR = .039). In Kasten 3.10 sind die Kovarianzen zwischen den ausgewählten Elementen von GMF für die Befragten mit mittlerem hohem Bildungsniveau dargestellt.

Kasten 3.10: Ausschnitt aus dem Mplus-Output mit Angaben zu den Schätzern der Kovarianzen zwischen den latenten Variablen Fremdenfeindlichkeit, Islamophobie und Rassismus in der Gruppe der Befragten mit mittlerem und hohem Bildungsniveau im Rahmen eines Multiplen Gruppenvergleichs

(Hinweis: Die relevanten Teile des Mplus-Outputs wurden zur Veranschaulichung zusammengefügt, die Abfolge entspricht daher nicht exakt derjenigen im Original-Output)

```
MODEL RESULTS

                                                  Two-Tailed
                    Estimate     S.E.   Est./S.E.   P-Value

Group MITTEL

FREMDENF WITH
    ISLAMPH         0.952       0.036    26.760     0.000
    RASS            0.606       0.068     8.872     0.000

ISLAMPH  WITH
    RASS            0.639       0.074     8.672     0.000

Group HOCH

 FREMDENF WITH
    ISLAMPH         0.940       0.026    36.147     0.000
    RASS            0.718       0.047    15.281     0.000

 ISLAMPH  WITH
    RASS            0.709       0.050    14.177     0.000
```

Dieses Modell ohne Gleichheitsrestriktionen für die Kovarianzen vergleichen wir nun mittels eines χ^2-Differenztests mit einem Modell, in dem wir die Kovarianzen zwischen den beiden Bildungsgruppen gleichsetzen. Anders als zuvor können wir an dieser Stelle nicht auf Voreinstellungen in Mplus zurückgreifen, sondern müssen die Gleichheitsrestriktionen im Mplus-Input selbst spezifizieren. In Abbildung 3.10 ist der entsprechende Mplus-Input dargestellt.

```
Mplus - [MG_CovComp.inp]
  File  Edit  View  Mplus  Graph  Window  Help

MODEL:      sexism BY sx03q4r* sx04q4r;
            sexism@1;
            homoph BY he01hq4* he02hq4r;
            homoph@1;
            antisem BY as01q4r* as02q4r;
            antisem@1;
            fremdenf BY ff04dq4r* ff08dq4r;
            fremdenf@1;
            rass BY ra01q4r* ra03q4r;
            rass@1;
            obdachl BY he01oq4r* he02oq4r;
            obdachl@1;
            islamph BY he05mq4r* he12mq4r;
            islamph@1;
            etabl BY ev03q4r* ev04q4r;
            etabl@1;

            fremdenf WITH islamph (1)  !Spezifikation von Gleichheitsrestriktionen
            rass (2);
            islamph WITH rass (3);

MODEL hoch:

            antisem BY as01q4r;
            fremdenf BY ff08dq4r;
            [he01hq4];
```

Abbildung 3.10: Ausschnitt aus dem Mplus-Input für das Modell zum Vergleich der Kovarianzen zwischen den latenten Variablen im Rahmen eines Multiplen Gruppenvergleichs (Gleichheitsrestriktionen für die Kovarianzen zwischen den latenten Variablen „fremdenf", „islamph" und „rass")

Für die Spezifikation von Gleichheitsrestriktionen werden nach den entsprechenden Modellparametern Werte in Klammern eingefügt. Im Falle von Multiplen Gruppenvergleichen müssen die entsprechenden Restriktionen im Befehlsblock MODEL spezifiziert werden. Anhand der folgenden Befehlszeile wird sowohl die Kovarianz von Fremdenfeindlichkeit („fremdenf") und Islamophobie („islamph") als auch die Kovarianz von Fremdenfeindlichkeit und Rassismus („rass") zwischen den Gruppen gleichgesetzt:

```
MODEL:      fremdenf WITH islamph (1)
            rass (2);
```

In Kasten 3.11 sind die entsprechenden Schätzer für die gleichgesetzten Kovarianzen dargestellt.

Der Modell-Fit dieses restringierten Modells (χ^2 = 348.803; df = 176; p < .001; CFI = .972; RMSEA = .038 (90% CI = .032/.043); SRMR = .038) ist vergleichbar mit dem Modell-Fit des unrestringierten Modells ($\Delta\chi^2$ = 2.167; df = 3; p = .538). Der Vergleich dieser beiden Modelle zeigt also, dass sich die Kovarianzen zwischen den beiden Bildungsgruppen nicht signifikant voneinander unterscheiden.

Multiple Gruppenvergleiche eignen sich für die Bearbeitung einer Vielzahl sozialwissenschaftlicher Fragestellungen. Dabei stellt das in diesem Kapitel beschriebene Vorgehen – restriktivere Modelle mit Gleichheitsrestriktionen für spezifische Modellparameter werden mit weniger restriktiven Modellen verglichen – eine effektive Strategie zur praktischen Anwendung Multipler Gruppenvergleiche dar.

Kasten 3.11: Ausschnitt aus dem Mplus-Output mit Angaben zu den Schätzern der Kovarianzen zwischen den latenten Variablen Fremdenfeindlichkeit, Islamophobie und Rassismus in beiden Bildungsgruppen nach Implementierung von Gleichheitsrestriktionen im Rahmen eines Multiplen Gruppenvergleichs

(Hinweis: Die relevanten Teile des Mplus-Outputs wurden zur Veranschaulichung zusammengefügt. Die Abfolge entspricht daher nicht exakt derjenigen im Original-Output)

```
MODEL RESULTS

                                                      Two-Tailed
                      Estimate      S.E.    Est./S.E.   P-Value

Group MITTEL

  FREMDENF WITH
     ISLAMPH          0.943        0.021     44.329     0.000
     RASS             0.683        0.041     16.827     0.000

  ISLAMPH   WITH
     RASS             0.687        0.043     15.950     0.000

Group HOCH

  FREMDENF WITH
     ISLAMPH          0.943        0.021     44.329     0.000
     RASS             0.683        0.041     16.827     0.000

  ISLAMPH   WITH
     RASS             0.687        0.043     15.950     0.000
```

3.5   Literaturhinweise

Im folgenden Kasten (Kasten 3.12) möchten wir wieder aus unserer Sicht hilfreiche Referenzen zum Thema Multiple Gruppenvergleiche vorstellen und kommentieren.

Kasten 3.12: Empfohlene Literatur für Multiple Gruppenvergleiche

Brown, T. A. (2006). *Confirmatory Factor Analysis.* New York: Guilford

Das Lehrbuch von T. A. Brown enthält ein sehr gutes Kapitel (Kap. 7) zum Thema Multiple Gruppenvergleiche und ist daher sehr zu empfehlen.

Kline R. B. (2010). *Principles and practice of structural equation modeling* (3rd ed.). New York: Guilford.

Im Lehrbuch von R. B. Kline werden auch Multiple Gruppenvergleiche behandelt, allerdings weniger ausführlich als im Lehrbuch von Brown.

Reinecke, J. (2005). *Strukturgleichungsmodelle.* München: Oldenbourg.

Auch im Lehrbuch von J. Reinecke werden Multiple Gruppenvergleiche behandelt, allerdings in einer sehr kompakten Form.

4   Mplus – Strukturgleichungsmodelle für Paneldaten

Die Untersuchung von Prozessen und Veränderungen ist in den Sozialwissenschaften von zentraler Bedeutung. Typischerweise basieren solche Studien auf der Analyse von Paneldaten, also der wiederholten Erhebung von Informationen über dieselben Merkmale (z.B. Einstellungen, Verhalten) an einer großen Zahl gleicher Beobachtungseinheiten (z.B. Personen, Haushalte) zu mehreren Messzeitpunkten. Zur Analyse von Paneldaten bieten sich verschiedene Strukturgleichungsmodelle an. In diesem Kapitel stellen wir mit dem autoregressiven Modell (ARM) und dem Latenten Wachstumskurvenmodell (LGC) zwei wichtige und häufig eingesetzte Strukturgleichungsmodelle für Paneldaten vor und veranschaulichen die praktische Anwendung dieser Verfahren in Mplus. Anhand zweier Anwendungsbeispiele skizzieren wir die Grundlagen beider Verfahren und gehen auf das Problem der Messinvarianz für multiple Indikatoren (s. Kapitel 3) im Zeitverlauf ein. Anschließend erläutern wir die Umsetzung beider Verfahren in Mplus.

4.1   Das autoregressive Modell

In den Sozialwissenschaften herrscht die Annahme vor, dass Vorurteile und Diskriminierung gegenüber Fremdgruppen (z.B. Ausländer) durch Kontakte mit Mitgliedern dieser Fremdgruppen, dem sogenannten Intergruppenkontakt, reduziert werden. Die meisten Untersuchungen zu diesem Bereich basieren allerdings auf Querschnittdaten (Pettigrew & Tropp, 2006). Aussagen über die kausale Richtung der Beziehung zwischen Intergruppenkontakt und Vorurteilen sind auf dieser Grundlage nicht möglich. Paneldaten bieten hier den Vorteil, dass Messdaten unterschiedlicher Zeitpunkte für die interessierenden Merkmale vorliegen. Somit ist es möglich, zumindest eine wichtige Bedingung für einen kausalen Effekt zu berücksichtigen, nämlich die zeitliche Vorgeordnetheit der Ursache (Shadish, Cook & Campbell, 2002).

Unter Verwendung der GMF-Paneldaten haben Christ und Wagner (2008) die Beziehung zwischen Intergruppenkontakt und Fremdenfeindlichkeit im Zeitverlauf untersucht. Sie gingen von der Annahme aus, dass Intergruppenkontakt das Ausmaß an Fremdenfeindlichkeit zu einem späteren Zeitpunkt reduziert. Zur Untersuchung der Fragestellung haben die Autoren auf das autoregressive Modell (ARM) zurückgegriffen.

Generell ist das ARM (Jöreskog, 1979) das wohl prominenteste und am häufigsten eingesetzte statistische Verfahren zur Auswertung von Paneldaten (Christ, Schmidt, Schlüter & Wagner, 2006). Im ARM werden spätere Messungen eines Merkmals durch vorherige Messungen des gleichen Merkmals vorhergesagt (autoregressive Beziehungen). Damit ist gemeint, dass beispielsweise das Ausmaß an Fremdenfeindlichkeit zu einem bestimmten Zeitpunkt durch das Ausmaß an Fremdenfeindlichkeit zu einem früheren Zeitpunkt vorhergesagt werden kann. Darüber hinaus können auch frühere Messungen anderer Merkmale (z.B. „Intergruppenkontakt") das spätere Merkmal („Fremdenfeindlichkeit") über die autoregressive Beziehung hinaus vorhersagen (sogenannte *Cross-Lagged*-Beziehungen). Abbildung 4.1 zeigt ein bivariates ARM.

Mit dem ARM kann die Stabilität von Merkmalen über die Zeit abgeschätzt werden. Dies wird durch die autoregressiven Beziehungen abgebildet. Eine hohe Stabilität eines Merkmals zeigt, dass die Rangreihe von Merkmalsausprägungen der untersuchten Beobachtungseinheiten (z.B. Befragte) über die Zeit hinweg stabil ist: Individuen, welche zu einem früheren Messzeitpunkt höhere Merkmalsausprägungen im Vergleich zu anderen Individuen aufweisen, haben auch zu einem späteren Messzeitpunkt höhere Werte. Dies ist unabhängig von Veränderungen in den absoluten Werten, also Veränderungen des Stichprobenmittelwerts. Es wird somit die relative interindividuelle Stabilität abgebildet. Da die Mittelwertinformation nicht direkt in das ARM einfließt (eine Ausnahme bilden Multiple Gruppenvergleiche, s. hierzu Reinecke, 2005, S. 238ff), ist es durchaus möglich, dass sich die Mittelwerte trotz hoher interindividueller Stabilität über die Zeit ändern. Das ARM ist immer dann die Methode der Wahl, wenn es um die Analyse von Kausalbeziehungen geht (s. zur Kritik der Interpretation von *Cross-Lagged*-Parametern z.B. Rogosa, 1980). Angewandt auf das Praxisbeispiel ist das ARM das geeignete statistische Verfahren zur Untersuchung der Fragestellung, ob Intergruppenkontakt zu einem früheren Zeitpunkt Fremdenfeindlichkeit zu einem späteren Zeitpunkt beeinflusst. Gleichzeit lässt sich mit dem ARM auch die umgekehrte zeitliche Beziehung zwischen den Merkmalen untersuchen. Bezogen auf das Praxisbeispiel kann somit auch überprüft werden, ob das Ausmaß an Fremdenfeindlichkeit zu einem früheren Zeitpunkt Intergruppenkontakt zu einem späteren Zeitpunkt beeinflusst. Einen guten Überblick über das autoregressive Model liefert Finkel (1995).

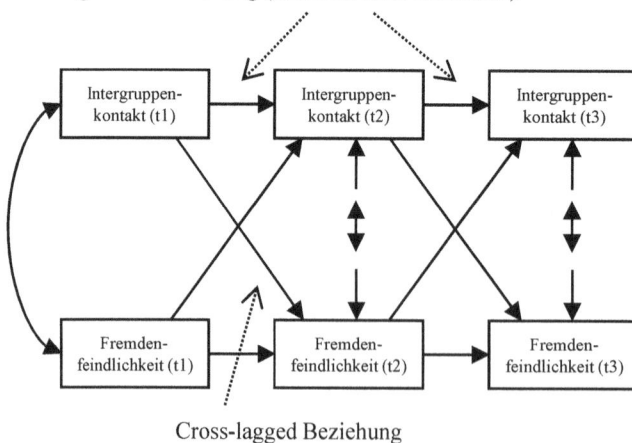

Abbildung 4.1: Bivariates autoregressives Modell mit manifesten Variablen und drei Wiederholungsmessungen (t1 = Messzeitpunkt 1; t2 = Messzeitpunkt 2; t3 = Messzeitpunkt 3)

Das autoregressive Modell ist nicht auf manifeste Variablen beschränkt, sondern kann ebenso auf latente Variablen erweitert werden. Die Verwendung latenter Variablen ermöglicht zum einen die Überprüfung der Messmodelle und, hiermit verknüpft, die Überprüfung der Messinvarianz. Diese werden wir in diesem Kapitel näher vorstellen (s.a. Kapitel 3). Zum anderen wird durch die Spezifizierung latenter Variablen der Messfehler berücksichtigt. Dies hat den Vorteil, dass autoregressive und *Cross-Lagged*-Beziehungen ohne Messfehlerverzerrungen geschätzt werden können. Ein weiterer Vorteil ist darin zu sehen, dass die Verwendung von mehreren Indikatoren für die Spezifikation der latenten Variablen die Korrelation zwischen den Messfehlern eines Indikators über die Zeit berücksichtigt (Autokorrelation der Residuen der Indikatoren). Die fehlende Berücksichtigung solcher autokorrelierten Fehler führt häufig zu einem schlechteren Modell-Fit und somit in ungünstigen Fällen zur Ablehnung eines eigentlich gut passenden Modells. Auf die Spezifikation von autokorrelierten Fehlern werden wir ebenfalls in diesem Kapitel näher eingehen. Aus den genannten Gründen sollten bei der Spezifikation von autoregressiven Modellen möglichst immer latente Variablen verwendet werden.

Christ und Wagner (2008) haben ein ARM mit latenten Variablen verwendet. Die Ergebnisse ihrer Analyse zeigen, dass Intergruppenkontakt zu einem früheren Zeitpunkt einen signifikant negativen und somit vorurteilsreduzierenden Einfluss auf Fremdenfeindlichkeit zu einem späteren Zeitpunkt ausübt. Umgekehrt hat Fremdenfeindlichkeit über die Zeit keinen Effekt auf das Ausmaß an Intergruppenkontakten. Die Ergebnisse sprechen also für die Annahme, dass Intergruppenkontakte Fremdenfeindlichkeit reduzieren können.

4.2   Das latente Wachstumskurvenmodell

Eines der wichtigsten alternativen Verfahren zum ARM stellt das latente Wachstumskurvenmodell dar (*Latent Growth Curve Model*; LGC; Bollen & Curran, 2006; Christ & Schlüter, 2007; Preacher, Wichman, MacCallum & Briggs, 2008; Meredith & Tisak, 1990).

Davidov, Thörner, Schmidt, Gosen und Wolf (in press) haben ein LGC verwendet, um die Veränderung in unterschiedlichen Elementen Gruppenbezogener Menschenfeindlichkeit („Antisemitismus", „Rassismus", „Fremdenfeindlichkeit", „Homophobie", „Vorurteile gegenüber Obdachlosen" und „Etabliertenvorrechte") zu untersuchen. Dabei interessierte die Autoren neben der mittleren Veränderung der Komponenten auch die Variabilität in der Veränderung zwischen den befragten Personen. Die Autoren haben auf vier Wellen (2002, 2003, 2004 und 2006) des GMF-Panels zurückgegriffen.

Im LGC wird eine einzelne Wachstumskurve, die sogenannte Trajektorie, für jede Person über alle Messzeitpunkte hinweg geschätzt. Diese Wachstumskurve besteht aus einem latenten *Intercept*-Faktor und einem latenten *Slope*-Faktor. Der latente *Intercept*-Faktor zeigt in der Regel das Ausgangsniveau einer Person in einem Merkmal (Niveau zum ersten Messzeitpunkt) an, wobei in der Modellspezifikation hiervon abgewichen werden kann. Wir werden auf diesen Punkt zurückkommen, wenn wir auf die Spezifikation eines LGC in Mplus eingehen. Der latente *Slope*-Faktor (Steigungsparameter) modelliert die Veränderung der Ausprägung des Merkmals über die Zeit. Ein positiver *slope* entspricht einer Zunahme der Merkmalsausprägung, ein negativer *slope* bedeutet eine Abnahme. Die *intercepts* und *slopes* aller Personen werden gemittelt und stellen dann den mittleren *intercept* und mittleren *slope* der untersuchten Stichprobe dar (*fixed effects*). In der Regel bedeutet dies die Darstellung des mittleren Ausgangsniveaus der Stichprobe in einem Merkmal und der mittleren Veränderung dieses Merkmals über die Zeit. Darüber hinaus wird die Variabilität in den mittleren *Intercept*- und *Slope*-Faktoren geschätzt (*random effects*). Eine signifikante Varianz des latenten *Intercept*-Faktors zeigt, dass es interindividuelle Unterschiede in einem Merkmal zum ersten Messzeitpunkt gibt. Bedeutsame Varianz im latenten *Slope*-Faktor bedeutet, dass interindividuelle Unterschiede im Ausmaß der *Veränderung* eines Merkmals vorliegen. Wenn sich also eine Komponente Gruppenbezogener Menschenfeindlichkeit (z.B. Fremdenfeindlichkeit) im Mittel ändert, weist eine zusätzliche signifikante Varianz im *Slope*-Faktor darauf hin, dass sich diese Komponente über die Zeit unterschiedlich verändert. Im Gegensatz zum ARM werden Veränderungen im LGC direkt in der absoluten Ausprägung eines Merkmals abgebildet. Das LGC und das ARM bilden somit unterschiedliche Formen der Veränderungen ab: Während das ARM Aussagen über die Stabilität bzw. Veränderungen in der Rangreihe von Personen ermöglicht, können mit dem LGC Veränderungen in der absoluten Ausprägung eines Merkmals einzelner Personen analysiert werden (Christ et al., 2006).

Die grundlegenden Aspekte eines univariaten LGC sind in Abbildung 4.2 dargestellt. Aus den beobachteten Daten – genauer: aus der beobachteten Kovarianzmatrix und dem Mittelwertvektor – werden ein latenter *Intercept*- und ein latenter *Slope*-Faktor geschätzt. Die Ladungen der Indikatoren auf dem latenten *Intercept*-Faktor werden in der Regel auf 1 fixiert, da das Ausgangsniveau konstant ist. Die Ladungen auf dem latenten *Slope*-Faktor wurden hier so restringiert (0, 1, 2), dass ein lineares Wachstum angenommen wird. Es können aber auch andere Veränderungsverläufe modelliert werden, wie quadratische Veränderungen oder polynomiale Trajektorien höherer Ordnung (s. Bollen & Curran, 2006, S. 88ff). Weiterhin wurde die Kovarianz zwischen dem latenten *Intercept*- und *Slope*-Faktor zugelassen. Inhaltlich lässt sich eine statistisch bedeutsame Kovarianz so interpretieren: In Abhängigkeit des Ausgangsniveaus fällt die Veränderung in dem Merkmal unterschiedlich aus. Die Steigung des *slope* hängt also von dem Ausgangsniveau im Merkmal ab. Angewandt auf unser Beispiel könnte es so sein, dass eine Komponente Gruppenbezogener Menschenfeindlichkeit (GMF) besonders dann zunimmt, wenn die Ausprägung in dieser Komponente anfänglich niedrig war. Davidov et al. (in press) fanden unter Verwendung des LGC Veränderungen in allen untersuchten Komponenten von GMF, wobei die Form der Veränderung unterschiedlich ausfiel. Gleichzeitig zeigten die Analysen aber, dass in nur zwei der sechs Komponenten, nämlich Fremdenfeindlichkeit und „Homophobie", bedeutsame, d.h. statistisch signifikante Varianz in den Veränderungen – dem latenten *Slope*-Faktor – vorlag. Nur in diesen beiden Komponenten konnten interindividuelle Unterschiede in den intraindividuellen Veränderungen nachgewiesen werden.

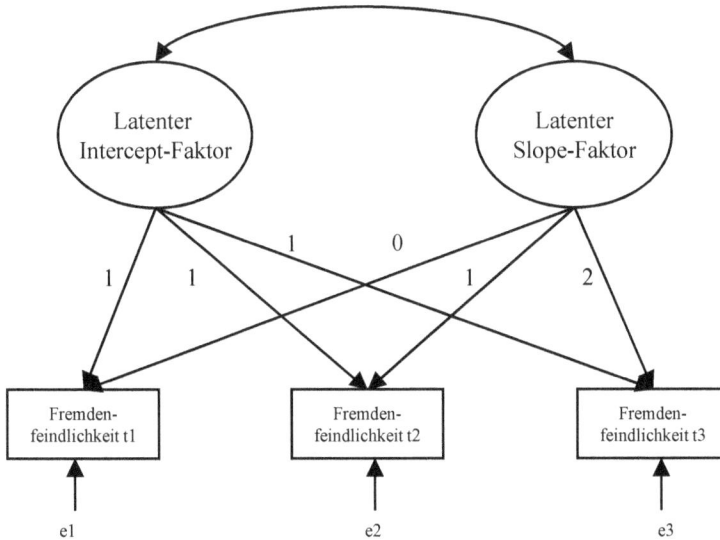

Abbildung 4.2: Unkonditionales latentes Wachstumskurvenmodell mit manifesten Variablen und drei Wiederholungsmessungen (t1 = Messzeitpunkt 1; t2 = Messzeitpunkt 2; t3 = Messzeitpunkt 3)

Das univariate unkonditionale LGC kann auf einfache Weise erweitert werden, um die Veränderungen über die Zeit in zwei oder mehreren Variablen zu berücksichtigen. Im Prinzip
werden simultan mehrere univariate LGC-Modelle geschätzt (multivariates LGC). Darüber
hinaus können zeitinvariante exogene Variablen (z.B. Geschlecht) in das LGC aufgenommen
werden, die auf den latenten *Intercept-* und *Slope*-Faktor wirken können (konditionales
LGC-Modell).

Davidov et al. (in press) haben eine solche Erweiterung für die LGC von Fremdenfeindlichkeit und Homophobie vorgenommen, da nur hier bedeutsame Varianz in der Veränderung
zwischen den Befragten zu verzeichnen war. Zur Erklärung der Varianz im latenten *Slope*-
Faktor wurden unterschiedliche zeitinvariante, soziodemographische Variablen verwendet.
Die Ergebnisse zeigen, dass die Veränderungsraten in Fremdenfeindlichkeit und Homophobie für ältere und weniger gebildete Befragte im Vergleich zu jüngeren, gebildeteren Befragten, geringer ausfielen.

Schließlich können auch Modelle mit latenten Variablen und multiplen Indikatoren als LGC-
Modelle 2. oder 3. Ordnung spezifiziert und geschätzt werden (s. Bollen & Curran, 2006;
Preacher et al., 2008 für eine ausführliche Darstellung des LGC). So können für die Messung
der Komponenten von GMF mehrere Indikatoren herangezogen werden. Dies hat den Vorteil, dass der Messfehler bei der Schätzung des LGC berücksichtigt wird und die Schätzung
des latenten *Intercept-* und *Slope*-Faktors somit effizienter ist. Davidov et al. (in press) haben
jeweils solche LGC 2. Ordnung verwendet. Dies bedeutet, dass die Schätzung des latenten
Intercept- und *Slope*-Faktors durch latente Indikatoren erfolgte. Wir werden bei der Beschreibung der Spezifikation eines LGC in Mplus ebenfalls ein LGC 2. Ordnung vorstellen,
da – wie bereits beim ARM – die Verwendung latenter Variablen grundsätzlich zu bevorzugen ist.

LGC-Modelle ermöglichen die Beantwortung einer Vielzahl von unterschiedlichen Frage-stellungen (McArdle & Bell, 2000): Es können (a) intraindividuelle Veränderungen direkt geschätzt werden. Ein signifikanter *Slope*-Faktor zeigt an, dass sich ein Merkmal über die Zeit verändert. Weiterhin können (b) interindividuelle Unterschiede in den intraindividuellen Veränderungen geschätzt werden. Eine signifikante Varianz des *Slope*-Faktors zeigt an, dass interindividuelle Variabilität in der Veränderung eines Merkmals vorliegt. Zusätzlich (c) ermöglicht das LGC, wechselseitige Abhängigkeiten in den Veränderungen mehrerer Vari-ablen zu bestimmen. So kann überprüft werden, ob die Veränderung in einem Merkmal mit der Veränderung in einem anderen Merkmal kovariiert. Es können (d) Determinanten für intraindividuelle Veränderungen in das LGC aufgenommen werden und somit Ursachen von interindividuellen Unterschieden in intraindividuellen Veränderungen untersucht werden (z.B. durch Hinzunahme von weiteren Variablen oder durch den Vergleich von Subgruppen). Die Anwendung des LGC hat somit ein großes Potential für die Analyse einer Vielzahl von Fragestellungen.

4.3   Messinvarianz über die Zeit

Ähnlich wie beim Vergleich unterschiedlicher Gruppen in Hinblick auf ein Mess- oder Strukturmodell stellt sich auch bei Längsschnittanalysen die Frage, ob die Merkmale über die Zeit hinweg das gleiche zugrunde liegende Konstrukt abbilden. So ist es durchaus möglich, dass sich die Bedeutung von Merkmalen über die Zeit ändern kann. Werden mehrere Indika-toren zur Messung eines Merkmals verwendet, lassen sich die unterschiedlichen Kriterien von Messinvarianz empirisch prüfen (s. Kapitel 3).

Messinvarianz wird durch den Vergleich von unterschiedlich restriktiven Modellen nachge-wiesen. Meist wird mit einem Basismodell begonnen (*Step-Up*-Ansatz, Brown, 2006), in dem die Beziehung zwischen Indikatoren und latenter Variable wie in den anderen Modellen aufgebaut sind, die Modellparameter aber frei geschätzt werden. In Abbildung 4.3 ist eine solche längsschnittliche konfirmatorische Faktorenanalyse dargestellt (Little, Preacher, Selig & Card, 2007). In diesem Fall werden die Messmodelle für zwei Merkmale betrachtet: Intergruppenkontakt und Fremdenfeindlichkeit. Diese wurden mit jeweils drei Indikatoren zu drei Messzeitpunkten erfasst. Wir stellen nun auf Grundlage des Beispieldatensatzes „GMF_Panel_020304.dat" die zentralen Schritte zur Prüfung von Messinvarianz vor. Auf diesen Datensatz werden wir auch für die Darstellung des ARM und LGC in Mplus zurück-greifen.

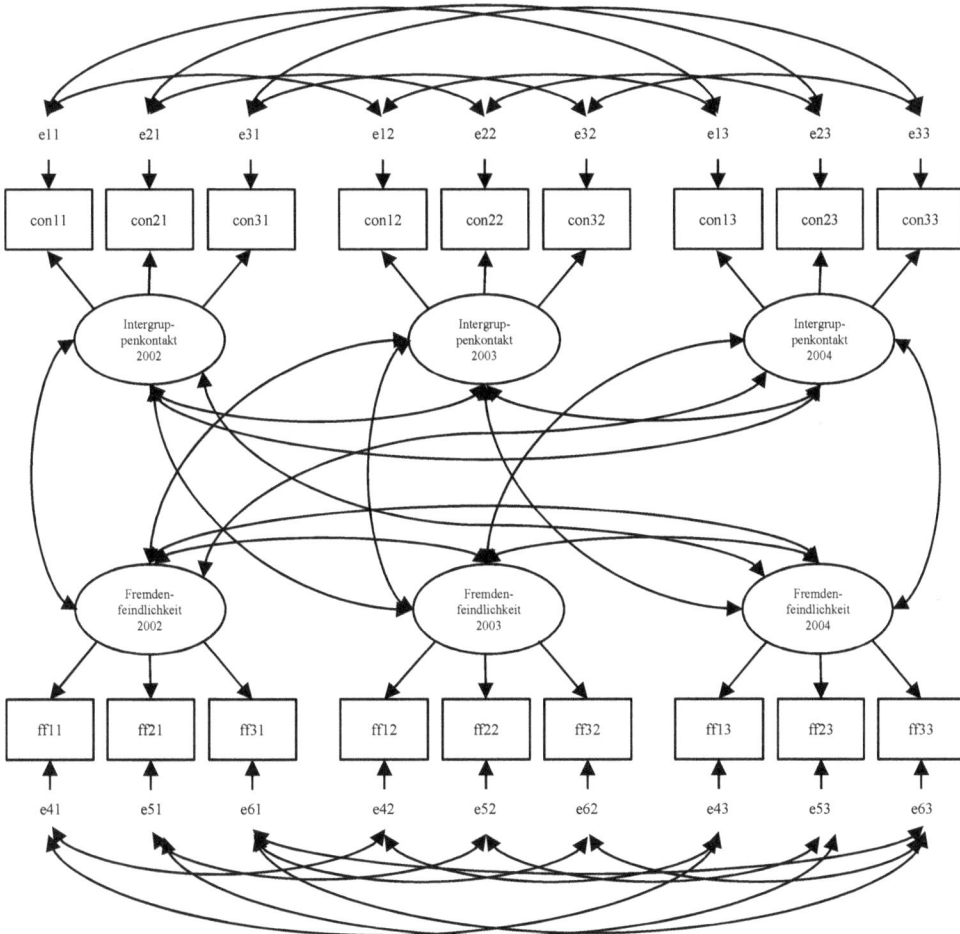

Abbildung 4.3: Längsschnittliche konfirmatorische Faktorenanalyse für Intergruppenkontakt und Fremdenfeindlichkeit

Der Mplus-Input ist in Abbildung 4.4 dargestellt. In der Regel werden in solchen längsschnittlichen Modellen Autokorrelationen zwischen den jeweils korrespondierenden Residuen der Indikatoren zugelassen. Dies ist insofern plausibel (und auch meist notwendig), da die Residuen der Indikatoren neben dem zufälligen Messfehler auch itemspezifische Varianzanteile enthalten, die über die Zeit entsprechend korrelieren sollten. Auf die alternativen Modellierungsmöglichkeiten dieser itemspezifischen Varianzkomponente in Längsschnittanalysen wird an dieser Stelle nicht weiter eingegangen (s. hierzu Finkel, 1995; Marsh & Grayson, 1994).

```
Mplus - [LängstFA_Baseline.inp]
  File  Edit  View  Mplus  Graph  Window  Help

  □ ☞ ▣ | ✄ ▩ ▧ | ▤ | RUN | ✓ | ⊻ ▨ | ⟲ | ⟶ ⟶ | ▥ ▥ ▥ | ?

  MODEL:     con1 BY con11   !Spezifikation des Messmodell für Intergruppenkontakt
             con21           !zum ersten,
             con31;
             con2 BY con12   !zweiten
             con22
             con32;
             con3 BY con13   !und dritten Messzeipunkt
             con23
             con33;

             ff1 BY ff11     !Spezifikation der Messmodelle für Fremdenfeindlichkeit
             ff21            !zum ersten,
             ff31;
             ff2 BY ff12     !zweiten
             ff22
             ff32;
             ff3 BY ff13     !und dritten Messzeitpunkt
             ff23
             ff33;

             con11 WITH con12 con13;  !Autokorrelation der Fehler
             con12 WITH con13;        !der Indikatoren für Intergruppenkontakt
             con21 WITH con22 con23;
             con22 WITH con23;
             con31 WITH con32 con33;
             con32 WITH con33;

             ff11 WITH ff12 ff13;     !Autokorrelation der Fehler
             ff12 WITH ff13;          !der Indikatoren für Fremdenfeindlichkeit
             ff21 WITH ff22 ff23;
             ff22 WITH ff23;
             ff31 WITH ff32 ff33;
             ff32 WITH ff33;

             [con11@0 con12@0 con13@0];  !Der Intercept des ersten Indikators
             [con21 con22 con23];        !für Intergruppenkontakt wird auf 0 fixiert,
             [con31 con32 con33];
             [ff11@0 ff12@0 ff13@0];     !ebenso der erste Indikator für
             [ff21 ff22 ff23];           !Fremdenfeindlichkeit
             [ff31 ff32 ff33];

             [con1 con2 con3];           !Die latenten Mittelwerte werden frei geschätzt
             [ff1 ff2 ff3];
```

Abbildung 4.4: Ausschnitt aus dem Mplus-Input zur Spezifikation des Basismodells einer längsschnittlichen Konfirmatorischen Faktorenanalyse zur Prüfung von Messinvarianz

(Hinweis: Die erste Zahl hinter dem Namen des Indikator („con" und „prej") steht für die Nummer des Indikators; die zweite Zahl hinter den Indikatornamen steht für den Messzeitpunkt (1 = 2002, 2 = 2003, 3 = 2004))

Der Modell-Fit des Basismodells ist gut (χ^2 = 142.73; df = 102; p = .005; CFI = 0.996; RMSEA = .022 (90% CI = .013/.030); SRMR = .020). Im nächsten Schritt testen wir metrische Invarianz. Hierzu vergleichen wir ein Modell, in dem wir die jeweils korrespondieren Faktorladungen über die Zeit mit dem Basismodell gleichsetzen. In Abbildung 4.5 ist der Ausschnitt aus dem Mplus-Input gezeigt, in dem die entsprechenden Gleichheitsrestriktionen vorgenommen wurden. Ansonsten hat sich im Mplus-Input im Vergleich zur Spezifikation des Basismodells nichts verändert.

```
Mplus - [LängsCFA_Metric.inp]
 File   Edit   View   Mplus   Graph   Window   Help

MODEL:     con1 BY con11
           con21 (1)              !Gleichsetzen der Faktorladungen für
           con31 (2);             !gleiche Indikatoren über die Zeit
           con2 BY con12
           con22 (1)
           con32 (2);
           con3 BY con13
           con23 (1)
           con33 (2);

           ff1 BY ff11
           ff21 (3)
           ff31 (4);
           ff2 BY ff12
           ff22 (3)
           ff32 (4);
           ff3 BY ff13
           ff23 (3)
           ff33 (4);
```

Abbildung 4.5: Ausschnitt aus dem Mplus-Input zur Spezifikation einer restriktiveren Variante einer längsschnittlichen Konfirmatorischen Faktorenanalyse zur Prüfung von metrischer Messinvarianz

Mittels eines χ^2-Differenztests kann nun überprüft werden, ob die Gleichheitsrestriktionen haltbar sind. Die Frage ist also, ob der Modell-Fit vergleichbar mit dem Basismodell ist oder ob die Gleichheitsrestriktionen zu einem signifikant schlechteren Modell-Fit führen, so dass die Annahme gleicher Faktorladungen über die Zeit fallengelassen werden muss. Die Ergebnisse zeigen, dass der Modell-Fit für das restriktivere Modell gut ist (χ^2 = 152.80; df = 110; p = .004; CFI = 0.995; RMSEA = .022 (90% CI = .013/.040); SRMR = .023). Deskriptiv betrachtet ist dieser Fit bereits vergleichbar mit der Modellpassung des Basismodells. Das restriktivere Modell weist acht zusätzliche Freiheitsgrade auf, da statt zwölf nur vier Faktorladungen geschätzt werden müssen. Der χ^2-Differenztest zeigt, dass der Modell-Fit tatsächlich vergleichbar ist, da die χ^2-Differenz nicht statistisch signifikant ist ($\Delta\chi^2$ = 10.08; df = 8; p = .26). In diesem Fall können wir also davon ausgehen, dass metrische Invarianz gegeben ist. Metrische Invarianz muss bei autoregressiven Modellen vorliegen. Nur dann ist es möglich, die Beziehung zwischen Variablen über die Zeit sinnvoll zu interpretieren (Little et al., 2007).

Im nächsten Schritt führen wir weitere Restriktionen ein, in diesem Fall setzen wir zusätzlich zu den Faktorladungen auch die jeweils korrespondierenden *intercepts* der Indikatoren über die Zeit gleich. Hiermit prüfen wir das Vorliegen von skalarer Messinvarianz. Abbildung 4.6 zeigt den entsprechenden Ausschnitt aus dem Mplus-Input. Die Gleichheitsrestriktionen für die Faktorladungen wurden dabei beibehalten.

```
Mplus - [LängsCFA_Scalar.inp]
 File  Edit  View  Mplus  Graph  Window  Help
```

```
        [con11@0 con12@0 con13@0];
        [con21 con22 con23] (5);    !Gleichsetzen der Intercepts für
        [con31 con32 con33] (6);    !gleiche Indikatoren über die Zeit
        [ff11@0 ff12@0 ff13@0];
        [ff21 ff22 ff23] (7);
        [ff31 ff32 ff33] (8);

        [con1 con2 con3];
        [ff1 ff2 ff3];
```

Abbildung 4.6: Ausschnitt aus dem Mplus-Input zur Spezifikation einer weiteren restriktiveren Variante einer längsschnittlichen Konfirmatorischen Faktorenanalyse zur Prüfung von skalarer Messinvarianz

Der Modell-Fit dieses restriktiveren Modells ist ebenfalls gut (χ^2 = 210.25; df = 118; p < .001; CFI = 0.990; RMSEA = .031 (90% CI = .024/.037); SRMR = .024). Das Modell mit Gleichheitsrestriktionen für die *intercepts* weist acht Freiheitsgrade mehr auf als das zuvor geschätzte Modell, da aufgrund der Gleichheitsrestriktionen nur vier statt zwölf *intercepts* geschätzt werden müssen. Der Vergleich mit dem vorherigen Modell (Gleichsetzung der Faktorladungen) anhand des χ^2-Differenztests zeigt allerdings, dass die zusätzlichen Restriktionen für die *intercepts* zu einem signifikant schlechteren Modell-Fit geführt haben ($\Delta\chi^2$ = 57.454; df = 8; p < .001). Die Annahme skalarer Invarianz kann daher nicht aufrechterhalten werden. Vielmehr zeigt der Modell-Vergleich, dass bei mindestens einem *intercept* nicht von zeitlicher Konstanz auszugehen ist, somit also ein Teil der *intercepts* nicht invariant über die Zeit ist. In diesem Fall sollte geprüft werden, ob zumindest partielle skalare Invarianz vorhanden ist (Brown, 2006; Byrne et al., 1989; s.a. Kap. 3). Zur Prüfung von partieller skalarer Invarianz müssen die Gleichheitsrestriktionen für die *intercepts* nun sukzessive fallengelassen werden. Für die Entscheidung, welche der Gleichheitsrestriktionen aufgegeben werden sollen, können Modifikationsindizes herangezogen werden (Option MODINDICES im Befehlsblock MODEL). Aufgrund der großen Stichprobe behalten wir die Voreinstellung von Mplus bei, dass nur Modifikationsindizes für Parameter ausgegeben werden, für welche die geschätzte Veränderung im χ^2-Wert größer 10 ist. In Kasten 4.1 sind die Modifikationsindizes für die *intercepts* aufgeführt.

Die Modifikationsindizes zeigen, dass die Aufgabe eines Teils der Gleichheitsrestriktionen für die *intercepts* (s. Überschrift „Means/Intercepts/Thresholds") eine deutliche Verbesserung des Modell-Fits erwarten lassen. Die geschätzte Verbesserung des Modell-Fits bei der Gleichheitsrestriktion des *intercepts* von Indikator „ff21" beträgt 17.036. Bei Verlust eines Freiheitsgrades bedeutet dies eine statistisch signifikante Verbesserung. In Abbildung 4.7 haben wir den Modell-Input entsprechend modifiziert. Zu beachten ist, dass lediglich die Gleichheitsrestriktion für den *intercept* „ff21" aufgehoben wurde. Alle übrigen Gleichheitsrestriktionen wurden beibehalten.

Kasten 4.1: Ausschnitt aus dem Mplus-Output mit den Modifikationsindizes für die *intercepts* der längsschnittlichen Konfirmatorischen Faktorenanalyse zur Prüfung von skalarer Messinvarianz

(Hinweis: Die relevanten Teile des Mplus-Outputs wurden zu Veranschaulichung zusammengefügt, die Abfolge entspricht daher nicht exakt derjenigen im Original-Output)

```
MODEL MODIFICATION INDICES

Minimum M.I. value for printing the modification index     10.000

                          M.I.     E.P.C.  Std E.P.C.  StdYX E.P.C.

Means/Intercepts/Thresholds

[ CON11    ]            18.581    -0.095     -0.095       -0.135
[ CON31    ]            15.604     0.091      0.091        0.089
[ CON33    ]            10.504    -0.061     -0.061       -0.061
[ FF13     ]            13.950     0.090      0.090        0.097
[ FF21     ]            17.036     0.057      0.057        0.054
[ FF23     ]            11.252    -0.078     -0.078       -0.079
[ FF31     ]            10.837    -0.039     -0.039       -0.042
[ FF32     ]            10.700     0.051      0.051        0.056
```

```
Mplus - [LängsCFA_Scalarpartial_1.inp]
 File  Edit  View  Mplus  Graph  Window  Help

 ☐ 🗁 🖬   ✂ 🗎 📋 🖨 RUN  ✓  ✕  ...  ...  ...  ...  📊 📊 📊   ?
```

```
[con11@0 con12@0 con13@0];
[con21 con22 con23] (5);
[con31 con32 con33] (6);
[ff11@0 ff12@0 ff13@0];
[ff22 ff23] (7);            !Die Gleichheitsrestriktion
[ff31 ff32 ff33] (8);       !für ff21 wurde aufgegeben
```

Abbildung 4.7: Ausschnitt aus dem Mplus-Input für die Modifikation der längsschnittlichen Konfirmatorischen Faktorenanalyse zur Prüfung von partieller skalarer Messinvarianz

Das so modifizierte Modell weist einen guten Modell-Fit auf (χ^2 = 192.90; df = 117; p < .001; CFI = 0.992; RMSEA = .028 (90% CI = .021/.035); SRMR = .023), der im Vergleich zu dem Modell, in dem volle skalare Invarianz angenommen wurde ($\Delta\chi^2$ = 17.35; df = 1; p < .001) signifikant besser ist. Allerdings ist der Modell-Fit im Vergleich zum Modell, in dem von metrischer Invarianz ausgegangen wurde, immer noch signifikant schlechter ($\Delta\chi^2$ = 40.10; df = 7; p < .001). Dies bedeutet, dass auch für weitere *intercepts* von Unterschieden ausgegangen werden muss. Werden die Gleichheitsrestriktionen für die *intercepts* „con31", „con21" und „ff32" schrittweise fallengelassen, so fällt der Vergleich mit dem Modell, in dem von metrischer Invarianz ausgegangen wird, immer noch signifikant aus ($\Delta\chi^2$ = 12.70; df = 4; p = .013). Wird aber aufgrund der Sensitivität des χ^2-Differenztests für große Stichproben (hier N = 885) ein strengeres Signifikanzniveau angelegt (z.B. p < .001), so kann in diesem Fall für zumindest partielle skalare Messinvarianz argumentiert werden. Für einen Teil der *intercepts* der Indikatoren lässt sich demnach die Invarianz absichern. Dadurch erscheinen auch Vergleiche der latenten Mittelwerte über die Zeit gerechtfertigt. Wir empfehlen den Lesern ausdrücklich, sich intensiver mit dieser Problematik auseinanderzusetzen, sollte dieses Problem bei eigenen Anwendungen auftreten. Eine ausführlichere Diskussion der Problematik von partieller Messinvarianz findet sich bei Brown (2006) und Byrne et al. (1989).

Wird statt eines *Maximum-Likelihood*-Schätzers ein robuster Schätzer verwendet (MLM oder MLR), muss für den Vergleich der unterschiedlich restriktiven Modelle zur Prüfung von Messinvarianz basierend auf dem χ^2-Differenztest die Satorra-Bentler-Korrektur angewendet werden. Das hierfür erforderliche Vorgehen haben wir detailliert in Kapitel 2 beschrieben.

Insgesamt zeigt die Prüfung der Messinvarianz mittels der längsschnittlichen Konfirmatorischen Faktorenanalyse, dass metrische Invarianz, aber nur partielle skalare Invarianz für den Beispieldatensatz gegeben ist. Wie bereits erwähnt, ist metrische Invarianz eine Voraussetzung für das ARM. Nur in diesem Fall sind die Beziehungen der Variablen über die Zeit sinnvoll zu interpretieren. Im Falle des LGC muss zusätzlich skalare Invarianz vorliegen, da die Veränderungen in den latenten Mittelwerten nur dann interpretiert werden können. Basierend auf dem Beispieldatensatz demonstrieren wir in den nächsten Abschnitten die Spezifikation des ARM und LGC in Mplus sowie die Interpretation der Parameterschätzung.

4.4   Das autoregressive Modell in Mplus

Im Folgenden werden wir an einem Beispiel die Schätzung eines latenten autoregressiven Modells in Mplus demonstrieren. Christ und Wagner (2008) haben die Beziehung zwischen Intergruppenkontakt und Fremdenfeindlichkeit unter Verwendung des GMF-Paneldatensatzes untersucht. Als Indikatoren für Intergruppenkontakt haben die Autoren drei Aspekte abgefragt: „Wie viele Ihrer Freunde und Bekannte sind in Deutschland lebende Ausländerinnen und Ausländer?"; „Wie oft ist es vorgekommen, dass Ihnen eine Ausländerin oder ein Ausländer geholfen hat?"; „Wie oft ist es vorgekommen, dass Sie mit einer Ausländerin oder einem Ausländer ein interessantes Gespräch geführt haben?". Als Indikatoren für Fremdenfeindlichkeit wurden folgende Aussagen verwendet: „Es leben zu viele Ausländer in Deutschland."; „Wenn Arbeitsplätze knapp werden, sollte man die in Deutschland lebenden Ausländer wieder in ihre Heimat zurückschicken."; „Die in Deutschland lebenden Ausländer sind eine Belastung für das soziale Netz.". Alle Fragen konnten auf einer vierstufigen Ratingskala beantwortet werden, wobei höhere Werte eine höhere Zustimmung anzeigen.

Die Forschungsfrage lautete, ob Intergruppenkontakt zu einem früheren Zeitpunkt mit weniger Fremdenfeindlichkeit zu einem späteren Zeitpunkt einhergeht und/oder ob Fremdenfeindlichkeit zu einem früheren Zeitpunkt mit weniger Intergruppenkontakt zu einem späteren Zeitpunkt einhergeht. In Abbildung 4.8 ist das zu prüfende Modell dargestellt. Der Beispieldatensatz „GMF020304_Panel.sav.dat" umfasst die Wellen 2002, 2003 und 2004 des GMF-Paneldatensatzes und entspricht den von Christ und Wagner (2008) in ihren Analysen verwendeten Daten. Für die oben skizzierte Fragestellung sind vor allem die *Cross-Lagged*-Beziehungen relevant, die Stabilitätsparameter spielen zunächst nur eine untergeordnete Rolle. Der Mplus-Input für das in Abbildung 4.8 dargestellte Modell ist in Abbildung 4.9 aufgeführt.

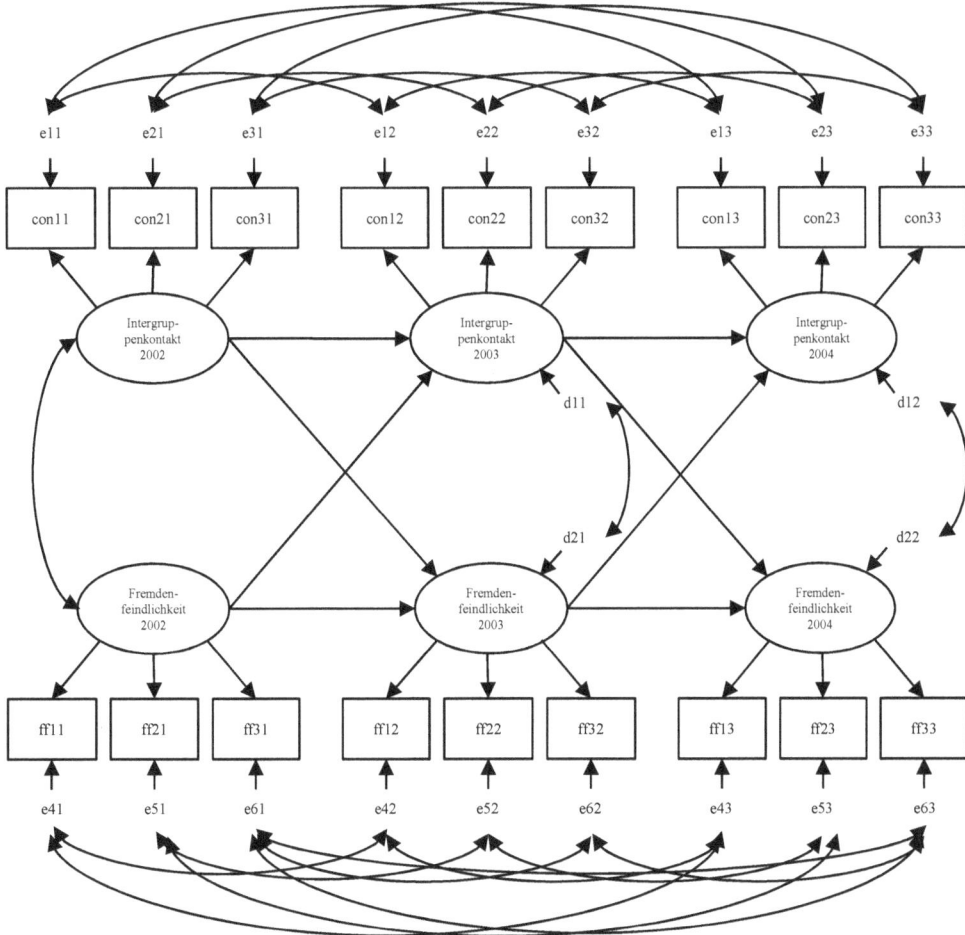

Abbildung 4.8: Latentes ARM für Intergruppenkontakt und Fremdenfeindlichkeit

Im Mplus-Input sehen wir zunächst die Messmodelle für Intergruppenkontakt und Fremdenfeindlichkeit für alle drei Messzeitpunkte, also 2002, 2003 und 2004, spezifiziert. Die Ergebnisse der Längsschnitt-CFA haben gezeigt, dass metrische Invarianz für diese beiden Merkmale gegeben ist. Daher haben wir die Gleichheitsrestriktionen für die jeweils korrespondierenden Faktorladungen übernommen. Da gemäß den Ergebnissen der Längsschnitt-CFA
lediglich partielle skalare Invarianz vorliegt, haben wir Gleichheitsrestriktionen nur für diejenigen korrespondierenden *intercepts* spezifiziert, für welche die Gleichheit über die Zeit
angenommen werden konnte.

```
Mplus - [LatentCL_KontaktFF_1.inp]
 File  Edit  View  Mplus  Graph  Window  Help

 [toolbar icons]
```

```
MODEL:      con1 BY con11  !Spezifikation der Messmodelle für Kontakt
            con21 (1)
            con31 (2);
            con2 BY con12
            con22 (1)
            con32 (2);
            con3 BY con13
            con23 (1)
            con33 (2);

            ff1 BY ff11      !Fremdenfeindlichkeit
            ff21 (3)
            ff31 (4);        !Jeweils korrespondierende Faktorladungen
            ff2 BY ff12      !wurden gleichgesetzt
            ff22 (3)
            ff32 (4);
            ff3 BY ff13
            ff23 (3)
            ff33 (4);

            con2 ON con1 ff1; !Spezifikation der autoregressiven und
            con3 ON con2 ff2; !cross-lagged Beziehungen
            ff2 ON ff1 con1;
            ff3 ON ff2 con2;

            con2 WITH ff2;    !Korrelation der Residuen von Kontakt
                              !und Fremdenfeindlichkeit zum
                              !2. Messzeitpunkt

            con11 WITH con12 con13; !Autokorrelation der Residuen
            con12 WITH con13;       !der Indikatoren
            con21 WITH con22 con23; !von Intergruppenkontakt
            con22 WITH con23;
            con31 WITH con32 con33;
            con32 WITH con33;

            ff11 WITH ff12 ff13;    !und Fremdenfeindlichkeit
            ff12 WITH ff13;
            ff21 WITH ff22 ff23;
            ff22 WITH ff23;
            ff31 WITH ff32 ff33;
            ff32 WITH ff33;

            [con11@0 con12@0 con13@0]; !Gleichheitsrestriktionen
            [con22 con23] (5);         !korrespondierender Intercepts
            [con32 con33] (6);         !unter Berücksichtigung der
            [ff11@0 ff12@0 ff13@0];    !Ergebnisse der
            [ff22 ff23] (7);           !Längsschnitt-CFA
            [ff31 ff33] (8);

            [con1 con2 con3];
            [ff1 ff2 ff3];
```

Abbildung 4.9: Ausschnitt aus dem Mplus-Input zur Spezifikation des latenten ARM für Intergruppenkontakt und Fremdenfeindlichkeit mit korrelierten Fehlern

Für das ARM ist die Spezifikation der autoregressiven und *Cross-Lagged*-Beziehungen zwischen den latenten Variablen zentral. Mit vier Befehlszeilen und unter Verwendung der ON-Option haben wir alle autoregressiven und *Cross-Lagged*-Beziehungen, entsprechend des dargestellten Modells in Abbildung 4.8, spezifiziert:

```
MODEL:     con2 ON con1 ff1;
           con3 ON con2 ff2;
           ff2 ON ff1 con1;
           ff3 ON ff2 con2;
```

Darüber hinaus haben wir alle Autokorrelationen zwischen den korrespondierenden Residuen der Indikatoren zugelassen. Die Korrelation zwischen den latenten Variablen Intergruppenkontakt und Fremdenfeindlichkeit zum ersten Messzeitpunkt wird ebenso wie die Residualkorrelationen zwischen den beiden latenten Variablen zum dritten Messzeitpunkt in Mplus automatisch geschätzt. Die Korrelation zwischen den Residuen von Intergruppenkontakt und Fremdenfeindlichkeit zum zweiten Messzeitpunkt muss im Mplus-Input spezifiziert werden, da sie von Mplus automatisch auf 0 fixiert wird.

Der Modell-Fit des latenten ARM ist gut (χ^2 = 175.95; df = 118; p = .001; CFI = 0.994; RMSEA = .024 (90% CI = .016/.032); SRMR = .023). Die Ergebnisse zeigen, dass die Korrelationen zwischen den Residuen von Intergruppenkontakt und Fremdenfeindlichkeit zum zweiten und dritten Messzeitpunkt nicht signifikant sind. Wir haben daher die beiden Residualkorrelationen auf 0 fixiert, wobei wir dies lediglich für die Residualkorrelation zum dritten Messzeitpunkt im Mplus-Input spezifizieren müssen (die entsprechende Befehlszeile für die Residualkorrelation zum zweiten Messzeitpunkt haben wir wieder aus dem Mplus-Input entfernt):

```
MODEL:     con3 WITH ff3@0;
```

Dieses restriktivere Modell weist einen guten Modell-Fit auf (χ^2 = 178.11; df = 120; p = .001; CFI = 0.994; RMSEA = .024 (90% CI = .016/.031); SRMR = .023) der mit dem Modell-Fit des weniger restriktiven Modells ($\Delta\chi^2$ = 2.16; df = 2; p = .34) vergleichbar ist. In einem weiteren Schritt haben wir geprüft, ob die jeweils korrespondierenden Stabilitäts- und *Cross-Lagged*-Parameter über die Zeit stabil sind. Hierbei wird angenommen, dass die kausale Struktur dieser Parameter über die Zeit stabil ist. Dies wird als „Stationaritätsannahme" bezeichnet (Kenny, 1979). Anders ausgedrückt bedeutet dies, dass das Ausmaß, in dem bestimmte Variablenausprägungen Änderungen in den Ausprägungen anderer Variablen verursachen, über die Zeit hinweg gleich bleibt. Dazu haben wir im Mplus-Input entsprechende Gleichheitsrestriktionen vorgenommen. Abbildung 4.10 stellt den Ausschnitt des Mplus-Inputs dar, der die Gleichheitsrestriktionen enthält.

```
Mplus - [LatentCl_KontaktFF_1b.inp]
 File  Edit  View  Mplus  Graph  Window  Help

  □ ☞ ⊟   ✂ ▣ ▣   ❁   RUN   ☑  ☑ ☑  ☑ ☑ ☑  ⊪ ⊪ ⊪    ?


        con2 ON con1 (9)    !Gleichheitsrestriktionen auf
        ff1  (10);          !korrespondierende  Stabilitäts-
        con3 ON con2 (9)    !und cross-lagged Parameter
        ff2  (10);
        ff2 ON ff1    (11)
        con1 (12);
        ff3 ON ff2    (11)
        con2 (12);
```

Abbildung 4.10: Ausschnitt aus dem Mplus-Input zur Modifikation des ARM für Intergruppenkontakt und Fremdenfeindlichkeit durch Aufnahme von Gleichheitsrestriktionen für die autoregressiven und *Cross-Lagged*-Parameter

Das ARM-Modell mit diesen zusätzlichen Gleichheitsrestriktionen weißt einen guten Modell-Fit auf (χ^2 = 180.91; df = 124; p = .001; CFI = 0.994; RMSEA = .024 (90% CI = .016/.031); SRMR = .024), der statistisch nicht schlechter ist als das zuvor geschätzte, weniger restriktive Modell ($\Delta\chi^2$ = 2.80; df = 4; p = .59). Die angenommene Gleichheit der autoregressiven und *Cross-Lagged*-Beziehungen über die Zeit kann also aufrechterhalten werden. In Kasten 4.2 sind lediglich die unstandardisierten und standardisierten Parameterschätzer für die autoregressiven und *Cross-Lagged*-Beziehungen wiedergegeben. Der Ergebnisteil für das ARM ist im Vergleich zu den Modellen in den vorherigen Kapiteln erheblich umfangreicher; der komplette Mplus-Output kann aber auf der Homepage des Buches heruntergeladen werden.

Inhaltlich sind für die vorliegende Fragestellung insbesondere die Schätzer für die autoregressiven und *Cross-Lagged*-Beziehungen interessant. Die unstandardisierten Ergebnisse zeigen, dass die autoregressiven Pfade für Intergruppenkontakt und Fremdenfeindlichkeit statistisch signifikant von 0 abweichen. Ein Blick auf die standardisierten Parameter für die autoregressiven Pfade zeigt, dass die Stabilitätswerte bei etwa .85 für Fremdenfeindlichkeit und bei etwa .94 für Intergruppenkontakt liegen. Beide Merkmale sind also über den betrachteten Zeitraum hinweg relativ stabil, wenngleich keine perfekte Stabilität vorliegt und es somit intraindividuelle Unterschiede in der Veränderung gibt. Dies zeigt sich auch in den statistisch bedeutsamen *Cross-Lagged*-Beziehungen von Intergruppenkontakt auf Fremdenfeindlichkeit. Intergruppenkontakt in 2002 kann Varianz in Fremdenfeindlichkeit in 2003 über die autoregressive Beziehung zwischen Fremdenfeindlichkeit in 2002 und 2003 hinaus vorhersagen. Gleiches gilt für die Beziehung zwischen Intergruppenkontakt in 2003 und Fremdenfeindlichkeit in 2004. Die *Cross-Lagged*-Beziehungen sind signifikant und negativ (-.07, p < .001; standardisierte Schätzer). Mehr Intergruppenkontakt geht also mit geringerer Fremdenfeindlichkeit zu einem späteren Zeitpunkt einher. Anders formuliert: Individuen mit einem höheren Ausmaß an Intergruppenkontakt haben im Vergleich zu Individuen mit einem niedrigeren Ausmaß an Intergruppenkontakt zu einem späteren Messzeitpunkt niedrigere Fremdenfeindlichkeitswerte. Diese Beziehung lässt sich trotz Kontrolle der autoregressiven Beziehung von Fremdenfeindlichkeit und der Korrelation zwischen Intergruppenkontakt und Fremdenfeindlichkeit zum ersten Messzeitpunkt nachweisen. Fremdenfeindlichkeit kann dagegen keine Varianz in Intergruppenkontakt zum nächstfolgenden Zeitpunkt erklären. Die *Cross-Lagged*-Beziehungen weichen nicht statistisch signifikant von 0 ab (-.01, p = .63; standardisierte Parameter).

Die signifikanten *Cross-Lagged*-Effekte von Intergruppenkontakt auf Fremdenfeindlichkeit bestätigen die Annahme, dass Intergruppenkontakt Fremdenfeindlichkeit zu einem späteren Zeitpunkt vorhersagt. Trotzdem kann bei der Anwendung von ARM nicht ausgeschlossen werden, dass die jeweiligen statistischen Beziehungen auf Drittvariablen zurückgehen. Zwar besteht für gemessene Drittvariablen immer die Möglichkeit der statistischen Kontrolle (s. hierzu Little et al., 2007). Der Einfluss ungemessener Drittvariablen kann hierdurch aber nicht ausgeschlossen werden. Um solche fälschlichen (*spurious*) Beziehungen zwischen den Variablen auszuschließen, können sogenannte *common factor models* und *unmeasured variable models* geschätzt werden (Finkel, 1995). Im *Common-Factor*-Modell wird geprüft, ob Intergruppenkontakt und Fremdenfeindlichkeit Indikatoren eines generellen, gemeinsamen Faktors (daher *common factor*) sind. Diese Konzeptualisierung stellt eine Alternative zu den im ARM gemachten Annahmen über die zeitliche Beziehung zwischen den Variablen dar. In unserem Fall kann aber bereits auf theoretischer Basis ein solches *Common-Factor*-Modell ausgeschlossen werden. Es ist relativ plausibel, dass Intergruppenkontakt und Fremdenfeindlichkeit zwei unterschiedliche, wenn auch korrelierte Konstrukte darstellen. Daher verzichten wir an dieser Stelle auf eine weitergehende Besprechung des *Common-Factor*-Modells. In Abbildung 4.11 ist zwar die Modellierung des *Common-Factor*-Modells für unsere Beispieldaten dargestellt. Es treten allerdings negative Residualvarianzen für den gemeinsamen Faktor zu den Messzeitpunkten zwei und drei auf, die wir daher auf 0 fixiert haben.

Kasten 4.2: Ausschnitt aus dem Mplus-Output mit den unstandardisierten und standardisierten Parameterschätzern für die autoregressiven und *Cross-Lagged*-Beziehungen im Rahmen des latenten ARM für Intergruppenkontakt und Fremdenfeindlichkeit

(Hinweise: Die relevanten Teile des Mplus-Outputs wurden zu Veranschaulichung zusammengefügt, die Abfolge entspricht daher nicht exakt derjenigen im Original-Output. Die hervorgehobenen Textteile wurden von uns hinzugefügt und finden sich so nicht im Original-Output))

```
MODEL RESULTS
                                                Two-Tailed
                        Estimate      S.E.    Est./S.E.   P-Value

Unstandardisierte Schätzer für die autoregressiven und Cross-Lagged-Beziehungen

 CON2       ON
    CON1                  0.920      0.021      43.133     0.000
    FF1                  -0.006      0.012      -0.481     0.631

 CON3       ON
    CON2                  0.920      0.021      43.133     0.000
    FF2                  -0.006      0.012      -0.481     0.631

 FF2        ON
    FF1                   0.837      0.019      43.894     0.000
    CON1                 -0.115      0.030      -3.872     0.000

 FF3        ON
    FF2                   0.837      0.019      43.894     0.000
    CON2                 -0.115      0.030      -3.872     0.000

STANDARDIZED MODEL RESULTS

STDYX Standardization

                                                Two-Tailed
                        Estimate      S.E.    Est./S.E.   P-Value

Standardisierte Schätzer für die autoregressiven und Cross-Lagged-Beziehungen

 CON2       ON
    CON1                  0.939      0.019      50.127     0.000
    FF1                  -0.009      0.019      -0.481     0.631

 CON3       ON
    CON2                  0.930      0.016      57.176     0.000
    FF2                  -0.009      0.019      -0.480     0.631

 FF2        ON
    FF1                   0.849      0.017      50.486     0.000
    CON1                 -0.073      0.019      -3.918     0.000

 FF3        ON
    FF2                   0.855      0.016      53.567     0.000
    CON2                 -0.073      0.019      -3.902     0.000
```

```
Mplus - [LatentCL_Commonfactor.inp]
 File  Edit  View  Mplus  Graph  Window  Help

MODEL:    con1 BY con11
          con21 (1)
          con31 (2);
          con2 BY con12
          con22 (1)
          con32 (2);
          con3 BY con13
          con23 (1)
          con33 (2);

          ff1 BY ff11      !Fremdenfeindlichkeit
          ff21 (3)
          ff31 (4);        !Jeweils korrespondierende Faktorladungen
          ff2 BY ff12      !wurden gleichgesetzt
          ff22 (3)
          ff32 (4);
          ff3 BY ff13
          ff23 (3)
          ff33 (4);

          cf1 BY con1 ff1; !Spezifikation des common factors
          cf2 BY con2 ff2;
          cf3 BY con3 ff3;

          cf2 ON cf1;      !Spezifikation der Stabilitätsparameter
          cf3 ON cf2;      !für den common factor

          cf2@0;           !Fixierung der Residualvarianzen auf Null
          cf3@0;

          con11 WITH con12 con13;
          con12 WITH con13;
          con21 WITH con22 con23;
          con22 WITH con23;
          con31 WITH con32 con33;
          con32 WITH con33;

          ff11 WITH ff12 ff13;
          ff12 WITH ff13;
          ff21 WITH ff22 ff23;
          ff22 WITH ff23;
          ff31 WITH ff32 ff33;
          ff32 WITH ff33;

          [con11@0 con12@0 con13@0];
          [con22 con23] (5);
          [con32 con33] (6);
          [ff11@0 ff12@0 ff13@0];
          [ff22 ff23] (7);
          [ff31 ff33] (8);

          [con1 con2 con3];
          [ff1 ff2 ff3];
```

Abbildung 4.11: Ausschnitt aus dem Mplus-Input für das *Common-Factor*-Modell von Intergruppenkontakt und Fremdenfeindlichkeit

Weitaus relevanter für unser Beispiel ist das *Unmeasured-Variable*-Modell. Hierbei wird geprüft, ob die Beziehung zwischen den Merkmalen, in unserem Fall also Intergruppenkontakt und Fremdenfeindlichkeit, aufgrund ungemessener Drittvariablen zustande kommt oder nicht. Auch wenn diese Drittvariablen nicht gemessen wurden, können sie im Falle von Längsschnittdaten modelliert werden. In Abbildung 4.12 ist ein solches *Unmeasured-Variable*-Modell für den Beispieldatensatz dargestellt.

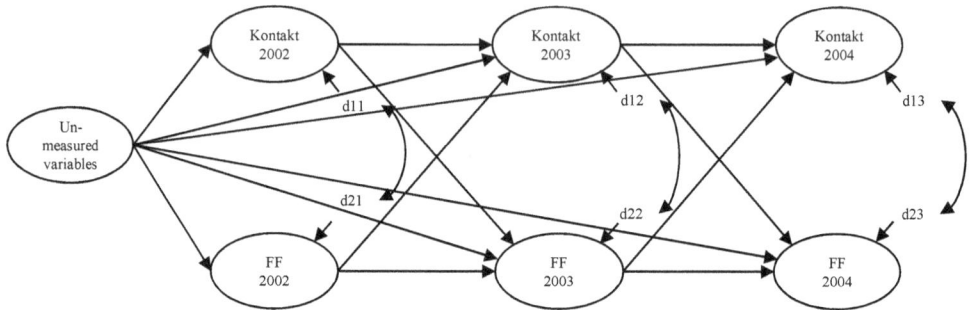

Abbildung 4.12: *Das Unmeasured-Variable*-Modell für Intergruppenkontakt und Fremdenfeindlichkeit (Kontakt = Intergruppenkontakt; FF = Fremdenfeindlichkeit)

(Hinweis: Zur Vereinfachung der Darstellung sind die Indikatoren und die Autorkorrelationen zwischen den Residuen der Indikatoren nicht dargestellt.)

Die Annahme des *Unmeasured-Variable*-Modells ist, dass die Beziehungen zwischen den Variablen (hier Intergruppenkontakt und Fremdenfeindlichkeit) möglicherweise durch nicht im Modell enthaltene Drittvariablen beeinflusst werden. Entsprechend wird im *Unmeasured-Variable*-Modell eine weitere latente Variable mit aufgenommen, die nicht gemessen wurde (für die also keine manifesten Indikatoren vorliegen), aber alle weiteren latenten Variablen über die Zeit beeinflusst (s. Abbildung 4.12). Sollten sich nach Aufnahme dieser weiteren latenten Variablen die *Cross-Lagged*-Beziehungen auf ein statistisch nicht mehr bedeutsames Maß verringern, so kann hieraus geschlossen werden, dass es sich bei den zuvor gefundenen *Cross-Lagged*-Beziehungen um fälschliche (*spurious*) Beziehungen handelt, die somit nicht als „kausale" Effekte interpretiert werden können.

Für die Identifikation solcher *Unmeasured-Variable*-Modelle müssen mindestens drei Erhebungswellen vorliegen. Darüber hinaus müssen weitere Restriktionen vorgenommen werden, da das Modell ansonsten nicht identifiziert ist (s. Finkel, 1995). In unserem Fall haben wir alle korrespondierenden autoregressiven und *Cross-Lagged*-Beziehungen gleichgesetzt.

Bei der Spezifikation der latenten Drittvariablen in Mplus ist zu beachten, dass für diese Drittvariable definitionsgemäß keine manifesten Indikatoren vorliegen und somit auch kein eigenständiges Messmodell spezifiziert werden kann. Dennoch ist es möglich, diese Drittvariable zu modellieren. In Abbildung 4.13 ist der relevante Teil des Modell-Inputs eines *Unmeasured-Variable*-Modells für unseren Beispieldatensatz abgebildet. Die Spezifikation der Messmodelle wie der Autokorrelation zwischen den jeweils korrespondierenden Residuen und der Indikatoren latenter Variablen, sowie auch die Restriktionen der *intercepts* entsprechen dem autoregressiven Modell, welches wir weiter oben besprochen haben (s. Abbildung 4.9).

```
Mplus - [LatentCL_UnmeasuredVariable.inp]
 File   Edit   View   Mplus   Graph   Window   Help
```

```
        con2 ON con1 (9)    !Gleichheitsrestriktionen auf korrespondierende
        ff1  (10);          !Stabilitäts- und Cross-Lagged Parameter
        con3 ON con2 (9)
        ff2  (10);
        ff2 ON ff1    (11)
        con1 (12);
        ff3 ON ff2    (11)
        con2 (12);

        thirdvar BY con1*   !Spezifikation der latenten Drittvariablen
        con2                !Die Ladung von con1 wird frei geschätzt
        con3                !Die Ladungen entsprechen in diesem Fall
        ff1                 !Regressionsparametern (ON-Option)
        ff2
        ff3 ;
        thirdvar@1;         !Varianz der latenten Drittvariablen wird aus
                            !Identifikationszwecken auf 1 fixiert

        ff1@0;              !Die Residualvarianz von ff1 wurde auf null fixiert,
                            !da sie negativ geschätzt wurde
```

Abbildung 4.13: Ausschnitt aus dem Mplus-Input zur Spezifikation des *Unmeasured-Variable*-Modells für Intergruppenkontakt und Fremdenfeindlichkeit

Für die in Abbildung 4.13 dargestellten Regressionsparameter zur Vorhersage von Intergruppenkontakt und Fremdenfeindlichkeit durch die ungemessene Drittvariable verwenden wir statt der Option ON die Option BY.

```
MODEL:      thirdvar BY con1*
            con2
            con3
            ff2
            ff2
            ff3;
            thirdvar@1;
```

Hierdurch wird in Mplus eine latente Variable (in unserem Fall die ungemessene Drittvariable) ohne eigene manifeste Indikatoren spezifiziert. Gleichzeitig stellen die Schätzer der „Ladungen" der latenten Variablen von Intergruppenkontakt und Fremdenfeindlichkeit die Regressionsparameter dar, also den Einfluss der latenten Drittvariablen auf die übrigen latenten Variablen. Wie wir wissen, bewirkt die Voreinstellung in Mplus, dass die Ladung des ersten Indikators auf einer latenten Variablen auf 1 fixiert wird. Da aber zusätzlich der Einfluss der Drittvariablen auf diese Variable geschätzt werden soll (hier „con1"), muss diese Voreinstellung in Mplus überschrieben werden. Dazu wird direkt an den entsprechenden Parameter ein Sternchen „*" angefügt, wodurch dieser Parameter frei geschätzt wird. Die Skalierung der latenten Drittvariable haben wir entsprechend durch eine Fixierung der Varianz auf 1 (thirdvar@1) vorgenommen.

Die Schätzung dieses Modells zeigt, dass die Residualvarianz der latenten Variablen „ff1" (also Fremdenfeindlichkeit zum ersten Messzeitpunkt) einen negativen Wert annimmt. Daher haben wir diese Residualvarianz auf 0 fixiert. Dies stellt eine mögliche Lösung eines solchen Problems bei der Parameterschätzung dar (Brown, 2006). Die Schätzung der Modellparameter erfolgt daraufhin ohne Probleme. In Kasten 4.3 sind die unstandardisierten Parameter-schätzer für die Regressionsgewichte der ungemessenen Drittvariablen („Thirdvar") und sowie die autoregressiven und *Cross-Lagged*-Beziehungen aufgeführt. Der Modell-Fit ist gut (χ^2 = 169.43; df = 119; p = .002; CFI = 0.995; RMSEA = .023 (90% CI = .014/.030); SRMR = .023).

Kasten 4.3: Ausschnitt aus dem Mplus-Output mit den unstandardisierten Parameterschätzern für für die Regressionsgewichte der ungemessenen Drittvariablen und sowie die autoregressiven und *Cross-Lagged*-Beziehungen

(Hinweis: Die hervorgehobenen Textteile wurden von uns hinzugefügt und finden sich so nicht im Original-Output)

```
MODEL RESULTS
                                                    Two-Tailed
                        Estimate      S.E.    Est./S.E.    P-Value

Unstandardisierte Schätzer für die Regressionsgewichte der ungemessenen Drittvariable
auf alle wiederholten Messungen von Intergruppenkontakt und Fremdenfeindlichkeit
 THIRDVAR BY
    CON1            -0.249       0.021      -11.654      0.000
    CON2             0.068       0.037        1.849      0.065
    CON3             0.043       0.035        1.239      0.215
    FF1              0.782       0.027       29.411      0.000
    FF2              0.119       0.055        2.150      0.032
    FF3              0.138       0.051        2.696      0.007

Unstandardisierte Schätzer für die autoregressiven und Cross-Lagged-Beziehungen

 CON2     ON
    CON1             0.924       0.021       43.101      0.000
    FF1             -0.073       0.045       -1.635      0.102

 CON3     ON
    CON2             0.924       0.021       43.101      0.000
    FF2             -0.073       0.045       -1.635      0.102

 FF2      ON
    FF1              0.675       0.066       10.262      0.000
    CON1            -0.106       0.032       -3.306      0.001

 FF3      ON
    FF2              0.675       0.066       10.262      0.000
    CON2            -0.106       0.032       -3.306      0.001
```

Die Ergebnisse zeigen einen statistisch bedeutsamen Einfluss der ungemessenen Drittvariab-len auf einen Teil der latenten Variablen (z.B. auf Intergruppenkontakt zum ersten Messzeit-punkt mit -.25, p < .001). Entscheidend ist, dass sich das Muster der Ergebnisse in Bezug auf die *Cross-Lagged*-Beziehungen im Vergleich zum ursprünglichen Modell nicht verändert hat. Während Fremdenfeindlichkeit weiterhin keinen Einfluss auf spätere Messungen von Intergruppenkontakt hat (-.07, p = .10), bleibt der Effekt von Intergruppenkontakt auf spätere Messungen von Fremdenfeindlichkeit bestehen (-.10, p = .001). Das *Unmeasured-Variable*-Modell liefert in diesem Anwendungsbeispiel also ein relativ gutes Argument gegen den Einwand, dass die zeitlichen Beziehungen zwischen den beiden Merkmalen Fremdenfeind-lichkeit und Intergruppenkontakt durch ungemessene Drittvariablen zustande gekommen sind.

4.5   Das latente Wachstumskurvenmodell in Mplus

Auch für das LGC werden wir wieder auf den Beispieldatensatz „GMF020304_Panel.sav"
zurückgreifen. Davidov et al. (in press) haben den GMF-Panel zur Untersuchung längs-
schnittlicher Veränderungen im GMF-Syndrom genutzt. Basierend auf einer Reihe von LGC
konnten die Autoren eine Veränderung in 5 von 6 Komponenten des GMF-Syndroms feststellen. Wir konzentrieren uns im Folgenden nur auf eine Komponente GMF, nämlich
„Fremdenfeindlichkeit". Mit der Verwendung des LGC möchten wir zwei Fragestellungen
untersuchen: (1) Lässt sich über den Zeitraum von 2002 bis 2004 eine Veränderung in Fremdenfeindlichkeit feststellen und gibt es zwischen den befragten Personen Variabilität in der
Veränderung über die Zeit?; (2) Im Falle von bedeutsamer Variabilität in der Veränderung in
Fremdenfeindlichkeit: Lässt sich diese Variabilität mit einem unterschiedlichen Ausmaß an
Intergruppenkontakt in 2002 erklären? Für die erste Fragestellung werden wir ein unkonditionales LGC 2. Ordnung schätzen. Dies bedeutet, dass wir latente Indikatoren für den latenten
Intercept- und *Slope*-Faktor verwenden werden. Für die zweite Fragestellung erweitern wir
das LGC um Intergruppenkontakt als unabhängige, zeitkonstante Variable, die in 2002 gemessen wurde. Hierbei handelt es sich dann um ein konditionales LGC.

In Mplus gibt es eine Reihe von Voreinstellungen, die bei der Spezifikation von LGC Anwendung finden. Die Voreinstellungen bieten den Vorteil, dass sie den Anwendern Arbeit
bei der Spezifikation abnehmen. Im Manual von Mplus (Muthén & Muthén, 1998–2010)
sind diese Voreinstellungen aufgelistet. Wir werden bei den von uns verwendeten Beispielen
auf die entsprechenden Voreinstellungen hinweisen.

In Abbildung 4.14 ist das unkonditionale LGC 2. Ordnung dargestellt. Der entsprechende
Input in Mplus ist in Abbildung 4.15 aufgeführt.

Die Verwendung eines LGC 2. Ordnung hat eine Reihe von Vorteilen. Zum einen kann das
Messmodell unter Berücksichtigung des Messfehlers überprüft werden. Dieser Aspekt ist
gerade bei der Schätzung der latenten *Intercept*- und *Slope*- Faktoren wichtig, da der Messfehler bei Verwendung latenter Indikatoren separiert wird. Darüber hinaus lässt sich die
Messinvarianz über die Zeit prüfen, da bei Anwendung von LGC (partielle) skalare Messinvarianz vorliegen sollte. Nur dann lassen sich die latenten *Intercept*- und *Slope*-Faktoren
sinnvoll interpretieren.

Für die Spezifikation des LGC ist lediglich eine Befehlszeile notwendig:

```
MODEL:      i s | ff1@0 ff2@1 ff3@2;
```

i und s repräsentieren den latenten *Intercept*- und *Slope*-Faktor, wobei die Benennung der
beiden latenten Faktoren den Anwendern überlassen ist. Ein *random slope* wird in Mplus
generell (s.a. Kapitel 5) durch einen senkrechten Strich gekennzeichnet („|"). Im Rahmen
von LGC bedeutet dieser *random slope*, dass die Veränderung des Merkmals über die Zeit
zwischen den Personen variiert (Varianz im latenten *Slope*-Faktor). Auch für den latenten
Intercept-Faktor wird ein Varianz-Parameter geschätzt, der in diesem Fall Unterschiede
zwischen den befragten Personen in den Ausgangswerten anzeigt.

Da wir latente Indikatoren zur Spezifikation des LGC verwenden („ff1", „ff2", „ff3"), handelt es sich in unserem Fall um ein LGC 2. Ordnung. In der Befehlszeile zur Spezifikation
des LGC haben wir die Ladung der latenten Indikatoren auf dem *Slope*-Faktor mit Hilfe des
@-Zeichens im Sinne eines linearen Wachstums fixiert: Die Ladung von „ff1" ist auf den

Wert 0 fixiert, die Ladung von „ff2" auf den Wert 1 und die Ladung von „ff3" auf den Wert 2.

Durch die in Mplus implementierte Voreinstellung sind die Ladungen der drei Indikatoren auf dem *Intercept*-Faktor automatisch auf den Wert 1 fixiert. Da die Ladung des latenten Indikators für Fremdenfeindlichkeit auf dem *Slope*-Faktor zum ersten Messzeitpunkt auf 0 fixiert wurde, zeigt der Schätzer für den Mittelwert des *Intercept*-Faktors den mittleren Ausgangswert der befragten Personen an. Eine weitere Voreinstellung in Mplus legt fest, dass der Mittelwert des latenten *Intercept*-Faktors auf 0 fixiert ist. Diese Einstellung haben wir mit der Befehlszeile

```
MODEL:          [i];
```

überschrieben. Der Mittelwert des *Slope*-Faktors wird automatisch geschätzt.

Der Fit des unkonditionalen LGC 2. Ordnung auf die Daten ist gut (χ^2 = 45.19; df = 22; p = .003; CFI = 0.996; RMSEA = .036 (90% CI = .021/.051); SRMR = .021). Dies bedeutet, dass das LGC mit einem linearen *Slope*-Faktor die zeitlichen Veränderungen in Fremdenfeindlichkeit gut abbildet. Wir werden später das LGC mit linearem *Slope*-Faktor und ein LGC mit einem zusätzlichen quadratischen *Slope*-Faktor vergleichen. In Kasten 4.4 sind die unstandardisierten Parameterschätzer des LGC aufgeführt, wobei wir die Ladungen der manifesten Variablen auf den latenten Variablen für Intergruppenkontakt und Fremdenfeindlichkeit, die Autokorrelationen der Residuen und die Residualvarianzen nicht aufgeführt haben.

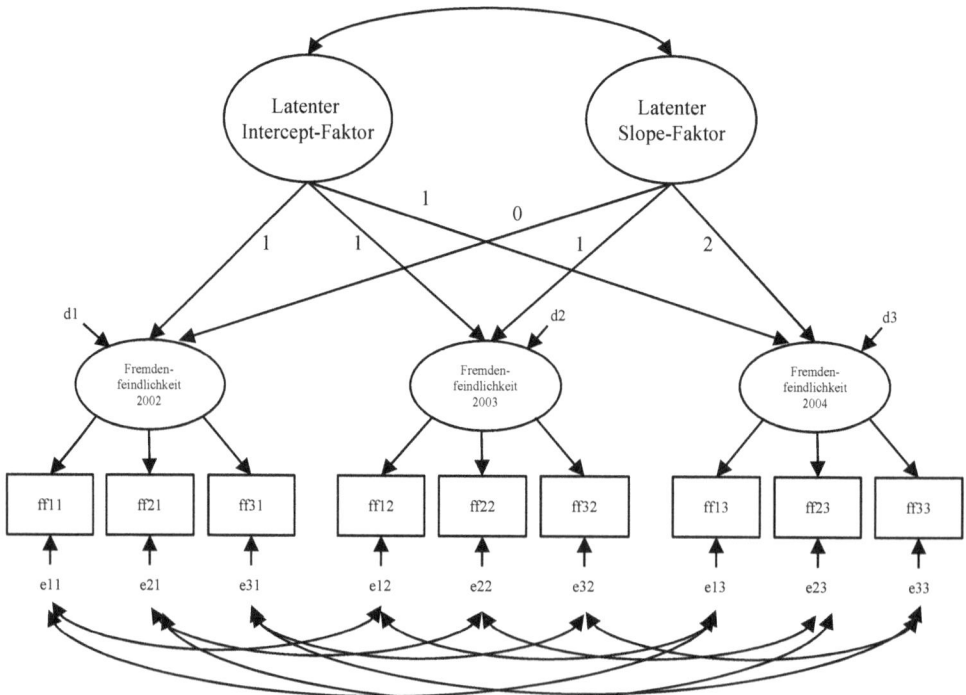

Abbildung 4.14: Unkonditionales latentes Wachstumskurvenmodell 2. Ordnung für Fremdenfeindlichkeit unter Annahme einer linearen Veränderung über die Zeit (FF = Fremdenfeindlichkeit)

```
Mplus - [LatentWK_KontaktFF.inp]
 File  Edit  View  Mplus  Graph  Window  Help

 D  ⌂  ▤  │  ✂  ▤  ▦  │  ▤  │ RUN │  ☑  ☑  ☑  │  ☑  ☑  ☑  │  ▥  ▥  ▥  │  ?

 TITLE:     Beispiel latentes Wachstumkurvenmodell (unkonditional)

 DATA:      FILE IS GMF_Panel_020304.dat;

 VARIABLE:  NAMES ARE qcp_ser con11 con12 con13 con21 con22 con23 con31 con32 con33
            ff11 ff12 ff13 ff21 ff22 ff23 ff31 ff32 ff33;
            USEVARIABLES ARE ff11 ff12 ff13 ff21 ff22 ff23 ff31 ff32 ff33;
            MISSING ARE all (9);

 MODEL:     ff1 BY ff11
            ff21 (1)        !Gleichheitsrestriktion korrespondierender Faktorladungen
            ff31 (2);       !über die Zeit
            ff2 BY ff12
            ff22 (1)
            ff32 (2);
            ff3 BY ff13
            ff23 (1)
            ff33 (2);

            i s | ff1@0 ff2@1 ff3@2;  !Spezifikation der latenten Wachstumsfaktoren
                                      !Hier Spezifikation eines linearen Slope-Faktors

            [i];        !Mittelwert des latenten Intercept-Faktors schätzen

            [ff11@0 ff12@0 ff13@0];
            [ff22 ff23] (3);    !Gleichheitsrestriktion korrespondierender Intercepts
            [ff31 ff33] (4);    !orientiert an den Ergebnissen der Längsschnitt-CFA

            ff11 WITH ff12 ff13;
            ff12 WITH ff13;
            ff21 WITH ff22 ff23;
            ff22 WITH ff23;
            ff31 WITH ff32 ff33;
            ff32 WITH ff33;

 OUTPUT:    STDYX;
```

Abbildung 4.15: Mplus-Input zur Spezifikation des unkonditionalen LGC für Fremdenfeindlichkeit

Der unstandardisierte Schätzer des latenten Ausgangswerts in Fremdenfeindlichkeit zum ersten Messzeitpunkt (2002) beträgt 2.299 und ist signifikant von 0 verschieden (p < .001). Dies ist allerdings nicht verwunderlich, da die Antwortskala für die einzelnen Indikatoren von 1 bis 4 reicht. Interessanter ist in diesem Fall die Varianz, die 0.565 beträgt und ebenfalls statistisch signifikant von 0 abweicht (p < .001). Die befragten Personen unterscheiden sich also in ihrem Ausmaß an Fremdenfeindlichkeit zum ersten Messzeitpunkt. Der Mittelwert für den latenten *Slope*-Faktor ist positiv (0.079; unstandardisierter Schätzer) und weicht ebenfalls signifikant von 0 ab (p < .001). Dies bedeutet, dass im Mittel eine Zunahme an Fremdenfeindlichkeit zu beobachten ist. Mit jedem Erhebungsjahr steigt der Mittelwert in Fremdenfeindlichkeit bei der gegebenen Metrik um geschätzt 0.079 Einheiten an. Weiterhin zeigt sich, dass es Variabilität in der Stärke der Veränderung über die Zeit gibt, da die Varianz des *Slope*-Faktors 0.036 beträgt und signifikant ist (p = .006).

Kasten 4.4: Ausschnitt aus dem Mplus-Output mit ausgewählten, unstandardisierten Parameterschätzern für das unkonditionale LGC 2. Ordnung für Fremdenfeindlichkeit

(Hinweis: Die hervorgehobenen Textteile wurden von uns hinzugefügt und finden sich so nicht im Original-Output. Darüber hinaus wurden zu Veranschaulichung ein Teil der Ergebnisse nicht dargestellt, daher entspricht die Abfolge der Ergebnisse nicht exakt derjenigen im Original-Output)

```
MODEL RESULTS

                                           Two-Tailed
                  Estimate    S.E.    Est./S.E.   P-Value

Ladungen der latenten Indikatoren auf dem latenten Intercept-Faktor (Die Ladungen wer-
den automatisch von Mplus auf 1 fixiert)
 I        |
    FF1        1.000      0.000    999.000     999.000
    FF2        1.000      0.000    999.000     999.000
    FF3        1.000      0.000    999.000     999.000

Ladungen der latenten Indikatoren auf dem latenten Slope-Faktor (Die Ladungen wurden
gemäß der Annahme einer linearen Veränderung auf 0, 1, und 2 fixiert; s. Mplus-Input in
Abbildung 4.15)

 S        |
    FF1        0.000      0.000    999.000     999.000
    FF2        1.000      0.000    999.000     999.000
    FF3        2.000      0.000    999.000     999.000


Unstandardisierter Schätzer für die Korrelation zwischen dem latenten Intercept- und
Slope-Faktor

 S      WITH
    I         -0.044      0.016     -2.794       0.005

Schätzer für die Mittelwerte des latenten Intercept- und Slope-Faktors
 Means

    I          2.299      0.032     71.750       0.000
    S          0.079      0.012      6.697       0.000

Schätzer für die Intercepts der Indikatoren für Fremdenfeindlichkeit und für Fremden-
feindlichkeit (Die Intercepts für Fremdenfeindlichkeit wurden auf null fixiert)
 Intercepts

    FF11       0.000      0.000    999.000     999.000
    FF12       0.000      0.000    999.000     999.000
    FF13       0.000      0.000    999.000     999.000
    FF21      -0.199      0.083     -2.406       0.016
    FF22      -0.293      0.083     -3.521       0.000
    FF23      -0.293      0.083     -3.521       0.000
    FF31       0.088      0.072      1.219       0.223
    FF32       0.149      0.074      2.019       0.043
    FF33       0.088      0.072      1.219       0.223
    FF1        0.000      0.000    999.000     999.000
    FF2        0.000      0.000    999.000     999.000
    FF3        0.000      0.000    999.000     999.000

Schätzer für die Varianzen und Residualvarianzen
 Variances

    I          0.565      0.044     12.830       0.000
    S          0.036      0.013      2.734       0.006
```

Mittels des Befehlsblocks PLOT können die Wachstumskurven in Mplus grafisch dargestellt werden:

```
PLOT:       TYPE IS PLOT3;
            SERIES IS ff1 (s) ff2 (s) ff3 (s);
```

Mit der Option TYPE im Befehlsblock PLOT lässt sich der Typ der Grafik auswählen. In diesem Fall haben wir PLOT3 gewählt, mit dem die beobachteten und geschätzten Werte der Variablen grafisch ausgegeben werden. Mit der Option SERIES werden die Variablen spezifiziert, die grafisch ausgegeben werden sollen. In diesem Fall lassen wir uns die Werte in den latenten Variablen als Funktion der Zeit ausgeben. Der eingeklammerte Name nach den Variablennamen bezieht sich auf den linearen latenten *Slope*-Faktor.

In Abbildung 4.16 ist die entsprechende Grafik dargestellt. Um diese in Mplus anzeigen zu lassen, muss in der Menü-Zeile in Mplus auf Graph → View Graphs geklickt und dann im Menü-Fenster „Select a plot to view" die Option Estimated Means ausgewählt werden.

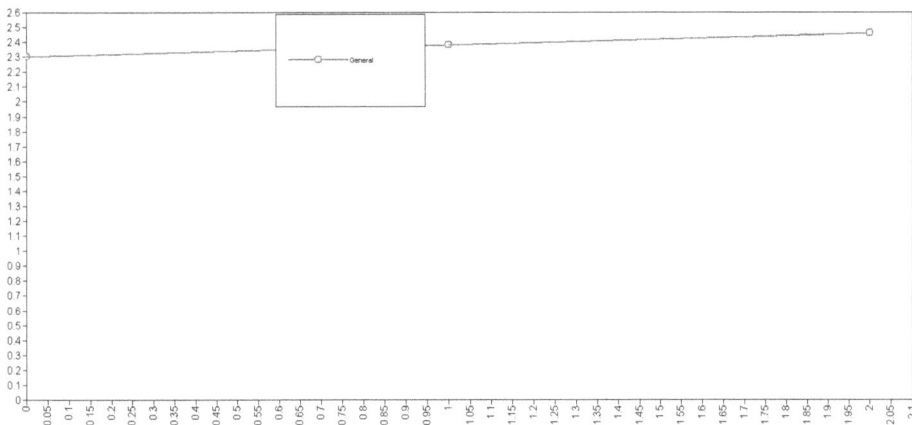

Abbildung 4.16: Plot der Wachstumskurve des unkonditionalen LGC für Fremdenfeindlichkeit

Ein weiterer inhaltlich relevanter Parameter ist die Kovarianz zwischen zwischen dem *Intercept*- und dem *Slope*-Faktor. Sie ist in unserem Fall negativ (-.044) und signifikant (z = 2.794, p = .005). Personen mit höheren Fremdenfeindlichkeitswerten zum ersten Messzeitpunkt weisen somit eine geringere Veränderung auf als Personen mit niedrigeren Fremdenfeindlichkeitswerten.

Das unkonditionale LGC 2. Ordnung kann durch das Hinzufügen von zeitstabilen sowie zeitvariablen unabhängigen Variablen erweitert werden. In unserem Beispiel schätzen wir nun ein konditionales LGC 2. Ordnung, in dem wir das Ausmaß an Intergruppenkontakt zum ersten Messzeitpunkt als zusätzliches zeitstabiles Merkmal aufnehmen. Dabei möchten wir prüfen, ob Intergruppenkontakt einen Effekt auf den latenten *Intercept*- und *Slope*-Faktor aufweist. Die Fragestellung ist, ob Intergruppenkontakt die Varianz im *Intercept*-Faktor erklären kann. Anzunehmen ist, dass Personen mit viel Intergruppenkontakt zum ersten Messzeitpunkt geringere Ausgangswerte in Fremdenfeindlichkeit aufweisen als Personen mit wenig Intergruppenkontakt. Weiterhin möchten wir untersuchen, ob das Ausmaß an Intergruppenkontakt einen Teil der Varianz im *Slope*-Faktor erklären kann. Eine mögliche Annahme ist, dass die Fremdenfeindlichkeitswerte für Personen mit einem höheren Kontaktausmaß zum ersten Messzeitpunkt in einem geringeren Ausmaß steigen, als die Fremdenfeindlichkeit von Personen mit niedrigeren Kontaktwerten. In diesem Fall prüfen wir, ob Intergruppenkontakt eine moderierende Funktion auf die Veränderung der Fremdenfeindlichkeit über die Zeit hat. In Abbildung 4.17 ist der Modell-Input für diese Erweiterung des LGC 2. Ordnung dargestellt. Intergruppenkontakt wird wiederum als latente Variable verwendet.

```
Mplus - [LatentWK_KontaktFFb.inp]
 File  Edit  View  Mplus  Graph  Window  Help

 ▯ ☞ ◻  ✂ ▤ ▤  ▤  RUN  ☑ ☑ ☒  ▯ ▯ ▯  ▯ ▯ ▯   ?


   MODEL:    ff1 BY ff11
             ff21 (1)
             ff31 (2);
             ff2 BY ff12
             ff22 (1)
             ff32 (2);
             ff3 BY ff13
             ff23 (1)
             ff33 (2);

             i s | ff1@0 ff2@1 ff3@2;

             [i];

             con1 BY con11     !Messmodell für Intergruppenkontakt
             con21             !zum ersten Messzeitpunkt
             con31;

             i s ON con1;      !Vorhersage des Intercept- und Slope-Faktors
                               !mit Intergruppenkontakt

             [ff11@0 ff12@0 ff13@0];
             [ff22 ff23] (3);
             [ff31 ff33] (4);

             ff11 WITH ff12 ff13;
             ff12 WITH ff13;
             ff21 WITH ff22 ff23;
             ff22 WITH ff23;
             ff31 WITH ff32 ff33;
             ff32 WITH ff33;
```

Abbildung 4.17: Ausschnitt aus dem Mplus-Input für ein konditionales LGC 2. Ordnung für Fremdenfeindlichkeit mit Intergruppenkontakt als zeitinvariantem Prädiktor des latenten *Intercept*- und *Slope*-Faktors

Der Modell-Fit des konditionalen LGC 2. Ordnung ist gut (χ^2 = 104.20; df = 49; p < .001; CFI = 0.991; RMSEA = .037 (90% CI = .027/.047); SRMR = .022). Die Ergebnisse für die standardisierten Parameter (Kasten 4.5) zeigen, dass es einen signifikanten Zusammenhang zwischen Intergruppenkontakt in 2002 und dem *Intercept*-Faktor gibt (-.52, p < .001). Je höher das Ausmaß von Intergruppenkontakt in 2002, desto geringer das Ausmaß von Fremdenfeindlichkeit in 2002. Dagegen gibt es keinen bedeutsamen Zusammenhang zwischen Intergruppenkontakt und dem latenten *Slope*-Faktor (.06, p = .32). Die Veränderung in Fremdenfeindlichkeit über die Zeit wird also nicht durch den im Jahr 2002 gemessenen Intergruppenkontakt beeinflusst.

Kasten 4.5: Ausschnitt aus dem Mplus-Output mit ausgewählten, standardisierten Parameterschätzern für das konditionale LGC 2. Ordnung für Fremdenfeindlichkeit

```
STANDARDIZED MODEL RESULTS

STDYX Standardization

                                                   Two-Tailed
                      Estimate    S.E.   Est./S.E.  P-Value

I        ON
    CON1              -0.519     0.036   -14.389     0.000

S        ON
    CON1               0.062     0.062     0.995     0.320
```

Latente Wachstumskurvenmodelle können in vielfältiger Weise erweitert werden. Neben weiteren zeitinvarianten Variablen können auch zeitvariable Variablen in das Modell mit aufgenommen werden.

4.6   Literaturhinweise

Im folgenden Kasten (Kasten 4.6) möchten wir, wie bereits in den vorangegangen Kapiteln geschehen, einige, aus unserer Sicht hilfreiche Referenzen für die beiden oben behandelten Strukturgleichungsmodelle auflisten und kommentieren.

Kasten 4.6: Empfohlene Literatur für das ARM und LGC

Autoregressives Modell

Finkel, S. E. (1995). *Causal analysis with panel data.* Thousand Oaks, CA: Sage.

Eine der Standardreferenzen für autoregressive Modelle. Guter Überblick über Annahmen und Anwendungen des ARM. Sehr empfehlenswert.

Little, T. D., Preacher, K. J., Selig, J. P., & Card, N. A. (2007). New developments in SEM panel analyses of longitudinal data. *International Journal of Behavioral Development, 31*, 357–365.

Neben einem Überblick über neue Entwicklungen in Panelanalysen mit Strukturgleichungsmodellen geht dieser Artikel auch auf die Längsschnitt-CFA und die damit verbundene Problematik von Messinvarianz ein.

Reinecke, J. (2005). *Strukturgleichungsmodelle.* München: Oldenbourg.

In einem der wenigen deutschsprachigen Lehrbüchern zu Strukturgleichungsmodellen wird auch das ARM behandelt.

Latentes Wachstumskurvenmodell

Bollen, K.A. & Curran, P.J. (2006). *Latent curve models: A structural equation approach.* San Francisco, CA: Jossey-Bass.

Preacher, K. J., Wichman, A. L., MacCallum, R. C., & Briggs, N. E. (2008). *Latent growth curve modeling.* Thousand Oaks, CA: Sage.

Beide sehr empfehlenswerte englische Lehrbücher zu latenten Wachstumskurvenmodellen.

Reinecke, J. (2005). *Strukturgleichungsmodelle.* München: Oldenbourg.

Auch das LGC wir hier behandelt.

5   Mplus – Mehrebenenanalysen

Viele Fragestellungen in den Sozialwissenschaften beziehen sich auf Zusammenhänge zwischen Variablen, die im Rahmen hierarchischer Datenstrukturen gemessen wurden. Mehrebenenanalysen ermöglichen die Bearbeitung solcher Fragestellungen, wobei die Verknüpfung von Mehrebenen- und Strukturgleichungsmodellen eine besonders interessante Entwicklung darstellt. In diesem Kapitel veranschaulichen wir die Durchführung verschiedener Formen von Mehrebenenanalysen in Mplus. Wir beginnen mit einem knappen Überblick zu den Basisannahmen und grundlegenden Modellvarianten von Mehrebenenanalysen. Anschließend gehen wir auf die Analyse von Kontexteffekten und die praktische Anwendung von Mehrebenen-Pfadanalysen ein. Im folgenden Abschnitt demonstrieren wir die Durchführung Konfirmatorischer und Explorativer Mehrebenen-Faktorenanalysen, bevor wir abschließend die Anwendung von Mehrebenen-Strukturgleichungsmodellen in Mplus erläutern.

5.1   Überblick

Von einer Mehrebenenanalyse wird definitionsgemäß immer dann gesprochen, wenn ineinander verschachtelte Untersuchungseinheiten unterschiedlicher Ebenen gleichzeitig zum Gegenstand der Analyse werden (Hummell, 1972, S. 13; siehe Klein, 2000). Solche ineinander verschachtelten Untersuchungseinheiten – wie z.B. Schüler innerhalb von Schulen, Wahlberechtigte innerhalb von Wahlkreisen oder Befragte innerhalb von Ländern – liegen in den Sozialwissenschaften sehr häufig vor. Im engeren Sinne handelt es sich bei den oben genannten Beispielen um hierarchische Zweiebenen-Strukturen, da alle Untersuchungseinheiten der untergeordneten Ebene jeweils genau einer Untersuchungseinheit der übergeordneten Ebene zugeordnet sind (wie z.B. Befragte geschachtelt innerhalb von Ländern).

Ein besonderes Kennzeichen hierarchisch strukturierter Daten liegt darin, dass die Beobachtungen innerhalb der untergeordneten Analyseebenen oftmals nicht voneinander unabhängig sind. So sind sich Befragte aus dem gleichen Land hinsichtlich des Merkmals Fremdenfeindlichkeit möglicherweise untereinander ähnlicher als Befragte aus verschiedenen Ländern. Eine solche Ähnlichkeit könnte z.B. dadurch begründet sein, dass Befragte aus den gleichen Ländern ähnlichen Sozialisationseinflüssen, einem übereinstimmenden Niveau an negativer politischer Propaganda oder länderspezifischen Intergruppen-Normen ausgesetzt sind. Eine in statistischer Hinsicht besonders bedeutsame Konsequenz solcher korrelierten Beobachtungen ist, dass die für konventionelle inferenzstatistische Verfahren wie z.B. der OLS-Regression grundlegende Annahme unabhängiger Beobachtungen verletzt wird. Dies resultiert häufig in einer Überschätzung der effektiven Stichprobengröße, was umgekehrt zu einer Unterschätzung der Standardfehler und damit zu einem erhöhten Risiko für einen Fehler 1. Art – also der fälschlichen Annahme eines statistisch signifikanten Zusammenhangs –

führt (Hox, 2010). Diese Besonderheit hierarchischer Datenstrukturen wird durch speziell entwickelte Mehrebenen-Regressionsmodelle statistisch angemessen berücksichtigt.

Das grundlegende Merkmal solcher Mehrebenen-Regressionsmodelle besteht darin, dass die Gesamtvarianz der interessierenden Variablen auf die unterschiedlichen Ebenen ‚aufgeteilt' und separat, aber simultan analysiert wird. Dabei eröffnen bereits die bekannteren Varianten dieser Modelle eine Vielzahl von Analysemöglichkeiten, wie z.B. die Berücksichtigung von unabhängigen Variablen auf verschiedenen Untersuchungsebenen, der Modellierung von Interaktionseffekten zwischen diesen Variablen oder der Berechnung eigenständiger Effekte aggregierter Individualmerkmale. Mehrebenen-Pfadanalysen erweitern dieses Repertoire nochmals um die Analyse komplexer direkter und indirekter Zusammenhangstrukturen auf unterschiedlichen Untersuchungsebenen. Schließlich ermöglichen Mehrebenen-Strukturgleichungsmodelle messfehlerbereinigte Analysen auf den verschiedenen Untersuchungsebenen. Vereinfacht ausgedrückt basieren alle diese Varianten auf den Annahmen des als *hierarchical linear model* (Raudenbush & Bryk, 2002) bekannten Grundmodells der Mehrebenenanalyse. Hierbei können sowohl die Achsenabschnittsparameter der abhängigen Variablen (*intercepts*) wie auch die Regressionskoeffizienten der unabhängigen Variablen auf der unteren Ebene (*slopes*) zwischen den Beobachtungseinheiten der oberen Ebene variieren (*random intercepts* bzw. *random slopes*).

Vor diesem Hintergrund beginnen wir zunächst mit einem kurzen Überblick zu den Grundannahmen von Mehrebenen-Regressionsmodellen. Der Schwerpunkt des Kapitels liegt jedoch auf der Veranschaulichung, wie Mehrebenenanalysen in Mplus praktisch durchgeführt werden; wir gehen deshalb nur auf wenige grundlegende Gleichungen ein. Vielmehr liegen bereits eine Reihe ausführlicher Lehrbücher zu den Grundlagen und Vertiefungen mehrebenenanalytischer Modelle vor, auf die wir an dieser Stelle verweisen (Hox, 2010; Kreft & de Leeuw, 1998; Raudenbush & Bryk, 2002; Snijders & Bosker, 1999).

5.2   Grundlegende Modelle der Mehrebenenanalyse

Zur Veranschaulichung unserer Ausführungen greifen wir auf eine von Wagner und Van Dick (2001) durchgeführte Analyse zur Erklärung von Fremdenfeindlichkeit im internationalen Vergleich zurück. Die empirische Grundlage dieser Untersuchung bildeten Survey-Daten des Eurobarometers 47.1 (European Commission, 1997) von insgesamt 16 154 Befragten aus 15 Ländern der Europäischen Union. Die hierarchische Datenstruktur ist in diesem Beispiel klar zu erkennen: Befragte (Individualebene) befinden sich geschachtelt in Ländern (Kontextebene). Zweifellos ist die Anzahl der Beobachtungen auf der Kontextebene für die Durchführung von Mehrebenenanalysen in dieser Untersuchung vergleichsweise gering (Maas & Hox, 2005). Zu Gunsten der hier primär interessierenden Veranschaulichung des hierarchischen linearen Modells in Mplus soll dieser kritische Aspekt aber bewusst vernachlässigt werden.

Im Hintergrund der Studie von Wagner und Van Dick (2001) stand die Annahme, dass ein höherer prozentualer Immigrantenanteil oftmals von negativer politischer Propaganda begleitet wird, die ihrerseits zu einem Anstieg fremdenfeindlicher Einstellungen führt. Positive Erfahrungen mit Immigranten im Rahmen von individuellem Intergruppenkontakt beugen einem so verursachten Anstieg fremdenfeindlicher Einstellungen jedoch erwartungsgemäß vor. Aus dieser Perspektive sollte sich der erwartete Unterschied in Fremdenfeindlichkeit zwischen Personen mit und ohne Intergruppenkontakt bei höherem prozentualem Immigrantenanteil verschärfen.

Zunächst interessiert die Frage, ob und in welchem Umfang auf der Kontextebene der Länder überhaupt bedeutsame Unterschiede im mittleren Ausmaß an Fremdenfeindlichkeit vorliegen, die dann im Rahmen von Mehrebenen-Regressionsmodellen näher analysiert werden können. Typischerweise wird zur Beantwortung dieser Fragestellung eine einfaktorielle Varianzanalyse mit Zufallseffekten durchgeführt. Dieses sogenannte „Nullmodell" enthält keinerlei unabhängige Variablen, informiert aber über die Aufteilung der Gesamtvarianz der abhängigen Variablen in Varianz innerhalb und zwischen den Kontexteinheiten. Übertragen auf unser Ausgangsbeispiel können wir auf diese Weise den relativen Varianzanteil in Fremdenfeindlichkeit innerhalb und zwischen den Ländern – also auf der Individual- und der Kontextebene – bestimmen. Die allgemeine Darstellung dieses Modells für die Individualebene lautet:

$$Y_{ij} = \beta_{0j} + r_{ij} \tag{5.1}$$

In Worten: Der Wert für Variable Y_{ij} (hier: Fremdenfeindlichkeit) von Individuum i aus Kontexteinheit j ist eine Funktion des durch die Regressionskonstante β_{0j} erfassten Mittelwerts für Kontexteinheit j, sowie der durch das Residuum r_{ij} dargestellten individuellen Abweichung von diesem Mittelwert. Die Modellgleichung für die Kontextebene lautet:

$$\beta_{0j} = \gamma_{00} + u_{0j} \tag{5.2}$$

Die Regressionskonstante β_{0j} für Kontexteinheit j wird hier als Funktion des Stichprobenmittelwerts γ_{00} der abhängigen Variablen Y_{ij} sowie einer durch das Residuum u_{0j} dargestellten kontextspezifischen Abweichung spezifiziert. Durch diese Residuenstruktur ermöglicht das Model zufällige Variation in den Regressionskonstanten zwischen den verschiedenen Kontexteinheiten, und wird deshalb auch als *Random-Intercept*-Modell bezeichnet. Im Hinblick auf unser inhaltliches Beispiel bedeutete dies, dass Unterschiede in den mittleren Werten von Fremdenfeindlichkeit zwischen den Ländern explizit zugelassen werden. Die Varianz τ_{00} der Residuen u_{0j} auf der Kontextebene und die Varianz σ^2 der Residuen r_{ij} auf der Individualebene ermöglicht dann die Berechnung des Intraklassen-Korrelationskoeffizienten (*Intraclass Correlation Coefficient,* ICC):

$$\text{ICC} = \tau_{00} / (\tau_{00} + \sigma^2) \tag{5.3}$$

Der ICC stellt den Anteil der Varianz auf der Kontextebene an der als Summe von Individual- und Kontextvarianz berechneten Gesamtvarianz dar. Folglich berechnet sich der ICC für Fremdenfeindlichkeit als Anteil der Varianz in Fremdenfeindlichkeit auf der Kontextebene an der Gesamtvarianz von Fremdenfeindlichkeit auf der Individual- und Kontextebene. Bei Vorliegen eines substanziell von 0 verschiedenen ICC können Mehrebenenanalysen sinnvoll angewendet werden (Hox, 2010, S. 243f.). Betrachten wir nun zunächst ein Mehrebenen-Modell, das durch eine unabhängige Variable auf der Individualebene erweitert wurde. Die Gleichung für die Individualebene lautet:

$$Y_{ij} = \beta_{0j} + \beta_{1j}X_{ij} + r_{ij} \tag{5.4}$$

Unterschiede in der abhängigen Variable Y_{ij} zwischen Individuen i innerhalb von Kontext-einheit j stellen demnach eine Funktion der Regressionskonstante β_{0j} für Kontexteinheit j, des Regressionskoeffizienten β_{1j} des Individualmerkmals X_{ij} sowie des Residuums r_{ij} dar. Durch das Ersetzen von X_{ij} durch den jeweiligen Wert für Intergruppenkontakt wird deutlich, dass Unterschiede in Fremdenfeindlichkeit zwischen Befragten innerhalb von Ländern durch Unterschiede in Intergruppenkontakt modelliert werden. Neu ist, dass zusätzlich zur Regres-sionskonstante β_{0j} nun auch der Regressionskoeffizient β_{1j}, also die Wirkung von Intergrup-penkontakt auf Fremdenfeindlichkeit, zwischen den Kontexteinheiten variieren kann. Die entsprechenden Gleichungen für die Kontextebene lauten:

$$\beta_{0j} = \gamma_{00} + u_{0j} \tag{5.5}$$

$$\beta_{1j} = \gamma_{10} + u_{1j} \tag{5.6}$$

Analog zu der in Gleichung (5.5) dargestellten, zufällig variierenden Regressionskonstanten (*random intercept*) zeigt Gleichung (5.6), dass der zufällig variierende Regressionskoeffi-zient β_{1j} (*random slope*) als Funktion des mittleren Regressionskoeffizienten γ_{10} sowie einer durch das Residuum u_{1j} dargestellten kontextspezifischen Abweichung von diesem mittlerem Regressionskoeffizienten konzipiert ist. Übertragen auf unser Anwendungsbeispiel bedeutet dies, dass sich die Wirkung von Intergruppenkontakt je Land aus der durchschnittlichen Wirkung von Intergruppenkontakt plus einer länderspezifischen Abweichung zusammen-setzt.

Allgemeines Ziel von Mehrebenenanalysen ist nun die statistische Erklärung der bislang als Zufallsvariation zwischen den Kontexteinheiten konzipierten Unterschiede der Regressions-konstanten bzw. der Regressionskoeffizienten auf der Individualebene. Aus dieser Perspekti-ve stellen Regressionskonstante und Regressionskoeffizient nunmehr selbst abhängige Vari-ablen dar, deren Variation durch unabhängige Variablen auf der Kontextebene statistisch erklärt werden kann. Auf der Individualebene bleibt die Modellgleichung im Vergleich zu (5.4) unverändert:

$$Y_{ij} = \beta_{0j} + \beta_{1j} X_{ij} + r_{ij} \tag{5.7}$$

Die entsprechenden Gleichungen auf der Kontextebene lauten:

$$\beta_{0j} = \gamma_{00} + \gamma_{01} W_j + u_{0j} \tag{5.8}$$

$$\beta_{1j} = \gamma_{10} + \gamma_{11} W_j + u_{1j} \tag{5.9}$$

γ_{00} bezeichnet nun den Stichprobenmittelwert der abhängigen Variablen für den Fall, dass W_j gleich 0 ist. Hierbei steht W_j für die Ausprägung der unabhängigen Variable W für Kontext-einheit j. Der Einfluss von W_j auf die Ausprägung der Regressionskonstante β_{0j} wird durch den Regressionskoeffizient γ_{01} dargestellt. Verbleibende Abweichungen von den so vorher-gesagten Werten erfasst das Residuum u_{0j}.

Die Modellierung der Unterschiede in den Regressionskoeffizienten einer auf der Individual-ebene gemessenen unabhängigen Variablen folgt diesem Prinzip. Hierbei bezeichnet γ_{10} den mittleren Regressionskoeffizienten in der Stichprobe für den Fall, dass W_j gleich 0 ist. Der Einfluss der unabhängigen Variable W_j auf die Ausprägung des Regressionskoeffizienten β_{1j}

des Individualmerkmals X_{ij} wird durch den Regressionskoeffizient γ_{11} dargestellt. Abweichungen von den so vorhergesagten Werten erfasst das Residuum u_{1j}.

Zur Veranschaulichung ersetzen wir nun W_j durch den prozentualen Immigrantenanteil auf Länderebene; ein solches Modell ermöglicht zum einen die Modellierung von Unterschieden in den mittleren Ausprägungen von Fremdenfeindlichkeit pro Land, also dem *random intercept*. Zum anderen kann hierdurch auch die Wirkung des Immigrantenanteils auf die potenzielle Varianz in der Wirkung von individuellem Intergruppenkontakt pro Land – also dem *random slope* – überprüft werden. Dies stellt ein anschauliches Beispiel für einen *Cross-Level*-Interaktionseffekt dar: Wie diese Bezeichnung bereits andeutet, wird durch Intergruppenkontakt Varianz in Fremdenfeindlichkeit auf der Individualebene modelliert, die Variation dieses Effekts zwischen den Kontexteinheiten wird aber durch den prozentualen Immigrantenanteil auf Länderebene erklärt.

Im folgenden Abschnitt demonstrieren wir die Schätzung eines solchen Mehrebenen-Modells in Mplus. Dabei reduzieren wir im Vergleich zur Originalstudie von Wagner und Van Dick (2001) aus Übersichtlichkeitsgründen die Variablenanzahl. Die ursprünglich in dem Datensatz „EB47_1_Twolevel.sav" vorliegenden Daten wurden für die folgenden Analysen bereits in den Mplus-kompatiblen ASCII-File „EB47_1_Twolevel.dat" umgewandelt.

Die Variable „country" kodiert das Erhebungsland. Fremdenfeindlichkeit operationalisieren wir anhand eines aus zwei Indikatoren gebildeten Summenindexes zu Diskriminierungsintentionen gegenüber Immigranten. Genauer erfassen diese Indikatoren individuelle Einstellungen zum Ausschluss von Immigranten an der Teilhabe sozialer Rechte, wobei höhere Werte ein höheres Ausmaß an Fremdenfeindlichkeit darstellen. Die Bezeichnung dieses Summenindexes im Mplus-Input lautet „disc". Intergruppenkontakt operationalisieren wir anhand eines ursprünglich in drei Kategorien gemessenen Einzelindikators zu interethnischen Freundschaften. Dieser Einzelindikator wurde hier dichotomisiert und nimmt den Wert 0 an, wenn die Befragten angaben, „keine" interethnischen Freundschaften zu haben. Der Wert 1 wird vergeben, wenn die Befragten angaben „einige" oder „viele" interethnische Freundschaften zu haben. Diese Variable erhält im Mplus-Input die Bezeichnung „contact". Den prozentualen Immigranten-Anteil erfassen wir anhand des prozentualen Anteils von Nicht-EU-Mitgliedern an der Gesamtbevölkerung (Eurostat, 1997) und wird im Mplus-Input als „percent" bezeichnet.

An dieser Stelle möchten wir kurz auf die grafische Veranschaulichung der konzeptuellen Annahmen zur Wirkung von Intergruppenkontakt und des prozentualen Immigrantenanteils auf Fremdenfeindlichkeit eingehen. Hierzu orientieren wir uns an der im Mplus-Manual vorgeschlagenen Darstellungsweise (s. Mplus-Manual, Kap. 9). Abbildung 5.1 stellt das Modell grafisch dar.

Die Abbildung erklärt sich folgendermaßen: Zusammenhänge innerhalb von Kontexten (WITHIN) – also auf der Individualebene – sind im oberen Abschnitt der Darstellung abgebildet. Zusammenhänge zwischen Kontexten (BETWEEN) – also auf der Kontextebene – sind im unteren Bereich dargestellt. Rechtecke stellen manifeste Variablen dar und gerichtete Pfeile von unabhängigen auf abhängige Variablen symbolisieren Regressionsbeziehungen. Kleine Pfeile markieren Residuen. Der schwarz gefärbte Kreis am Ende des gerichteten Pfeils von Intergruppenkontakt auf Fremdenfeindlichkeit zeigt, dass das mittlere Ausmaß von Fremdenfeindlichkeit annahmegemäß zwischen den Kontexten variiert. Ein solcher *random intercept* stellt in konzeptioneller Hinsicht eine latente Variable dar und wird deshalb durch eine Ellipse auf der im unteren Teil der Abbildung dargestellten Kontextebene veranschaulicht. Analog symbolisiert der mit der Bezeichnung „S" gekennzeichnete schwarz gefärbte Kreis in der Mitte des gerichteten Pfeils von Intergruppenkontakt auf Fremdenfeindlichkeit den annahmegemäß auf der Kontextebene variierenden Regressionskoeffizienten von Intergruppenkontakt auf Fremdenfeindlichkeit. Auch dieser *random slope* ist eine latente Variable und wird deshalb ebenfalls als Ellipse auf der Kontextebene abgebildet. Die beiden vom prozentualen Immigrantenanteil ausgehenden gerichteten Pfeile veranschaulichen den erwarteten Effekt auf das mittlere Ausmaß an Fremdenfeindlichkeit sowie den *Cross-Level*-Interaktionseffekt hinsichtlich der Wirkung von Intergruppenkontakt auf Fremdenfeindlichkeit. Schließlich kennzeichnet der Doppelpfeil die potentielle Kovarianz zwischen den Residuen des *random intercepts* und des *random slopes*.

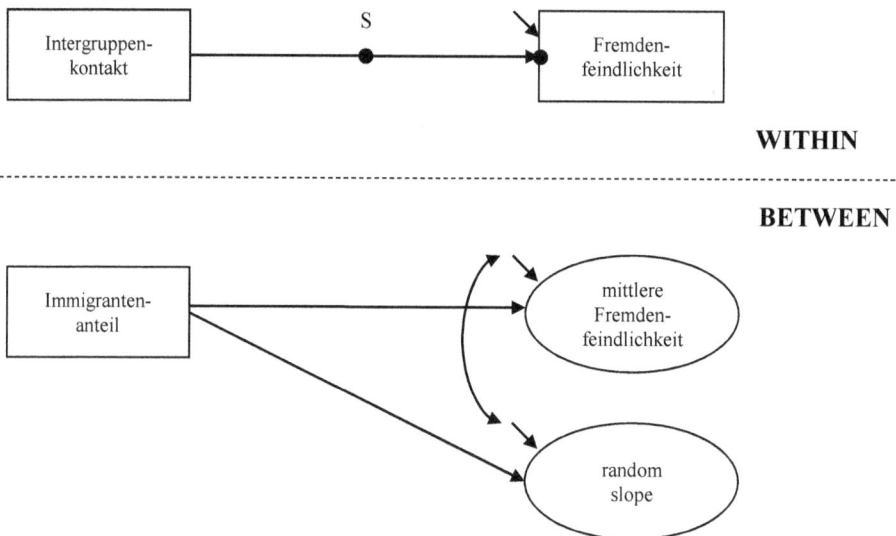

Abbildung 5.1: *Intercept-And-Slope-As-Outcome*-Modell für die Wirkung von Intergruppenkontakt und des prozentualen Immigrantenanteils auf Fremdenfeindlichkeit

Bei der praktischen Durchführung von Mehrebenenanalysen hat sich ein sequentielles Vorgehen bewährt (vgl. Hox, 2010, S. 54ff). In unserem Anwendungsbeispiel gehen wir somit folgendermaßen vor: Um einen Eindruck zur ICC der abhängigen Variable Fremdenfeindlichkeit zu gewinnen, schätzen wir im Vorfeld der eigentlichen Analysen zunächst ein sogenanntes Nullmodell. Wir berechnen dann die Effekte der unabhängigen Variablen auf Individual- und Kontextebene in Form eines *Intercept-As-Outcome*-Modells (Model 1). Konventionsgemäß wird die Wirkung von Intergruppenkontakt auf Fremdenfeindlichkeit hierbei als *fixed effect* spezifiziert. Erst in den dann folgenden Berechnungen überprüfen wir das Vorliegen von Zufallsvariation in der Wirkung von Intergruppenkontakt anhand eines *Random-Slope*-Modells (Model 2). Schließlich überprüfen wir den theoretisch vermuteten *Cross-Level*-Interaktionseffekt zwischen Intergruppenkontakt und dem prozentualen Immigrantenanteil auf Fremdenfeindlichkeit in Form eines *Intercept-And-Slope-As-outcome*-Modells (Model 3). Den Mplus-Input und die entsprechende Syntax zur Schätzung des Nullmodells zeigt Abbildung 5.2.

Die Zweiebenen-Struktur der Daten spezifizieren mit der Option CLUSTER im Befehlsblock VARIABLE. Wie erwähnt kodiert die Variable „country" das Herkunftsland der Befragten. Die Variable „country" wird in der eigentlichen Analyse nicht berücksichtigt und ist deshalb in der Option USEVARIABLES nicht aufgeführt. Grundsätzlich werden in Mplus Mehrebenenanalysen im Befehlsblock ANALYSIS mit der Option TYPE IS TWOLEVEL angefordert; in Kombination mit dem Befehl BASIC erhalten wir auf diese Weise die gewünschten Informationen zum *Intraclass Correlation Coefficient* (ICC) sowie einige zusätzliche deskriptive Statistiken der Variablen „disc".

ANALYSIS: TYPE IS TWOLEVEL BASIC;

Für diesen ersten Arbeitsschritt wird der Befehlsblock MODEL nicht benötigt. Mplus erlaubt bei der Analyse von Querschnittdaten lediglich die Unterscheidung von zwei Analyseebenen – daher auch die Benennung der Option TWOLEVEL. Die Option TWOLEVEL COMPLEX ermöglicht zwar die Korrektur der Standardfehler und χ^2-Statistiken für eine zusätzliche Ebene in den zu analysierenden Daten. Da hierbei jedoch keine ebenenspezifischen Parameter geschätzt werden, gehen wir auf diese Option nicht weiter ein. Des Weiteren können bei der Modellierung von Paneldaten in Mplus bis zu drei Analyseebenen unterschieden werden, z.B. in Form wiederholter Messungen (Ebene 1) innerhalb von Personen (Ebene 2), und Personen innerhalb von räumlichen Kontexten (Ebene 3). Diese Modelle werden in diesem Band jedoch nicht behandelt. Betrachten wir stattdessen die zentralen Bestandteile des Mplus-Outputs, der auch hier mit einer Zusammenfassung der Daten beginnt.

```
Mplus - [Twolevel_Basic.inp]
 File  Edit  View  Mplus  Graph  Window  Help

 TITLE:      Mehrebenenanalyse
             Nullmodell

 DATA:       FILE IS EB47_1_Twolevel.dat;

 VARIABLE:   NAMES ARE country contact percent disc;
             CLUSTER IS country;
             USEVARIABLES IS disc;
             MISSING ARE ALL (99);

 ANALYSIS: TYPE IS TWOLEVEL BASIC;
```

Abbildung 5.2: Mplus-Input zur Schätzung des ICC mittels TYPE = TWOLEVEL BASIC

Bei dem in Kasten 5.1 dargestellten Output finden sich zunächst Angaben zur Anzahl der Kontexteinheiten („Number of clusters"); im vorliegenden Beispiel sind dies die 15 in der Eurobarometer-Umfrage berücksichtigten Länder. Des Weiteren enthält der Output Angaben zur Anzahl der Beobachtungen pro Kontexteinheit („size") und zur mittleren Anzahl der Beobachtungen pro Kontexteinheit („Average cluster size"). So stehen pro Kontexteinheit durchschnittlich ca. 892 Beobachtungen zur Verfügung. Hiernach folgt die Darstellung des *Intraclass Correlation Coefficient* (ICC) für die zur Messung von Fremdenfeindlichkeit verwendete Variable „disc". Mit einem ICC = .09 können wir davon ausgehen, das bis zu 9% der Gesamtvarianz in Fremdenfeindlichkeit auf Unterschiede zwischen den Ländern zurückgeführt werden können. Damit liegt auf der Kontextebene der Länder hinreichend Variation zur Durchführung einer Mehrebenenanalyse vor.

Kasten 5.1: Ausschnitt aus dem Mplus-Output zur Schätzung des ICC von Fremdenfeindlichkeit mittels TYPE = TWOLEVEL BASIC

```
SUMMARY OF DATA

    Number of missing data patterns           1
    Number of clusters                       15

       Size (s)    Cluster ID with Size s

        532         6
        701         8
        819         5
        822        12
        832         2
        835        15
        839        16
        850        11
        869         7
        876        14
        885         1
        910         3
        911        10
       1087         9
       1609         4


    Average cluster size      891.800

    Estimated Intraclass Correlations for the Y Variables

                 Intraclass
     Variable    Correlation

     DISC          0.090
```

Darüber hinaus enthält der Mplus-Output hier nicht gesondert dargestellte Angaben zu den Mittelwerten und (Ko-)Varianzen von Fremdenfeindlichkeit auf der Individual- und Kontextebene. So beträgt die Varianz für Fremdenfeindlichkeit auf der Kontextebene τ_{00} = .061 und auf der Individualebene σ^2 = .615. Auch hiermit können wir den ICC für Fremdenfeindlichkeit bestimmen: .061/(.061 + .615) = .09. Wir verzichten an dieser Stelle auf die Schätzung einer Varianzanalyse mit Zufallseffekten, da der ICC in Mplus bereits durch den Befehl TYPE = TWOLEVEL BASIC automatisch ausgewiesen wird. Stattdessen schätzen wir nun ein *Intercept-As-Outcome*-Modell mit den unabhängigen Variablen „contact" auf der Individual- und „percent" auf der Kontextebene. Wie erwähnt konzipieren wir in diesem Modell (1) den Parameterschätzer für Intergruppenkontakt als *fixed effect* ohne Zufallsvariation auf der Kontextebene. Abbildung 5.3 stellt den entsprechenden Mplus-Input dar.

```
Mplus - [MLM_Intercept_as_outcome.inp]
  File  Edit  View  Mplus  Graph  Window  Help

  □ ☞ ⊟ | ✗ ⬚ ⬚ ⬚ | RUN | ✓ | ⬚ ⬚ | ⬚ ⬚ ⬚ | ⬚ ⬚ ⬚ | ?

    TITLE:     Mehrebenenanalyse
               Intercept-as-outcome-model

    DATA:      FILE IS EB47_1_Twolevel.dat;

    VARIABLE:  NAMES ARE country contact percent disc;
               MISSING ARE ALL (99);
               CLUSTER IS country;
               BETWEEN IS percent;
               WITHIN IS contact;

               CENTERING IS GRANDMEAN (percent);

    ANALYSIS:  TYPE IS TWOLEVEL;

    MODEL:     %WITHIN%
               disc ON contact;

               %BETWEEN%
               disc ON percent;

    OUTPUT:    STDYX;
```

Abbildung 5.3: Mplus-Input zur Spezifikation eines *Intercept-As-Outcome*-Modells für die Wirkung von Intergruppenkontakt und des prozentualen Immigrantenanteils auf Fremdenfeindlichkeit

Abbildung 5.3 zeigt im Befehlsblock VARIABLE mehrere neue Optionen. Die BETWEEN-Option definiert eine Variable als reines Kontextmerkmal ohne Variation auf der Individualebene. Die Kennzeichnung einer ausschließlich auf der Kontextebene gemessenen Variablen mit Hilfe der BETWEEN-Option ist deswegen notwendig, da Mplus anderenfalls versuchen würde, die Gesamtvariation dieses Kontextmerkmals in Variation auf der Individual- und der Kontextebene zu zerlegen. Ohne Variation auf der Individualebene ist dies aber nicht möglich. Beispielsweise kann der durch die Variable „percent" erfasste prozentuale Immigrantenanteil je Land definitionsgemäß nur zwischen den Ländern, nicht aber innerhalb der Länder variieren. Eine fehlende Kennzeichnung der Variablen „percent" durch die BETWEEN-Option würde deshalb zu folgender Fehlermeldung führen:

Kasten 5.2: Mplus-Fehlermeldung bei fehlender Kennzeichnung einer Kontextvariable durch die BETWEEN-Option

```
THE ESTIMATED WITHIN COVARIANCE MATRIX IS NOT POSITIVE DEFINITE AS IT
SHOULD BE.  COMPUTATION COULD NOT BE COMPLETED.
THE VARIANCE OF PERCENT APPROACHES 0.  FIX THIS VARIANCE AND THE
CORRESPONDING COVARIANCES TO 0, DECREASE THE MINIMUM VARIANCE, OR
SPECIFY THE VARIABLE AS A BETWEEN VARIABLE.

THE MODEL ESTIMATION DID NOT TERMINATE NORMALLY DUE TO AN ERROR IN THE
COMPUTATION.  CHANGE YOUR MODEL AND/OR STARTING VALUES.
```

Die WITHIN-Option legt fest, dass eine auf der Individualebene gemessene Variable ausschließlich auf der Individualebene verwendet wird. In unserem Anwendungsbeispiel liegt genau dieser Fall vor. In Anlehnung an Wagner & Van Dick (2001) untersuchen wir die

Wirkung von Intergruppenkontakt auf Fremdenfeindlichkeit allein auf der Ebene der Befragten. Die entsprechende Mplus-Syntax lautet:

```
VARIABLE:    WITHIN IS contact;
```

Die `WITHIN`-Option ist auch zu wählen, wenn eine auf der Individualebene gemessene unabhängige Variable nur extrem geringe oder keine Varianz auf der Kontextebene aufweist. Hierdurch können Probleme bei der Modellschätzung vermieden werden. Unabhängige Variablen auf der Individualebene, die nicht als `WITHIN`-Variablen definiert sind, können in aggregierter Form auch als unabhängige Variablen auf der Kontextebene dienen. Auf solche analytische Kontextvariablen gehen wir in Abschnitt 5.3 genauer ein.

Die `CENTERING`-Option ermöglicht die Durchführung unterschiedlicher Zentrierungen für Variablen auf der Individual- und Kontextebene. Zentrierungen kommt unter anderem deswegen ein hoher Stellenwert zu, da sie zur Festlegung eines inhaltlich plausiblen Nullpunktes für unabhängige Variablen dienen.

Für auf der Individualebene gemessene Variablen kann bei Mehrebenenanalysen eine Zentrierung am Gesamtmittelwert (*grandmean centering*) oder eine Zentrierung an den kontextspezifischen Mittelwerten der Variablen (*groupmean centering*) durchgeführt werden. In unserem Anwendungsbeispiel haben wir für die unabhängige Variable Intergruppenkontakt aufgrund des gut interpretierbaren Nullpunktes der Originalmetrik (0 = kein Intergruppenkontakt, 1 = Intergruppenkontakt) und im Sinne einer weitgehenden Übereinstimmung mit der Originaluntersuchung (Wagner und Van Dick, 2001) keine Zentrierung vorgenommen. Dennoch skizzieren wir an dieser Stelle kurz die wichtigsten Merkmale der beiden Zentrierungsformen (Enders & Tofighi, 2007). So würde bei einer *Grandmean*-Zentrierung der unabhängigen Variablen Intergruppenkontakt der Gesamtdurchschnittswert von Intergruppenkontakt von den individuellen Beobachtungswerten abgezogen. Die hierzu erforderliche Mplus-Syntax lautet:

```
VARIABLE:    CENTERING IS GRANDMEAN (contact);
```

Hingegen würden bei einer *Groupmean*-Zentrierung von Intergruppenkontakt die kontextspezifischen Durchschnittswerte pro Land von den individuellen Beobachtungswerten abgezogen. Die Mplus-Syntax lautet:

```
VARIABLE:    CENTERING IS GROUPMEAN (contact);
```

Zu beachten sind die unterschiedlichen Implikationen von *Grandmean*- und *Groupmean*-Zentrierung für die Interpretation der Regressionskonstante und deren Varianz. Bei der *Grandmean*-Zentrierung stellt die Regressionskonstante den Erwartungswert der abhängigen Variablen für ein Individuum dar, dessen Wert in der unabhängigen Variable dem Stichprobenmittelwert in dieser Variable gleicht. Die Varianz der Regressionskonstante entspricht somit der Variation der um Kontextunterschiede in der unabhängigen Variablen adjustierten Mittelwerte. Bei der *Groupmean*-Zentrierung stellt die Regressionskonstante den Erwartungswert der abhängigen Variablen für ein Individuum dar, dessen Wert in der unabhängigen Variable dem jeweiligen kontextspezifischen Mittelwert gleicht. Die Varianz der Regressionskonstante entspricht somit der Variation der einfachen Mittelwerte, die nicht um Kontextunterschiede in der unabhängigen Variablen adjustiert wurden. Auf die Interpretation der Regressionskoeffizienten für *Groupmean*-zentrierte Variablen gehen wir in Abschnitt 5.3 näher ein. Von einer umfassenderen Erläuterung der Konsequenzen unterschiedlicher Zentrierungsformen für Individualvariablen sehen wir an dieser Stelle bewusst ab. Sehr gute

Überblicksartikel zu diesem Bereich finden sich bei Ditton (1998), Enders und Tofighi (2007) sowie Hofman und Gavin (1998).

Für unabhängige Variablen auf der Kontextebene kann definitionsgemäß nur eine *Grandmean*-Zentrierung durchgeführt werden (Enders & Tofighi, 2007). In unserem Anwendungsbeispiel führen wir zur einfacheren Interpretierbarkeit der Regressionskonstanten und der im Interaktionsmodell mitberücksichtigten Haupteffekte eine *Grandmean*-Zentrierung der Kontextvariablen „percent" durch. Dies bedeutet, dass von allen Beobachtungen auf der Kontextebene der arithmetische Gesamtmittelwert der Kontextvariablen „percent" abgezogen wird. Der entsprechende Syntaxbefehl lautet:

```
VARIABLES:  CENTERING IS GRANDMEAN (percent);
```

Nach dieser Zentrierung entspricht die Regressionskonstante dem Wert der abhängigen Variablen Fremdenfeindlichkeit für Befragte ohne Intergruppenkontakt (Referenzkategorie = 0) in einem Land mit mittleren prozentualen Immigrantenanteil.

Im Befehlsblock MODEL definieren wir die separaten Modelle auf der Individual- (%WITHIN%) und der Kontextebene (%BETWEEN%). Auf der Individualebene modellieren wir Unterschiede in Fremdenfeindlichkeit zwischen Personen innerhalb von Ländern. Der Syntaxbefehl für die Regression mit Intergruppenkontakt als unabhängige Variable und Fremdenfeindlichkeit als abhängige Variable lautet:

```
MODEL:      %WITHIN%

            disc ON contact;
```

Auf der Kontextebene modellieren wir Unterschiede im mittleren Ausmaß an Fremdenfeindlichkeit zwischen den Ländern. Das entsprechende Regressionsmodell für den prozentualen Immigrantenanteil als unabhängige und Fremdenfeindlichkeit als abhängige Variable lautet:

```
MODEL:      %BETWEEN%

            disc ON perc;
```

Bei TYPE = TWOLEVEL-Analysen verwendet Mplus in der hier beibehaltenen Standardeinstellung einen *Maximum-Likelihood*-Schätzer mit robusten Standardfehlern (MLR). Kasten 5.3 zeigt die Analyseergebnisse.

Wir betrachten zunächst die bei Mehrebenenanalysen häufig verwendeten unstandardisierten Parameterschätzer. Die zusätzlich angeforderten standardisierten Parameterschätzer nutzen wir weiter unten zur Bestimmung des Anteils statistisch aufgeklärter Varianz (R^2) auf der Individual- und der Kontextebene. Auf der Individualebene zeigen die Ergebnisse einen signifikant negativen Effekt von Intergruppenkontakt auf Fremdenfeindlichkeit (-.295, $p < .001$). Demnach weisen Befragte mit Intergruppenkontakt im Vergleich zu Befragten ohne Intergruppenkontakt ein um .295 Skaleneinheiten geringeres Ausmaß an Fremdenfeindlichkeit auf. Auf der Kontextebene wird für den prozentualen Immigrantenanteil ein signifikant positiver Effekt auf Fremdenfeindlichkeit ausgewiesen (.11, $p < .001$). Demzufolge geht eine Zunahme des prozentualen Immigrantenanteils um einen Prozent mit einer Zunahme im mittleren Ausmaß an Fremdenfeindlichkeit um .11 Skaleneinheiten einher. Im Output der standardisierten Lösung wird der Anteil statistisch aufgeklärter Varianz (R^2) für die Individual- und Kontextebene ausgegeben (Kasten 5.4).

Kasten 5.3: Ausschnitt aus dem Mplus-Output des *Intercept-As-Outcome*-Modells zur Wirkung von Intergruppenkontakt und des prozentualen Immigrantenanteils auf Fremdenfeindlichkeit

```
MODEL RESULTS

                                                        Two-Tailed
                        Estimate      S.E.   Est./S.E.   P-Value

Within Level

 DISC       ON
    CONTACT          -0.295      0.041     -7.203      0.000

 Residual Variances
    DISC             0.595      0.032     18.778      0.000

Between Level

 DISC       ON
    PERCENT          0.110      0.021      5.245      0.000

 Intercepts
    DISC             3.155      0.084     37.358      0.000

 Residual Variances
    DISC             0.027      0.009      2.826      0.005
```

Kasten 5.4: Ausschnitt aus dem Mplus-Output zum Anteil statistisch aufgeklärter Varianz des *Intercept-As-
Outcome*-Modells zur Wirkung von Intergruppenkontakt und des prozentualen Immigrantenanteils auf Fremdenfeindlichkeit

```
R-SQUARE

Within Level

    Observed                                 Two-Tailed
    Variable      Estimate      S.E.   Est./S.E.   P-Value

    DISC          0.035      0.008      4.221      0.000

Between Level

    Observed                                 Two-Tailed
    Variable      Estimate      S.E.   Est./S.E.   P-Value

    DISC          0.600      0.138      4.342      0.000
```

Auf der Individualebene erklärt Intergruppenkontakt 3.5% der Unterschiede zwischen Personen innerhalb von Ländern in Fremdenfeindlichkeit. Auf der Kontextebene erklärt der prozentuale Immigrantenanteil 60% der Unterschiede im mittleren Ausmaß von Fremdenfeindlichkeit zwischen den Ländern. Bei der Bewertung dieser Ergebnisse sind die eingangs dargestellten Varianzanteile auf der Kontext- und der Individualebene zu beachten. Vereinfacht
ausgedrückt können wir festhalten, dass durch den prozentualen Immigrantenanteil ein relativ hoher Anteil (60%) von einem vergleichsweise geringen Anteil erklärbarer Varianz (9%)
aufgeklärt wird.

In Model (2) überprüfen wir, ob und in welchem Ausmaß der negative Effekt von Intergruppenkontakt auf Fremdenfeindlichkeit zwischen den Ländern variiert. Die entsprechende
Mplus-Syntax zeigt Abbildung 5.4.

Die zur Schätzung von *random-slope*-Modellen in Mplus erforderliche `TYPE IS TWO-LEVEL`-Option muss zunächst um den Befehl `RANDOM` erweitert werden:

`ANALYSIS:    TYPE IS TWOLEVEL RANDOM;`

Den Syntaxbefehl zur Spezifikation des *random slopes* von Intergruppenkontakt formulieren wir in dem `%WITHIN%`-Abschnitt. Die Befehlszeile lautet:

`MODEL:      s | disc ON contact;`

```
Mplus - [Twolevel_random_slope.inp]
 File  Edit  View  Mplus  Graph  Window  Help


   TITLE:     Mehrebenenanalyse
              random-slope-model

   DATA:      FILE IS EB47_1_Twolevel.dat;

   VARIABLE: NAMES ARE country contact percent disc;
             CLUSTER IS country;
             MISSING ARE ALL (99);
             BETWEEN IS percent;
             WITHIN IS contact;

             CENTERING IS GRANDMEAN (percent);

   ANALYSIS: TYPE IS TWOLEVEL RANDOM;

   MODEL:     %WITHIN%
              s | disc ON contact;    ! Spezifikation des random slopes
                                      ! von Intergruppenkontakt

              %BETWEEN%
              disc ON percent;

              s WITH disc;            ! Kovarianz zwischen random intercept
                                      ! und random slope
```

Abbildung 5.4: Mplus-Input zur Spezifikation eines *Random-Slope*-Modells für die Wirkung von Intergruppenkon-takt und des prozentualen Immigrantenanteils auf Fremdenfeindlichkeit

Random slopes werden in Mplus generell durch einen senkrechten Strich („|") spezifiziert. Den *random slope* unseres Beispiels kennzeichnen wir durch den Buchstaben „s". Es kön-nen aber auch andere Benennungen gewählt werden (z.B. „slope_1"). Die Syntax im `%BET-WEEN%`-Abschnitt bleibt im Vergleich zu Modell (1) unverändert, jedoch ermöglichen wir in diesem Modell zusätzlich eine Kovariation zwischen den auf der Kontextebene zufällig vari-ierenden mittleren Werten von Fremdenfeindlichkeit (*random intercepts*) und Regressions-koeffizienten von Intergruppenkontakt (*random slopes*) (Hox, 2010, S. 18; Snijders & Bosker, 1999). Die entsprechende Befehlszeile in der `BETWEEN`-Option lautet:

`MODEL:      %BETWEEN%`

`            s WITH disc;`

Da in Mplus für die Option `TWOLEVEL RANDOM` keine standardisierten Lösungen erhältlich sind, entfernen wir die Option `STDYX` in dem Befehlsblock `OUTPUT`. Die Ergebnisse dieser Analyse enthält Kasten 5.5.

Kasten 5.5: Ausschnitt aus dem Mplus-Output des *Random-Slope*-Modells für die Wirkung von Intergruppenkontakt und des prozentualen Immigrantenanteils auf Fremdenfeindlichkeit

```
MODEL RESULTS

                                                    Two-Tailed
                    Estimate     S.E.    Est./S.E.    P-Value

Within Level

  Residual Variances
    DISC            0.590       0.032     18.530      0.000

Between Level

  DISC       ON
    PERCENT         0.058       0.019      3.037      0.002

  S          WITH
    DISC           -0.056       0.021     -2.666      0.008

  Means
    S              -0.292       0.042     -6.927      0.000

  Intercepts
    DISC            3.148       0.100     31.522      0.000

  Variances
    S               0.024       0.009      2.680      0.007

  Residual Variances
    DISC            0.147       0.055      2.661      0.008
```

Im %WITHIN%-Abschnitt des Outputs ist lediglich die Residualvarianz für die abhängige Variable Fremdenfeindlichkeit ausgewiesen. Alle übrigen Informationen sind im %BET-WEEN%-Abschnitt aufgeführt. Hierbei wird der durchschnittliche Effekt von Intergruppen-kontakt auf Fremdenfeindlichkeit als „Means" bezeichnet. Wie im Vorgängermodell ist der Parameterschätzer signifikant negativ (-.292, p < .001). Die in diesem Modell besonders interessierende Schätzung der Varianz dieses Effekts auf der Kontextebene findet sich im Output unter der Bezeichnung „Variances". Diese Varianz beträgt .024 und ist signifikant von 0 verschieden (p < .01); strenggenommen wären hier die p-Werte eines einseitigen Signifikanztests vorzuziehen, da ein negativer Wertebereich für Varianzen bekanntermaßen empirisch nicht definiert ist. Für die Kovarianz zwischen dem *random intercept* von Fremdenfeindlichkeit und dem *random slope* von Intergruppenkontakt wird ein signifikant negativer Schätzer angezeigt (-.056, p < .001). Dies bedeutet, dass in Kontexten mit einem höheren Niveau an Fremdenfeindlichkeit im Durchschnitt ein stärkerer negativer Effekt von Intergruppenkontakt auf Fremdenfeindlichkeit vorliegt.

Ob die Variation in der Wirkung von Intergruppenkontakt auf Fremdenfeindlichkeit durch Unterschiede im prozentualen Immigrantenanteil zurückgeführt werden kann oder nicht, überprüfen wir in Modell (3). Abbildung 5.5 stellt die hierzu erforderliche Syntax dar.

Die einzige Syntax-Modifikation im Vergleich zu Modell (2) besteht darin, dass wir auf der %BETWEEN%-Ebene mittels der ON-Option die Regression zwischen der unabhängigen Kontextvariable „percent" und dem *random slope* „S" als abhängige Variable spezifizieren. Aus genau diesem Grund wird der durchschnittliche Effekt von Intergruppenkontakt auf Fremdenfeindlichkeit im %BETWEEN%-Abschnitt des in Kasten 5.6 dargestellten Outputs von Modell (3) nunmehr unter der Überschrift „Intercepts"/„S" ausgewiesen. Der eigentlich interessierende *Cross-Level*-Interaktionseffekt ist bereits in der ersten Zeile des %BET-WEEN%-Abschnittes wiedergegeben.

```
Mplus - [Intercept_slope_as_outcome.inp]
File  Edit  View  Mplus  Graph  Window  Help

TITLE:       Mehrebenenanalyse
             intercept-and-slope-as-outcome-model

DATA:        FILE IS EB47_1_Twolevel.dat;

VARIABLE:    NAMES ARE country contact percent disc;
             CLUSTER IS country;
             MISSING ARE ALL (99);
             BETWEEN IS contact;
             WITHIN IS percent;

             CENTERING IS GRANDMEAN (percent);

ANALYSIS:    TYPE IS TWOLEVEL RANDOM;

MODEL:       %WITHIN%
             s | disc ON contact;    ! Spezifikation des random slopes
                                      ! von Intergruppenkontakt

             %BETWEEN%
             s disc ON percent;       ! Cross-level-Interaktionseffekt

             s with disc;             ! Kovarianz zwischen random intercept
                                      ! und random slope
```

Abbildung 5.5: Mplus-Input zur Spezifikation eines *Intercept-And-Slope-As-Outcome*-Modells für die Wirkung von Intergruppenkontakt und des prozentualen Immigrantenanteils auf Fremdenfeindlichkeit

Das Ergebnis zeigt: Der *Cross-Level*-Interaktionseffekt zwischen Intergruppenkontakt auf der Individualebene und dem prozentualen Immigrantenanteil auf der Kontextebene ist signifikant negativ (-.061, $p < .001$). Die statistische Relevanz dieses Interaktionseffekts wird zudem dadurch unterstützt, dass die Varianz des *random slope* „S" im Vergleich zum Vorgängermodell von .024 auf .012 reduziert wurde. Diese Werte können, wenn gewünscht, zur separaten Berechnung des Anteils statistisch aufgeklärter Varianz (R^2) für die Varianz des *random slopes* genutzt werden (Snijders & Bosker, 1999); wir hatten bereits darauf hingewiesen, dass für Mehrebenenmodelle mit *random slopes* im Mplus-Output kein R^2 erhältlich ist. Besonders interessant ist der *Cross-Level*-Interaktionseffekt aus inhaltlicher Perspektive. Das negative Vorzeichen des Interaktionsterms bedeutet, dass der negative Effekt von Intergruppenkontakt auf Fremdenfeindlichkeit zunimmt, je höher der prozentuale Immigrantenanteil in einem Land ist. Steigt der prozentuale Immigrantenanteil um eine Einheit, verstärkt sich der negative Effekt von Intergruppenkontakt um $-.061$ Skaleneinheiten. Somit lässt sich festhalten, dass persönlicher Intergruppenkontakt eine effektive Strategie zur Vorbeugung der Zunahme fremdenfeindlicher Einstellungen darstellt (Wagner & Van Dick, 2001).

Kasten 5.6: Ausschnitt aus dem Mplus-Output des *Intercept-And-Slope-As-Outcome*-Modells für die Wirkung von Intergruppenkontakt und des prozentualen Immigrantenanteils auf Fremdenfeindlichkeit

```
MODEL RESULTS

                                                      Two-Tailed
                      Estimate     S.E.   Est./S.E.    P-Value

Within Level

  Residual Variances
    DISC              0.590        0.032    18.528      0.000

Between Level

  S          ON
    PERCENT          -0.061        0.015    -4.115      0.000

  DISC       ON
    PERCENT           0.195        0.040     4.818      0.000

  S          WITH
    DISC             -0.028        0.014    -1.977      0.048

  Intercepts
    DISC              3.173        0.083    38.164      0.000
    S                -0.303        0.034    -8.950      0.000

  Residual Variances
    DISC              0.084        0.036     2.346      0.019
    S                 0.012        0.006     1.872      0.061
```

5.3 Mehrebenenanalyse von Individual- und analytischen Aggregatvariablen

Intergruppenkontakt wurde im vorhergehenden Anwendungsbeispiel als unabhängige Variable auf der Individualebene spezifiziert (Wagner & Van Dick, 2001). Generell ist im Rahmen von Mehrebenenanalysen jedoch zu beachten, dass bei einer auf der Individualebene gemessenen unabhängigen Variablen bedeutsame Anteile der Gesamtvarianz auf die Zugehörigkeit der Merkmalsträger zu verschiedenen Kontexteinheiten zurückgehen können. Aus diesem Grund kann ein vermeintlicher „Individualeffekt" dieser Variablen tatsächlich eine schwierig zu interpretierende Mischung aus Effekten innerhalb und zwischen den Kontexteinheiten darstellen (Ditton 1998, S. 87; Raudenbush & Bryk, 2002, S. 139). Eine angemessene Schätzung der Effekte der unabhängigen Variablen innerhalb und zwischen den Kontexteinheiten ermöglicht hingegen die Zentrierung der Beobachtungen am Mittelwert $\overline{X}_{\cdot j}$ der jeweiligen Kontexteinheit (*Groupmean*-Zentrierung). Hierbei wird von den individuellen Beobachtungen der jeweilige arithmetische Mittelwert der Kontexteinheit abgezogen. In die Regressionsgleichung auf der Individualebene fließen dann die Abweichungen der individuellen Beobachtungen vom kontextspezifischen Mittelwert ein. Die entsprechende Modellgleichung auf der Individualebene lautet:

$$Y_{ij} = \beta_{0j} + \beta_{1j}(X_{ij} - \overline{X}_{\cdot j}) + r_{ij} \tag{5.10}$$

Unterschiede in der abhängigen Variablen Y_{ij} zwischen den Individuen i in Kontexteinheit j stellen eine Funktion der Regressionskonstanten β_{0j} für Kontexteinheit j, des Regressionskoeffizienten β_{1j} der unabhängigen Variablen X_{ij} sowie des Residuums r_{ij} dar. Die Beobachtungen für die unabhängige Variable X_{ij} werden jedoch nicht in der Originalmetrik verwendet, sondern am arithmetischen Mittelwert $\overline{X}_{\bullet j}$ der jeweiligen Kontexteinheit vor der eigentlichen Analyse zentriert. Für unser Anwendungsbeispiel bedeutet dies, dass von den individuellen Beobachtungen der unabhängigen Variablen Intergruppenkontakt der jeweilige arithmetische Mittelwert pro Kontexteinheit abgezogen wird. Die Aufnahme der Mittelwerte $\overline{X}_{\bullet j}$ in das Modell für die Kontextebene als sogenannte analytische Aggregatvariable (Lazarsfeld & Menzel, 1961) ermöglicht dann die Schätzung des Effekts der aggregrierten Intergruppenkontakte zwischen den Kontexteinheiten. Die entsprechende Modellgleichung auf der Kontextebene lautet:

$$\beta_{0j} = \gamma_{00} + \gamma_{01}\overline{X}_{\bullet j} + \gamma_{02}W_j + u_{0j} \tag{5.11}$$

$$\beta_{1j} = \gamma_{10} \tag{5.12}$$

Hierbei repräsentiert γ_{00} den Stichprobenmittelwert der abhängigen Variablen für den Fall, dass die unabhängigen Variablen auf der Kontextebene den Wert 0 aufweisen. Der Einfluss von $\overline{X}_{\bullet j}$ auf die Ausprägung der Regressionskonstanten β_{0j} wird durch den Regressionskoeffizienten γ_{01} dargestellt. W_j steht für eine auf der Kontextebene gemessene zusätzliche unabhängige Variable, deren Effekt auf die Regressionskonstante durch den Regressionskoeffizienten γ_{02} erfasst wird. u_{0j} stellt das Residuum für kontextspezifische Abweichungen der Vorhersagewerte dar. Vereinfachend gehen wir davon aus, dass der Regressionskoeffizient β_{1j} zwischen den Kontexteinheiten nicht variiert und somit dem durchschnittlichen Effekt der unabhängigen Variablen entspricht. Diese Annahme ist jedoch von der hier dargestellten *Groupmean*-Zentrierung unabhängig.

Im folgenden Abschnitt demonstrieren wir, wie eine solche Effektzerlegung einer auf der Individualebene gemessenen unabhängigen Variablen bei Mehrebenenanalysen in Mplus unkompliziert in der Praxis durchgeführt wird. Zur Veranschaulichung greifen wir hierbei auf eine von Wagner, Christ, Pettigrew, Stellmacher und Wolf (2006) durchgeführte Studie zurück. Die empirische Grundlage dieser Studie bildeten Daten des GMF-Survey 2002 von insgesamt 2 722 Mitgliedern der Deutschen Bevölkerung (Individualebene) aus den sozialräumlichen Einheiten von 418 Kreisen (Kontextebene). Auch in dieser Studie stand die Rolle von Intergruppenkontakt und des prozentualen Immigrantenanteils für die Erklärung von Fremdenfeindlichkeit im Mittelpunkt des Forschungsinteresses. Anders als in der Untersuchung von Wagner & Van Dick (2001) wurde in dieser Studie jedoch explizit zwischen den Effekten von Intergruppenkontakt auf der Individual- und der Kontextebene unterschieden. An dieser Stelle sei angemerkt, dass ein solches Vorgehen keinesfalls immer von inhaltlichem Interesse oder statistisch erforderlich sein muss (Enders & Tofighi, 2007). Beispielsweise zeigen ergänzende Berechnungen, dass das Aggregatmaß von Intergruppenkontakt in der Untersuchung von Wagner & Van Dick (2001) keinen statistisch signifikanten Effekt auf Fremdenfeindlichkeit ausübt, so dass auf eine Effektzerlegung verzichtet werden kann. Grundsätzlich eröffnet die Unterscheidung von Individual- und Aggregatwirkungen einer auf der Individualebene gemessenen unabhängigen Variablen jedoch zahlreiche interessante Analyseoptionen. Die in unserem Anwendungsbeispiel in Anlehnung an Wagner et al. (2006) untersuchten Variablenbeziehungen veranschaulicht Abb. 5.6.

In diesem Anwendungsbeispiel wird auf der Individualebene (WITHIN) für Intergruppenkontakt eine negative Wirkung auf Fremdenfeindlichkeit erwartet. Auf der Kontextebene
(BETWEEN) ermöglicht das durchschnittliche Niveau von Intergruppenkontakt als analytische Aggregatvariable die Beantwortung der Frage, ob auf der Kreisebene wie erwartet ein
höheres mittleres Niveau an Intergruppenkontakt mit einem niedrigeren mittleren Niveau an
Fremdenfeindlichkeit einhergeht oder nicht. Die Grafik zeigt, dass das mittlere Ausmaß von
Intergruppenkontakt als latente unabhängige Variable geschätzt wird. Auf diese Besonderheit von Mplus gehen wir weiter unten noch genauer ein (Muthén & Asparouhov, 2011, S.
16f; Asparouhov & Muthén, 2006). Schließlich übt der prozentuale Immigrantenanteil nach
Berücksichtigung des mittleren Ausmaßes an Intergruppenkontakt annahmegemäß keine
direkte Wirkung auf das mittlere Ausmaß an Fremdenfeindlichkeit mehr aus, wird aber aus
Anschauungsgründen im Modell beibehalten.

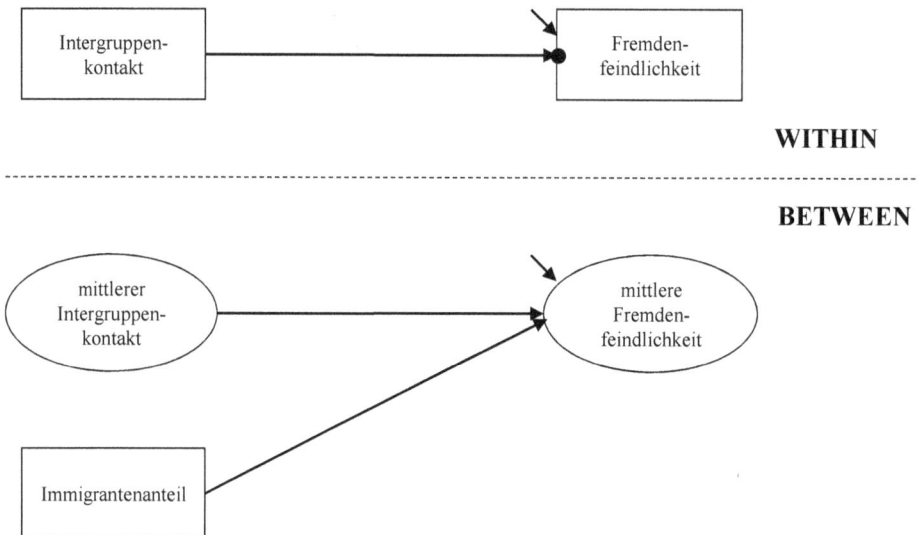

Abbildung 5.6: *Intercept-As-Outcome*-Modell für die Wirkung von individuellem und aggregiertem Intergruppenkontakt und des prozentualen Immigrantenanteils auf Fremdenfeindlichkeit

Für den empirischen Test dieses Modells verwenden wir den Datensatz „GMF02_
Querschnitt_MLM.sav". Abbildung 5.7 stellt die Variablenansicht dieses Datensatzes in
SPSS dar und informiert über die Variablennamen und Item-Formulierungen.

	Name	Typ	Spaltenformat	Dezimalstellen	Variablenlabel
1	qcp_ser	Numerisch	5	0	Id-Nr. des Datensatzes
2	kreis1	Numerisch	5	0	Id-Nr. des Kreises
3	ka03w1r	Numerisch	2	0	Ausländer als Freunde/Bekannte
4	aa01w1r	Numerisch	8	2	Wie oft hat Ihnen ein Ausländer geholfen?
5	aa03w1r	Numerisch	8	2	Interessantes Gespräch mit einem Ausländer geführt?
6	ff04d1r	Numerisch	2	0	Es leben zu viele Ausländer in Deutschland
7	ff08d1r	Numerisch	2	0	Ausländer nach Hause schicken, wenn Arbeitsplätze knapp
8	ff03d1r	Numerisch	2	0	Ausländer sind Belastung fürs soziale Netz
9	tab02_08	Numerisch	11	1	Anteil an Ausländern auf Kreisebene in Prozent
10	contact	Numerisch	8	2	Index aus ka03w1r, aa01w1r, aa03w1r
11	prej	Numerisch	8	2	Index aus ff03d1r, ff04d1r, ff08d1r

Abbildung 5.7: Variablenansicht des Datensatzes „GMF02_Querschnitt_MLM.sav" in SPSS

Die Variable „kreis1" kodiert, aus welchem Kreis die Befragten stammen. Die Variablen „ka03w1r", „aa01w1r" und „aa03w1r" messen individuellen Intergruppenkontakt mit in Deutschland lebenden Immigranten. Individuelle Fremdenfeindlichkeit wird durch die Variablen „ff03d1r", „ff04d1r" und „ff08d1r" erfasst. Alle Items wurden von den Befragten auf einer vierstufigen Antwortskala beantwortet, wobei höhere Werte einer höheren Zustimmung entsprechen. Für die folgenden Analysen wurden die beiden Variablengruppen jeweils zu Summenindizes zusammengefasst, die mit der Variablenanzahl gewichtet wurden. Die Variable „contact" repräsentiert hierbei den auf Grundlage der drei Variablen für Intergruppenkontakt gebildeten Index; die Variable „prej" („prejudice") stellt den Index aus den drei Variablen zur Messung von Fremdenfeindlichkeit dar. Das Kontextmerkmal des prozentualen Immigrantenanteils pro Kreis wird durch die Variable „tab02_08" repräsentiert.

Zu Beginn unserer Analysen informieren wir uns mit Hilfe der Optionen USEVARIABLES und TYPE = TWOLEVEL BASIC über die ICCs und einige deskriptive Kennwerte der Variablen „contact" und „prej". Die in Kasten 5.7 dargestellten Ergebnisse dieser Analyse zeigen, dass bis zu 18.5% der Gesamtvarianz in Intergruppenkontakt (ICC = 0.185) und bis zu 8% der Gesamtvarianz in Fremdenfeindlichkeit (ICC = 0.081) auf Unterschiede zwischen den Kontexteinheiten zurückgeführt werden können.

Kasten 5.7: Ausschnitt aus dem Mplus-Output zur Schätzung des ICC von Intergruppenkontakt und Fremdenfeindlichkeit mittels TYPE = TWOLEVEL BASIC

```
Average cluster size        6.512

    Estimated Intraclass Correlations for the Y Variables

                Intraclass                    Intraclass
    Variable  Correlation     Variable      Correlation

    CONTACT     0.185         PREJ            0.081
```

Zusätzliche deskriptive Informationen enthält Kasten 5.8. Durch die per Mplus-Standardeinstellung vorgenommene Zentrierung am Gruppenmittelwert sind die im WITHIN- Abschnitt dargestellten Mittelwerte der Variablen „contact" und „prej" gleich 0. Von besonderem Interesse sind die im WITHIN- und BETWEEN-Abschnitt des Outputs abgebildeten Korrelationen zwischen Intergruppenkontakt und Fremdenfeindlichkeit auf der Individual- und Kontextebene.

Der Output zeigt, dass die Korrelation zwischen Intergruppenkontakt und Fremdenfeindlichkeit auf der Individualebene einen sehr viel geringeren Wert annimmt (-.355) als die sehr starke negative Korrelation zwischen diesen Variablen auf der Kontextebene (-.955). Bereits diese deskriptiven Ergebnisse verweisen auf die differenzierten Schlussfolgerungen, die aus der separaten Analyse von Zusammenhängen auf der Individual- und Kontextebene resultieren können. Den simultanen Einfluss von Intergruppenkontakt als Individual- und Kontextmerkmal sowie des prozentualen Immigrantenanteils auf die Zielvariable Fremdenfeindlichkeit überprüfen wir nun anhand eines Mehrebenen-Regressionsmodells. Abbildung 5.8 zeigt die hierzu erforderliche Mplus-Syntax.

Kasten 5.8: Ausschnitt aus dem Mplus-Output zur Schätzung der Interkorrelationen von Intergruppenkontakt und Fremdenfeindlichkeit TYPE = TWOLEVEL BASIC

```
ESTIMATED SAMPLE STATISTICS FOR WITHIN


             Means
                CONTACT          PREJ

  1              0.000           0.000


             Covariances
                CONTACT          PREJ

  CONTACT        0.477
  PREJ          -0.198           0.654


             Correlations
                CONTACT          PREJ

  CONTACT        1.000
  PREJ          -0.355           1.000


     ESTIMATED SAMPLE STATISTICS FOR BETWEEN


             Means
                CONTACT          PREJ

  1              2.153           2.294


             Covariances
                CONTACT          PREJ

  CONTACT        0.108
  PREJ          -0.075           0.057


             Correlations
                CONTACT          PREJ

  CONTACT        1.000
  PREJ          -0.955           1.000
```

Im Unterschied zum in Abschnitt 5.2 dargestellten Anwendungsbeispiel ist die Option WITHIN im Befehlsblock VARIABLE nun nicht mehr enthalten. Auf der Individualebene gemessene manifeste Variablen können hierdurch sowohl auf der Individual- wie auch auf der Kontextebene als unabhängige Variablen genutzt werden. Auf Grundlage der manifesten Variablen X_{ij} schätzt Mplus hierzu zwei latente Variablen X_{ijw} und X_{jb}. Vereinfacht ausgedrückt repräsentieren diese beiden latenten Variablen die individuenspezifischen (X_{ijw}) und kontextspezifischen (X_{jb}) Anteile von X_{ij}. Hierbei entspricht X_{ijw} einem „implicit, latent group-mean centering" (Muthén & Muthén 1998–2010, S. 243; vgl. Muthén & Asparouhov, 2011, S. 16) der unabhängigen Variable auf der Individualebene. Der besondere Vorteil dieses Vorgehens ist, dass potenziell verzerrende Einflüsse unterschiedlicher Stichprobengrößen der Kontexteinheiten auf die Zuverlässigkeit der aggregierten Werte von X_{ij} statistisch angemessen berücksichtigt und korrigiert werden (Lüdtke, Marsh, Robitzsch, Trautwein, Asparouhov & Muthén, 2008).

```
Mplus - [Twolevel_Regression.inp]
 File  Edit  View  Mplus  Graph  Window  Help


  TITLE:      Mehrebenenanalyse
              Intergruppenkontakt als Individual- und Kontextvariable

  DATA:       FILE IS GMF02_Querschnitt_MLM.dat;

  VARIABLE: NAMES ARE qcp_ser kreis1 ka03w1r aa01w1r aa03w1r
            ff04d1r ff08d1r ff03d1r tab02_08 contact prej;
            USEVARIABLES ARE contact prej tab02_08;
            MISSING ARE contact prej (99);
            CLUSTER IS kreis1;
            BETWEEN IS tab02_08;

            CENTERING IS GRANDMEAN (tab02_08);

  ANALYSIS: TYPE IS TWOLEVEL;

  MODEL:      %WITHIN%
              prej ON contact;          ! Modellspezifikation auf der Individualebene

              %BETWEEN%
              prej ON contact tab02_08; ! Modellspezifikation auf der Kontextebene
```

Abbildung 5.8: Mplus-Input zur Spezifikation eines *Intercept-As-Outcome*-Modells für die Wirkung von individuellem und aggregiertem Intergruppenkontakt und des prozentualen Immigrantenanteils auf Fremdenfeindlichkeit

Abbildung 5.8 zeigt, dass diese latenten Variablen zur Schätzung des Effekts von Intergruppenkontakt innerhalb und zwischen den Kontexten ohne besonderen Syntaxaufwand in das Modell mit aufgenommen werden können. Wie zuvor definieren wir im Befehlsblock MODEL die Regressionsbeziehungen auf der Individual- (%WITHIN%) und Kontextebene (%BETWEEN%). Auf der Individualebene legen wir anhand der ON-Option Intergruppenkontakt als unabhängige und Fremdenfeindlichkeit als abhängige Variable fest:

```
MODEL:      %WITHIN%

            prej ON contact;
```

Diese Syntax nutzen wir auch auf der Kontextebene, um das mittlere Ausmaß an Intergruppenkontakt pro Kreis als unabhängige Variable und das mittlere Ausmaß an Fremdenfeindlichkeit als abhängige Variable zu definieren. Dabei erweitern wir die Modellgleichung auf
der Kontextebene noch durch die unabhängige Variable des ausschließlich auf der Kontextebene variierenden prozentualen Immigrantenanteils:

MODEL: %BETWEEN%

                prej ON contact tab02_08;

Die Resultate der Modellschätzung sind in Kasten 5.9 wiedergegeben.

Kasten 5.9: Ausschnitt aus dem Mplus-Output des *Intercept-As-Outcome*-Modells für die Wirkung von individuellem und aggregiertem Intergruppenkontakt sowie des prozentualen Immigrantenanteils auf Fremdenfeindlichkeit

```
MODEL RESULTS

                                                  Two-Tailed
                      Estimate      S.E.   Est./S.E.   P-Value

Within Level

  PREJ       ON
    CONTACT           -0.418      0.022   -18.836     0.000

  Residual Variances
    PREJ               0.572      0.015    37.457     0.000

Between Level

  PREJ       ON
    CONTACT           -0.597      0.126    -4.736     0.000
    TAB02_08          -0.007      0.006    -1.082     0.279

  Intercepts
    PREJ               3.577      0.273    13.103     0.000

  Residual Variances
    PREJ               0.004      0.006     0.670     0.503
```

Auf der Individualebene beziehen sich die Ergebnisse auf die Vorhersage von Unterschieden
in Fremdenfeindlichkeit zwischen Befragten innerhalb von Kreisen durch individuelle Unterschiede in Intergruppenkontakt. Der Zusammenhang zwischen Intergruppenkontakt und
Fremdenfeindlichkeit wird hierbei als signifikant negativ ausgewiesen (-.418, p < .001). Dies
bedeutet, dass eine Zunahme in individuellem Intergruppenkontakt um eine Skaleneinheit
mit einer Verringerung in individueller Fremdenfeindlichkeit um .418 Skaleneinheiten einhergeht. Auf der Kontextebene beziehen sich die Ergebnisse auf die Vorhersage von Unterschieden im mittleren Ausmaß an Fremdenfeindlichkeit zwischen Kreisen durch Unterschiede im mittleren Ausmaß von Intergruppenkontakt und Unterschiede im prozentualen Immigrantenanteil. Hinsichtlich der Wirkung aggregierter Intergruppenkontakte zeigt sich ein
signifikant negativer Zusammenhang (-.597, p < .001). Auf der Kontextebene der Kreise
führt demnach eine Zunahme im mittleren Ausmaß an Intergruppenkontakt um eine Skaleneinheit demnach zu einer Verringerung um .597 Skaleneinheiten im mittleren Ausmaß an
Fremdenfeindlichkeit. Der Einfluss des prozentualen Immigrantenanteils auf das mittlere
Ausmaß an Fremdenfeindlichkeit erweist sich als nicht signifikant (-.007, p = .279).

5.4 Mehrebenenanalyse von Kontexteffekten

Die Analyse von Kontexteffekten – die in der Literatur synonym auch als „kompositionelle Effekte" bezeichnet werden (Raudenbush & Bryk, 2002, S. 139) – stellt eine interessante Erweiterung der zuvor dargestellten Unterscheidung von Individual- und Aggregateffekten im Rahmen von Mehrebenenanalysen dar. Definitionsgemäß liegt ein Kontexteffekt dann vor, wenn sich der Aggregateffekt einer auf der Individualebene gemessenen unabhängigen Variablen signifikant von dem Individualeffekt dieser Variablen unterscheidet (Marsh et al., 2009, S. 139; Raudenbush & Bryk, 2002, S. 139ff).

Wir veranschaulichen diese Überlegung anhand des vorherigen Beispiels zur Wirkung von Intergruppenkontakt auf Fremdenfeindlichkeit. Es wurde bereits gezeigt, dass individueller Intergruppenkontakt Unterschiede in Fremdenfeindlichkeit innerhalb von Kontexten erklärt, und das mittlere Ausmaß von Intergruppenkontakt Unterschiede im mittleren Ausmaß von Fremdenfeindlichkeit zwischen Kontexteinheiten vorhersagt. Falls sich die Wirkung von Intergruppenkontakt zwischen den Kontexteinheiten signifikant von der Wirkung von Intergruppenkontakt innerhalb der Kontexteinheiten unterscheidet, ist im Sinne der oben dargestellten Definition von einem Kontexteffekt auszugehen. Unter theoretischen Gesichtspunkten ist solch ein Kontexteffekt von Intergruppenkontakt zum Beispiel aufgrund indirekter Kontakterfahrungen zu erwarten (Christ, Wagner, Hewstone & Tausch, 2011). Indirekte Kontakterfahrungen bedeutet hier, dass die Befragten Personen kennen, die ihrerseits Kontakte mit Immigranten haben. Dieser Kontexteffekt stellt dann den erwarteten Unterschied in Fremdenfeindlichkeit zwischen zwei Personen mit identischem Ausmaß an individuellem Intergruppenkontakt dar, die aus zwei Kontexteinheiten stammen, deren mittleres Ausmaß an Intergruppenkontakt sich um eine Einheit unterscheidet.

Zur statistischen Überprüfung von Kontexteffekten liegen in der Literatur verschiedene Vorschläge vor (Raudenbush & Bryk, 2002, S. 139ff). Wir beschränken uns an dieser Stelle auf die in Gleichung 5.13 vorgestellte Variante, die auf der zuvor erläuterten separaten Schätzung der Effekte innerhalb- und zwischen den Kontexten aufbaut (Muthén & Asparouhov, 2011, S. 16f). Hierbei berechnet sich der Kontexteffekt β_c in technischer Hinsicht als Differenz der Parameterschätzer γ_{01} und γ_{10}, die ihrerseits die Wirkung des aggregierten Individualmerkmals und des *groupmean*-zentrierten Individualmerkmals erfassen (vgl. 5.11 und 5.12):

$$\beta_c = \gamma_{01} - \gamma_{10} \tag{5.13}$$

Weicht diese Differenz statistisch signifikant von 0 ab, liegt ein Kontexteffekt vor – eine eigenständige Wirkung des aggregierten Individualmerkmals auf die Zielvariable, die über die Wirkung des Individualmerkmals hinausreicht. Somit berechnet sich β_c hinsichtlich unseres Anwendungsbeispiels als Differenz der Wirkung aggregierter Intergruppenkontakte und der Wirkung von individuellem Intergruppenkontakt auf Fremdenfeindlichkeit.

Abbildung 5.9 stellt die erforderliche Mplus-Syntax zur Überprüfung des Vorliegens eines Kontexteffekts dar.

```
Mplus - [Twolevel_Contextual.inp]
 File  Edit  View  Mplus  Graph  Window  Help

 ☐ 🖆 🖫   ✂ 🖻 🖺 🖨 RUN ...   ?

   TITLE:     Mehrebenenanalyse/Test eines Kontexteffekts

   DATA:      FILE IS GMF02_Querschnitt_MLM.dat;

   VARIABLE: NAMES ARE qcp_ser kreis1 ka03w1r aa01w1r aa03w1r
             ff04d1r ff08d1r ff03d1r tab02_08 contact prej;
             USEVARIABLES ARE contact prej;
             MISSING ARE contact prej (99);
             CLUSTER IS kreis1;

   ANALYSIS: TYPE IS TWOLEVEL;

   MODEL:     %WITHIN%
              prej ON contact (gamma10);  ! Modellspezifikation auf der Individualebene
                                          ! & Kennzeichnung des Within-Schätzers von
                                          ! Intergruppenkontakt

              %BETWEEN%
              prej ON contact (gamma01);  ! Modellspezifikation auf der Kontextebene
                                          ! & Kennzeichnung des Between-Schätzers von
                                          ! Intergruppenkontakt

              MODEL CONSTRAINT:           ! Anforderung des neuen Parameters beta_c
              new (beta_c);
              beta_c = gamma01 - gamma10; ! Test des Kontexteffekts beta_c
```

Abbildung 5.9: Mplus-Input zur Spezifikation einer Mehrebenenanalyse für die Prüfung eines Kontexteffekts von Intergruppenkontakt auf Fremdenfeindlichkeit

Da der prozentuale Immigrantenanteil nach den Ergebnissen des vorhergehenden Beispiels keine signifikante Wirkung auf das mittlere Ausmaß an Fremdenfeindlichkeit ausübt, wurde diese Variable hier aus Übersichtlichkeitsgründen nicht weiter berücksichtigt. Wie zuvor legen wir im Befehlsblock MODEL Intergruppenkontakt sowohl im %WITHIN% wie auch im %BETWEEN%-Part mittels ON-Befehl als unabhängige Variable zur Vorhersage von Fremdenfeindlichkeit fest. Für die Überprüfung der statistischen Signifikanz des vermuteten Kontexteffekts von Intergruppenkontakt müssen wir zunächst einen neuen Parameter definieren. Hierzu wählen wir unter der Option MODEL CONSTRAINT den Befehl NEW, und geben innerhalb der Klammern eine geeignete Bezeichnung für diesen neuen Parameter an, z.B. (beta_c). Im nächsten Schritt definieren wir (beta_c) als Differenz der Parameterschätzer für Intergruppenkontakt auf der Individual- und Kontextebene. Hierzu müssen diese Parameterschätzer im %WITHIN% und %Between%-Part vor Ausführung der jeweiligen ON-Befehle mit in Klammern eingefügten Bezeichnungen versehen werden. Aus naheliegenden Gründen haben wir uns für die Bezeichnungen (gamma01) und (gamma10) entschieden. Mittels der Befehlszeile

```
MODEL:       MODEL CONSTRAINT:
             NEW(beta_c);
             beta_c = gamma01 - gamma10;
```

führt Mplus dann den gewünschten Signifikanztest des Kontexteffekts durch. Kasten 5.10 zeigt die Analyseergebnisse in Form der unstandardisierten Parameterschätzer.

Kasten 5.10: Ausschnitt aus dem Mplus-Output der Mehrebenenanalyse für die Prüfung eines Kontexteffekts von Intergruppenkontakt auf Fremdenfeindlichkeit

```
MODEL RESULTS

                                                     Two-Tailed
                     Estimate      S.E.    Est./S.E.  P-Value

Within Level

  PREJ       ON
    CONTACT          -0.415       0.023    -18.381     0.000

  Residual Variances
    PREJ              0.572       0.015     37.786     0.000

Between Level

  PREJ       ON
    CONTACT          -0.697       0.057    -12.306     0.000

  Intercepts
    PREJ              3.796       0.124     30.574     0.000

  Residual Variances
    PREJ              0.004       0.006      0.731     0.465

  New/Additional Parameters
    BETA_C           -0.282       0.068     -4.176     0.000
```

Kurz zusammengefasst erweist sich der Effekt von Intergruppenkontakt auf Fremdenfeindlichkeit sowohl auf der Individualebene (-.415, $p < .001$) wie auch auf der Kontextebene (-.697, $p < .001$) erneut als signifikant negativ. Die Antwort auf die Frage, ob die Differenz zwischen γ_{10} und γ_{01} statistisch signifikant ist und somit ein Kontexteffekt vorliegt, zeigt die Abbildung unter der Überschrift „New/Additional Parameters". Der Kontexteffekt „beta_c" wird als signifikant negativ ausgewiesen (-.282, $p < .001$). Dies bedeutet: Steigt unter Kontrolle des Einflusses von individuellem Intergruppenkontakt das mittlere Ausmaß an Intergruppenkontakt auf der Kontextebene um eine Einheit, verringert sich das Ausmaß an Fremdenfeindlichkeit um .282 Skaleneinheiten. Im Rahmen dieses didaktischen Beispiels unterstützt dieser Befund die Annahme, dass Fremdenfeindlichkeit nicht nur durch individuellen Intergruppenkontakt, sondern zusätzlich durch das mittlere Ausmaß an Intergruppenkontakt pro Kontext reduziert wird.

5.5   Mehrebenen-Pfadanalyse

Bereits die bislang vorgestellten Beispiele demonstrieren die vielfältigen Anwendungsmöglichkeiten von Mehrebenenanalysen. Eine Einschränkung aller dieser Varianten besteht allerdings darin, dass sie neben der Überprüfung direkter Effekte nur in sehr begrenztem Umfang die explizite Analyse indirekter Effekte im Sinne einer Mediation ermöglichen. Dabei stellt gerade die Untersuchung der Mechanismen, die die Wirkung von Kontextmerkmalen vermitteln, ein wichtiges Forschungsdesiderat dar (Blalock, 1984, S. 358ff; Van den Eeden & Hüttner 1982, S. 39). Ein gut geeignetes Verfahren für die Untersuchung direkter und indirekter Effekte auf verschiedenen Analyseebenen ist die auf manifesten Variablen basierende Mehrebenen-Pfadanalyse (Muthén & Asparouhov, 2011, S. 21f). Ein besonderer Vorteil der Nutzung von Mplus zur Durchführung von Mehrebenen-Pfadanalysen besteht darin, dass die statistische Signifikanz indirekter Effekte im Rahmen einer Mediationsanalyse (s. Kapitel 2) explizit überprüft werden kann. Auch auf diesen Aspekt werden wir im Folgenden näher eingehen. Für einen allgemeinen Überblick zu Mediationsanalysen bei Mehrebenen-Modellen verweisen wir auf Preacher, Zyphur & Zhang (2010). Auch die Anwendung von Mehrebenen-Pfadanalysen veranschaulichen wir anhand der eingangs skizzierten Studie von Wagner et al. (2006). Abbildung 5.10 stellt das zu untersuchende Mehrebenen-Pfadmodell schematisch dar.

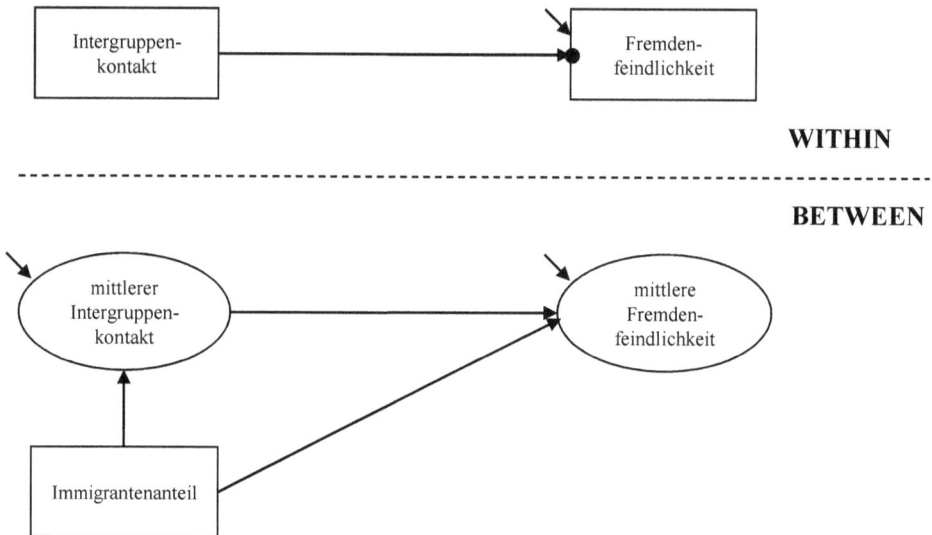

Abbildung 5.10: Mehrebenen-Pfadanalyse für die Wirkung von individuellem und aggregiertem Intergruppenkontakt und des prozentualen Immigrantenanteils auf Fremdenfeindlichkeit

Auf der Individualebene (WITHIN) lautet die Erwartung, dass ein höheres individuelles Ausmaß von Intergruppenkontakten mit einem niedrigeren Ausmaß an Fremdenfeindlichkeit einhergeht. Auf der Kontextebene (BETWEEN) führt ein höherer prozentualer Immigrantenanteil annahmegemäß zu einem höheren mittlerem Ausmaß an Intergruppenkontakt, das umgekehrt eine Verminderung von Fremdenfeindlichkeit bewirkt. Anders ausgedrückt wird in diesem Modell die Wirkung des prozentualen Immigrantenanteils auf Fremdenfeindlichkeit durch Intergruppenkontakt mediiert. Die Syntax zur Durchführung dieses Mehrebenen-Pfadmodells in Mplus zeigt Abbildung 5.11.

Die unter dem %WITHIN%-Befehl spezifizierten Variablenbeziehungen auf der Individualebene bleiben im Vergleich zum zuvor erläuterten Vorgängermodell unverändert. Auf der durch den %BETWEEN%-Befehl gekennzeichneten Kontextebene spezifizieren wir das in Abbildung 5.18 dargestellte Mediationsmodell:

```
MODEL:        %BETWEEN%
              prej ON contact tab02_08;
              contact ON tab02_08;
```

Die erste Befehlszeile spezifiziert das mittlere Ausmaß an Intergruppenkontakt („contact")
und den prozentualen Immigrantenanteil („tab02_08") als unabhängige Variablen zur Vorhersage des mittleren Ausmaßes an Fremdenfeindlichkeit („prej"). Neu ist, dass in der zweiten Befehlszeile der prozentuale Immigrantenanteil als unabhängige Variable zur Vorhersage
des mittleren Ausmaßes an Intergruppenkontakt dient. Mit der Option MODEL INDIRECT
können wir nun die statistische Signifikanz des indirekten Effekts der unabhängigen Variable
„tab02_08" über die Mediator-Variable „contact" auf die abhängige Variable „prej" überprüfen.

MODEL: MODEL INDIRECT:
              prej IND tab02_08;

Analog zum in Kapitel 2 beschriebenen Vorgehen wird mit dieser Option der Standardfehler
des indirekten Effekts anhand eines Sobel-Tests berechnet; alternativ kann auch das zuvor
dargestellte *Bootstrap*-Verfahren angewendet werden (s. Kapitel 2), worauf wir an dieser
Stelle aber nicht erneut eingehen. Die Ergebnisse des Mehrebenen-Pfadmodells in Form
unstandardisierter Parameterschätzer sind in Kasten 5.11 wiedergegeben.

```
TITLE:     Mehrebenen-Pfadanalyse

DATA:      FILE IS GMF02_Querschnitt_MLM.dat;

VARIABLE:  NAMES ARE qcp_ser kreis1 ka03w1r aa01w1r aa03w1r
           ff04d1r ff08d1r ff03d1r tab02_08 contact prej;
           USEVARIABLES ARE contact prej tab02_08;
           MISSING ARE contact prej (99);
           CLUSTER IS kreis1;
           BETWEEN IS tab02_08;

           CENTERING IS GRANDMEAN (tab02_08);

ANALYSIS:  TYPE IS TWOLEVEL;

MODEL:     %WITHIN%              !Modellspezifikation auf der Individualebene
           prej ON contact;

           %BETWEEN%             !Modellspezifikation auf der Kontextebene
           prej ON contact tab02_08;
           contact ON tab02_08;

           MODEL INDIRECT:    !Prüfung des indirekten Effekts
           prej IND tab02_08;
```

Abbildung 5.11: Mplus-Input zur Spezifikation einer Mehrebenen-Pfadanalyse für die Wirkung von individuellem
und aggregiertem Intergruppenkontakt und des prozentualen Immigrantenanteils auf Fremdenfeindlichkeit

Kasten 5.11: Ausschnitt aus dem Mplus-Output der Mehrebenen-Pfadanalyse für die Wirkung von individuellem und aggregiertem Intergruppenkontakt und des prozentualen Immigrantenanteils auf Fremdenfeindlichkeit

```
MODEL RESULTS

                                                    Two-Tailed
                     Estimate     S.E.   Est./S.E.   P-Value

Within Level

 PREJ        ON
    CONTACT        ·    -0.418    0.022    -18.855     0.000

 Variances
    CONTACT             0.479     0.013     36.291     0.000

 Residual Variances
    PREJ                0.572     0.015     37.455     0.000

Between Level

 PREJ        ON
    CONTACT            -0.604     0.127     -4.752     0.000
    TAB02_08           -0.006     0.006     -1.004     0.315

 CONTACT     ON
    TAB02_08            0.050     0.003     14.671     0.000

 Intercepts
    CONTACT             2.172     0.017    126.691     0.000
    PREJ                3.594     0.275     13.060     0.000

 Residual Variances
    CONTACT             0.032     0.007      4.680     0.000
    PREJ                0.004     0.006      0.658     0.511
```

Auf der Individualebene ist der Effekt von Intergruppenkontakt auf Fremdenfeindlichkeit wie zuvor signifikant negativ (–.418, p < .001). Unser zentrales Interesse richtet sich aber auf die für die Kontextebene dargestellten Ergebnisse. Wir halten fest: Der direkte Effekt des prozentualen Immigrantenanteils auf das mittlere Ausmaß an Fremdenfeindlichkeit erreicht auch in diesem Modell keine statistische Signifikanz (–.006, p = .31), während die Wirkung des prozentualen Immigranteanteil auf das mittlere Ausmaß an Intergruppenkontakt als signifikant positiv ausgewiesen wird (.05, p < .001). Demnach geht ein höherer prozentualer Immigrantenanteil pro Kreis mit einen höherem mittlerem Ausmaß an Intergruppenkontakt einher. Des Weiteren zeigt sich auf der Kontextebene für Intergruppenkontakt ein signifikant negativer Effekt auf Fremdenfeindlichkeit (–.604, p < .001). Dies bedeutet: Je höher das mittlere Ausmaß an Intergruppenkontakt, desto geringer ist das mittlere Ausmaß an Fremdenfeindlichkeit. Ist auch der laut Mediationsmodell erwartete indirekte Effekt der Wirkung des Immigranten-Anteils auf Fremdenfeindlichkeit statistisch von null verschieden? Die Antwort auf diese Frage zeigen die in Kasten 5.12 wiedergegebenen Ergebnisse.

Kasten 5.12: Mplus-Output zum Test des indirekten Effekts des prozentualen Immigrantenanteils auf Fremdenfeindlichkeit

```
WITHIN

BETWEEN

Effects from TAB02_08 to PREJ

   Total                 -0.037      0.003     -12.605       0.000
   Total indirect        -0.030      0.007      -4.458       0.000

   Specific indirect

     PREJ
     CONTACT
     TAB02_08            -0.030      0.007      -4.458       0.000

   Direct
     PREJ
     TAB02_08            -0.007      0.006      -1.077       0.281
```

Der WITHIN-Abschnitt des Outputs enthält keine Informationen, da wir auf der Individualebene keinen indirekten Effekt spezifiziert haben. Die Ergebnisdarstellung im BETWEEN-Abschnitt erfolgt analog zu dem bereits in Kapitel 2 erläuterten Schema. Zunächst wird der totale Effekt des prozentualen Immigrantenanteils auf das mittlere Ausmaß an Fremdenfeindlichkeit angegeben („Total": –.037, p < .001). Der totale Effekt setzt sich zusammen aus dem indirekten Effekt („Total indirect": –.03, p < .001) und dem (nicht-signifikanten) direkten Effekt des prozentualen Immigrantenanteils auf das mittlere Niveau an Fremdenfeindlichkeit („Direct": –.007, p = .28). Der signifikant negative indirekte Effekt des prozentualen Immigrantenanteils auf das mittlere Ausmaß an Fremdenfeindlichkeit unterstützt somit die theoretische Annahme, der zufolge Intergruppenkontakt die Wirkung des prozentualen Immigranten-Anteils auf das mittlere Ausmaß an Fremdenfeindlichkeit mediiert.

5.6   Konfirmatorische Mehrebenen-Faktorenanalyse

Bei allen bislang vorgestellten Mehrebenenanalysen wurde implizit von der dimensionalen und inhaltlichen Übereinstimmung der auf der Individual- und Kontextebene verwendeten Konstrukte ausgegangen. Beispielsweise wurde auf Grundlage multipler Indikatoren ein gewichteter Summenindex gebildet, der auf der Individual- und Kontextebene gleichermaßen zur Messung von Fremdenfeindlichkeit diente. Das für Mehrebenanalysen kennzeichnende Prinzip der Zerlegung der Gesamtvarianz von Beobachtungen in Varianz innerhalb und zwischen den Kontexteinheiten ermöglicht jedoch, die empirischen Beziehungen zwischen multiplen Indikatoren auf unterschiedlichen Analyseebenen explizit zu überprüfen. Aus inhaltlicher Perspektive ist hierbei besonders interessant, dass auf den verschiedenen Ebenen unterschiedliche faktorielle Strukturen vorliegen können (Muthén, 1994; Zyphur, Kaplan & Christian, 2008; Lüdtke, Trautwein, Schnyder & Niggli 2007). Ein besonders geeignetes Verfahren zur Überprüfung der dimensionalen Struktur von auf der Individualebene gemessenen Indikatoren stellt die Konfirmatorische Mehrebenen-Faktorenanalyse dar (Muthén, 1991, 1994; Hox, 2010). Dieses Verfahren zeichnet sich zudem durch eine statistisch angemessene Berücksichtigung und Korrektur von Messfehlern in den Indikatoren auf den verschiedenen

Analyseebenen aus. Der technische Ausgangspunkt der im folgenden dargestellten Konfirmatorischen Mehrebenen-Faktorenanalysen besteht darin, die Gesamtvarianz der manifesten Variablen in Varianz innerhalb und zwischen den Kontexteinheiten zu zerlegen. Vereinfacht ausgedrückt ermöglichen die resultierenden Kovarianzmatrizen dann die Bestimmung der faktoriellen Struktur der Variablen auf der Individual- und der Kontextebene. Die formale Darstellung einer Konfirmatorischen Mehrebenen-Faktorenanalyse mit je einem Faktor auf der Individual- und der Kontextebene lautet (Muthén, 1994):

$$y_{ij} = \nu_{\mathrm{B}} + \Lambda_{\mathrm{B}} \eta_{\mathrm{B}j} + \varepsilon_{\mathrm{B}j} + \Lambda_{\mathrm{W}} \eta_{\mathrm{W}ij} + \varepsilon_{\mathrm{W}ij} \tag{5.14}$$

Hierbei bezeichnet y_{ij} den Vektor der annahmegemäß auf der Individual- und Kontextebene variierenden manifesten Variablen. Auf der Kontextebene kennzeichnet ν_{B} den Vektor der *random intercepts* der Variablen, Λ_{B} bezeichnet die Ladungsmatrix der Faktorladungen auf dem Faktor $\eta_{\mathrm{B}j}$, und $\varepsilon_{\mathrm{B}j}$ stellt den Vektor der Residuen dar. Aufgrund der oftmals hohen Reliabilität aggregierter Beobachtungswerte erreichen die Residuen auf der Kontextebene häufig nur sehr geringe Werte (Asparouhov & Muthén, 2011, S. 25). Die Schätzung solcher Residuen kann sich als problematisch erweisen; unter anderem können hier negative Varianzen auftreten. In der Literatur wird deshalb empfohlen, die Residuen auf der Kontextebene gegebenenfalls auf 0 zu fixieren (Hox, 2002, S. 237). Auf der Individualebene bezeichnet Λ_{W} die Ladungsmatrix der Faktorladungen der manifesten Variablen auf dem Faktor $\eta_{\mathrm{W}ij}$, und $\varepsilon_{\mathrm{W}ij}$ stellt den Vektor der Residuen dar. Zusammengefasst dient in diesem Beispiel der Faktor $\eta_{\mathrm{B}j}$ zur Modellierung gemeinsamer Varianz der *random intercepts* auf der Kontextebene zwischen den Kontexteinheiten, während der Faktor $\eta_{\mathrm{W}ij}$ gemeinsame Varianz der manifesten Variablen auf der Individualebene innerhalb der Kontexteinheiten erfasst.

Wir veranschaulichen die Anwendung einer Konfirmatorischen Mehrebenen-Faktorenanalyse mit Mplus anhand der von Wagner et al. (2006) durchgeführten Studie. In dieser Untersuchung wurde sowohl Intergruppenkontakt als auch Fremdenfeindlichkeit auf der Individualebene mit multiplen Indikatoren gemessen. Im Vorfeld mit der Option `TYPE = TWOLEVEL BASIC` durchgeführte Berechnungen zeigten für diese Variablen ausreichende Varianz auf der Kontextebene und substanzielle Interkorrelationen innerhalb und zwischen den Kontexteinheiten. Aufbauend auf diesen Ergebnissen wurde eine Konfirmatorische Mehrebenen-Faktorenanalyse spezifiziert, in der die Kovarianz zwischen den manifesten Variablen zur Messung von Intergruppenkontakten und Fremdenfeindlichkeit sowohl innerhalb wie auch zwischen den Kontexten durch zwei latente Faktoren statistisch erklärt wird. Das Messmodell dieser theoretischen Annahmen ist in Abbildung 5.12 dargestellt.

Intergruppen-kontakt

Fremden-feindlichkeit

ka03w1r aa01w1r aa03w1r ff04d1r ff08d1r ff03d1r

WITHIN

BETWEEN

ka03w1r aa01w1r aa03w1r ff04d1r ff08d1r ff03d1r

mittlerer Intergruppen-kontakt

mittlere Fremden-feindlichkeit

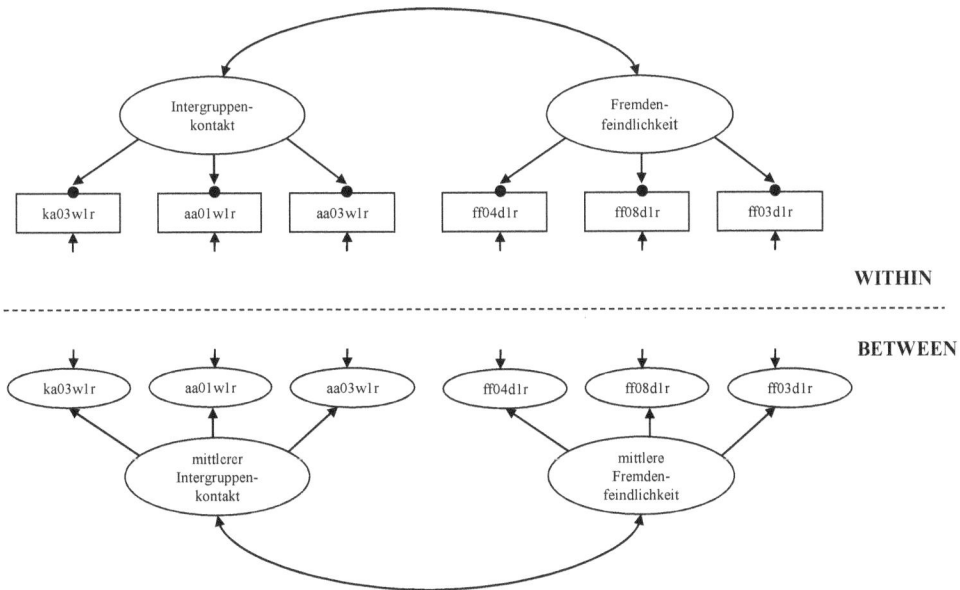

Abbildung 5.12: Konfirmatorische Mehrebenen-Faktorenanalyse für Intergruppenkontakt und Fremdenfeindlichkeit

Auf der Individual- (WITHIN) und der Kontextebene (BETWEEN) werden latente Variab-len konventionsgemäß durch Ellipsen gekennzeichnet. Ungerichtete Pfeile kennzeichnen eine Kovarianz (bzw. Korrelation) zwischen den Faktoren, gerichtete Pfeile stellen die Re-gressionspfade der Faktoren auf die Indikatorvariablen dar. Auf der Individualebene dienen Rechtecke zur Kennzeichnung der manifesten Variablen. Die schwarz gefärbten Kreise am Ende der gerichteten Pfeile zeigen an, dass die Durchschnittswerte der manifesten Variablen annahmegemäß zwischen den Kontexteinheiten variieren und somit *random intercepts* dar-stellen Die kleinen Pfeile kennzeichnen die Residuen der manifesten Variablen. Auf der Kontextebene markieren gerichtete Pfeile die Regressionspfade der Faktoren auf die *random intercepts*, die selbst latente Variablen darstellen und somit durch Ellipsen veranschaulicht werden. Auch hier werden die Residuen durch kleine Pfeile symbolisiert. Die zur praktischen Durchführung einer Konfirmatorischen Mehrebenen-Faktorenanalyse in Mplus erforderliche Syntax zeigt Abbildung 5.13.

```
Mplus - [Twolevel_CFA.inp]
File  Edit  View  Mplus  Graph  Window  Help

TITLE:      Konfirmatorische Mehrebenen-Faktorenanalyse

DATA:       FILE IS GMF02_Querschnitt_MLM.dat;

VARIABLE: NAMES ARE qcp_ser kreis1 ka03w1r aa01w1r aa03w1r
            ff04d1r ff08d1r ff03d1r tab02_08 contact prej;
            USEVARIABLES ARE ka03w1r aa01w1r aa03w1r
            ff04d1r ff08d1r ff03d1r;
            MISSING ARE ALL (99);
            CLUSTER IS kreis1;

ANALYSIS: TYPE IS TWOLEVEL;

MODEL:      %WITHIN%
            contactw BY ka03w1r aa01w1r aa03w1r;  ! Messmodell für Intergruppen-
            prejw BY ff04d1r ff08d1r ff03d1r;     ! kontakt und Fremdenfeindlich-
                                                  ! keit auf der Individualebene

            %BETWEEN%
            contactb BY ka03w1r aa01w1r aa03w1r;  ! Messmodell für Intergruppen-
            prejb BY ff04d1r ff08d1r ff03d1r;     ! kontakt und Fremdenfeindlich-
                                                  ! keit auf der Kontextebene

            ka03w1r-aa03w1r@0;                    ! Fixierung der Residuen auf
            ff04d1r-ff03d1r@0;                    ! Null

OUTPUT:     STDYX;
```

Abbildung 5.13: Mplus-Input zur Spezifikation einer Konfirmatorischen Mehrebenen-Faktorenanalyse für Intergruppenkontakt und Fremdenfeindlichkeit

Im Befehlsblock Analysis geben wir zunächst den zur Durchführung von Mehrebenenanalysen in Mplus benötigten Befehl TYPE = TWOLEVEL ein. Analog zu den zuvor vorgestellten Mehrebenenanalysen spezifizieren wir im Befehlsblock Model durch die Optionen %WITHIN% und %BETWEEN% die Individual- und Kontextebene. Für jede dieser Analyseebenen legen wir nun das theoretisch erwartete Messmodell mit Hilfe der BY-Option fest. Wie bei konventionellen Konfirmatorischen Faktorenanalysen (s. Kapitel 2) restringiert Mplus die Ladung des jeweils ersten Indikators der latenten Faktoren zu Identifikationszwecken automatisch auf den Wert 1.

Bei der Spezifikation der latenten Faktoren ist auf eindeutige Bezeichnungen zur Unterscheidung der Individual- und Kontextebene zu achten. Beispielsweise nutzen wir für die beiden den Intergruppenkontakt-Variablen zugeordneten Faktoren die Bezeichnung „contactw" auf der Individualebene und die Bezeichnung „contactb" auf der Kontextebene. Bei der Schätzung dieses Modells zeigte sich für die Residualvarianz der Indikatorvariable „ka03w1r" auf der Kontextebene ein negativer Wert. Solche Schätzprobleme sind bei Konfirmatorischen Mehrebenen-Faktorenanalysen aufgrund der oftmals hohen Reliabilität der Indikatoren nicht unüblich. Deshalb haben wir zunächst die Residualvarianz von „ka03w1r" auf 0 fixiert (Hox, 2002, S. 237). Die Schätzung der Modellparameter erfolgt daraufhin ohne Probleme. Da die übrigen Residualvarianzen ebenfalls durchweg sehr geringe und z.T. nicht-signifikante Werte aufwiesen, haben wir diese Residualvarianzen ebenfalls auf 0 fixiert (Muthén & Asparouhov, 2011). Die Ergebnisse dieser Modellschätzung belegen eine angemessene Anpassung an die Daten (χ^2 = 73.4; df = 22; p < .001; CFI = .99; RMSEA = .029). Dies zeigen auch die bei Mehrebenenanalysen in Mplus für die Individual- und Kontextebene separat angezeigten Werte des SRMR ($SRMR_{within}$ = 0.017; $SRMR_{between}$ = 0.088).

Auf der Individualebene stellen Unterschiede zwischen Personen in den manifesten Variablen zur Messung von Intergruppenkontakt und Fremdenfeindlichkeit eine Funktion der von uns als „contactw" und „prejw" bezeichneten Faktoren dar. Die auf der Kontextebene gemessenen Unterschiede im mittleren Niveau der manifesten Variablen von Intergruppenkontakt und im mittleren Niveau der manifesten Variablen von Fremdenfeindlichkeit sind demgegenüber als Funktion zweier von uns als „contactb" und „prejb" bezeichneten Faktoren auf der Kontextebene verstehen. Kasten 5.13 zeigt die Parameterschätzer der in diesem Modell durchgeführten Faktorenanalysen.

Für die zwei auf der Individualebene spezifizierten Faktoren zeigen sich durchgängig hohe Ladungen der Indikatorvariablen. Für die zwei auf der Kontextebene spezifizierten Faktoren erreichen die Faktorladungen der als Indikatorvariablen auf der Kontextebenen dienenden *random intercepts* wie zu erwarten alle ungefähr den Wert 1, da wir die entsprechenden Residuen auf 0 restringiert haben. Die annahmegemäß negativen und signifikanten Korrelationen zwischen den Faktoren fallen auf der Kontextebene (-.986, p < .001) sehr viel stärker aus als auf der Individualebene (-.456, p < .001). Unter rein statistischen Gesichtspunkten könnte aufgrund der sehr hohen Korrelation zwischen „contactb" und „prejb" auf der Kontextebene auch eine einfaktorielle Lösung als angemessen erscheinen. In inhaltlicher Hinsicht erweist sich die Interpretation einer einfaktoriellen Struktur des mittleren Niveaus von Intergruppenkontakt und Fremdenfeindlichkeit jedoch als problematisch. Vor diesem Hintergrund bevorzugen wir das auch in der Beispielstudie von Wagner et al. (2006) favorisierte Messmodell einer zweifaktoriellen Lösung auf der Individual- und Kontextebene. Wir möchten an dieser Stelle aber erneut hervorheben, dass a priori keineswegs immer von parallelen Faktorstrukturen auf der Individual- und Kontextebene mit ähnlicher inhaltlicher Bedeutung ausgegangen werden kann (Lüdtke et al., 2007).

Vielmehr besteht eine angemessene (und interessante) Vorgehensweise darin, im Vorfeld der Hauptanalyse alternative Messmodelle zu entwickeln und zu überprüfen. Im vorliegenden Anwendungsbeispiel wurde unter theoretischen Gesichtspunkten davon ausgegangen, dass sich für Intergruppenkontakt und Fremdenfeindlichkeit auf der Individual- und der Kontextebene jeweils eine zweifaktorielle Struktur zeigt. Liegen jedoch keine oder nur wenige theoretische Vorannahmen zur faktoriellen Struktur der Indikatorvariablen auf der Individual- und Kontextebene vor, bietet sich die Durchführung Explorativer Mehrebenen-Faktorenanalysen an, um einen ersten Eindruck von der dimensionalen Struktur der Indikatoren zu gewinnen. Dieses Verfahren steht im Mittelpunkt des folgenden Abschnittes.

Kasten 5.13: Ausschnitt aus dem Mplus-Output der Konfirmatorischen Mehrebenen-Faktorenanalyse für Intergruppenkontakt und Fremdenfeindlichkeit

```
STDYX Standardization

                                              Two-Tailed
                    Estimate      S.E.   Est./S.E.   P-Value

Within Level

 CONTACTW BY
   KA03W1R           0.642       0.018      36.079    0.000
   AA01W1R           0.640       0.019      33.437    0.000
   AA03W1R           0.734       0.018      41.964    0.000

 PREJW    BY
   FF04D1R           0.845       0.013      64.006    0.000
   FF08D1R           0.670       0.017      40.462    0.000
   FF03D1R           0.778       0.013      58.867    0.000

 PREJW    WITH
   CONTACTW         -0.456       0.024     -18.637    0.000

 Variances
   CONTACTW          1.000       0.000     999.000  999.000
   PREJW             1.000       0.000     999.000  999.000

 Residual Variances
   KA03W1R           0.588       0.023      25.694    0.000
   AA01W1R           0.590       0.024      24.099    0.000
   AA03W1R           0.461       0.026      17.921    0.000
   FF04D1R           0.287       0.022      12.859    0.000
   FF08D1R           0.551       0.022      24.850    0.000
   FF03D1R           0.394       0.021      19.158    0.000

Between Level

 CONTACTB BY
   KA03W1R           0.999       0.000   10767.874    0.000
   AA01W1R           1.000       0.000   23666.207    0.000
   AA03W1R           1.000       0.000   14162.168    0.000

 PREJB    BY
   FF04D1R           0.999       0.000    2842.099    0.000
   FF08D1R           0.999       0.000    4298.855    0.000
   FF03D1R           0.999       0.000    9165.935    0.000

 PREJB    WITH
   CONTACTB         -0.986       0.041     -23.805    0.000

 Intercepts
   KA03W1R           6.905       0.446      15.492    0.000
   AA01W1R           5.308       0.349      15.228    0.000
   AA03W1R           7.784       0.645      12.070    0.000
   FF04D1R          12.056       1.817       6.634    0.000
   FF08D1R           9.993       0.966      10.346    0.000
   FF03D1R           8.525       0.671      12.699    0.000

 Variances
   CONTACTB          1.000       0.000     999.000  999.000
   PREJB             1.000       0.000     999.000  999.000

 Residual Variances
   KA03W1R           0.001       0.000       7.960    0.000
   AA01W1R           0.001       0.000       7.802    0.000
   AA03W1R           0.001       0.000       6.321    0.000
   FF04D1R           0.002       0.001       3.272    0.001
   FF08D1R           0.002       0.000       5.087    0.000
   FF03D1R           0.001       0.000       6.317    0.000
```

5.7   Explorative Mehrebenen-Faktorenanalyse

Ziel von Explorativen Mehrebenen-Faktorenanalysen ist die Untersuchung der Zusammen-
hangsstrukturen von Indikatorvariablen auf der Individual- und Kontextebene (Muthén &
Asparouhov, 2011, S. 24ff). Anders als bei Konfirmatorischen Mehrebenen-Faktorenanalysen geht es hierbei nicht um die Überprüfung einer a priori spezifizierten Zugehörigkeit
einzelner Indikatoren zu verschiedenen Faktoren. Vielmehr unterstützt dieses Verfahren
die explorative Untersuchung der Dimensionalität von Konstrukten auf unterschiedlichen
Analyseebenen und die Identifikation von geeigneten Indikatorvariablen. Auch hier werden
die manifesten Variablen auf der Individualebene gemessen; die *random intercepts* dieser
Variablen dienen als Indikatoren der entsprechenden Faktoren auf der Kontextebene. Abbildung 5.14 zeigt die für die Durchführung einer Explorativen Mehrebenen-Faktorenanalyse
erforderliche Mplus-Syntax.

```
Mplus - [TWOLEVEL_EFA.inp]
 File  Edit  View  Mplus  Graph  Window  Help

 □ ☞ ▣   ✂ ▤ ▦   ➠ ▦ RUN   ☑ ☑ ▨   ▨ ▨ ▨   ▨ ▨ ▨   ?


   TITLE:     Explorative Mehrebenen-Faktorenanalyse

   DATA:      FILE IS GMFO2_Querschnitt_MLM.dat;

   VARIABLE: NAMES ARE qcp_ser kreis1 ka03w1r aa01w1r aa03w1r
             ff04d1r ff08d1r ff03d1r tab02_08 contact prej;
             USEVARIABLES ARE ka03w1r aa01w1r aa03w1r
             ff04d1r ff08d1r ff03d1r;
             MISSING ARE ALL (99);
             CLUSTER IS kreis1;

   ANALYSIS: TYPE IS TWOLEVEL EFA 1 2 1 2;
```

Abbildung 5.14: Mplus-Input zur Spezifikation einer Explorativen Mehrebenen-Faktorenanalyse für Intergruppenkontakt und Fremdenfeindlichkeit

In dem Befehlsblock ANALYSIS kombinieren wir die beiden Optionen TYPE IS TWO-
LEVEL und TYPE IS EFA. Wie bei der Durchführung einer Explorativen Faktorenanalyse
auf einer Analyseebene (s. Kapitel 2) erfordert auch die Explorative Mehrebenen-
Faktorenanalyse die Festlegung der minimalen und maximalen Anzahl der zu extrahierenden
Faktoren. Diese Spezifikation erfolgt jedoch sowohl für die Individual- wie auch für die
Kontextebene. Die entsprechende Syntax lautet:

ANALYSIS: TYPE IS TWOLEVEL EFA 1 2 1 2;

Die nach der Option TYPE IS TWOLEVEL EFA folgenden ersten beiden Zahlen bestimmen
die minimale und maximale Faktorenzahl auf der Individualebene. Analog legen die letzten
beiden Zahlen die minimale und maximale Faktorenzahl auf der Kontextebene fest. In unserem Anwendungsbeispiel fordern wir also sowohl auf der Individual- wie auch auf der Kontextebene jeweils eine ein- und eine zweifaktorielle Faktorenlösung an. Je nach Anwendung
ist aber ebenfalls denkbar, dass auf den verschiedenen Ebenen unterschiedliche minimale
und maximale Faktorlösungen vorgegeben werden. Alle potenziellen Faktorlösungen auf der
Individual- und Kontextebene werden von Mplus in der Analyse kombiniert. In unserem
Anwendungsbeispiel führt dies zur Schätzung von insgesamt vier verschiedenen Faktorlö-

sungen: (a) 1 Faktor Individual- und 1 Faktor Kontextebene, (b) 2 Faktoren Individual- und 1 Faktor Kontextebene, (c)1 Faktor Individual- und 2 Faktoren Kontextebene und (d) 2 Faktoren Individual- und 2 Faktoren Kontextebene. Darüber hinaus können auch unrestringierte Lösungen angefordert werden; hierbei wird lediglich eine Kovarianz zwischen den Variablen ohne Faktorextraktion zugelassen. Die entsprechende Syntax lautet:

```
ANALYSIS:    TYPE IS TWOLEVEL EFA 1 2 UW* 1 2 UB*;
```

Hierbei wird die unrestringierte Lösung auf der Individual- bzw. Kontextebene durch die Befehle UW* („unrestricted within") bzw. UB* („unrestricted between") festgelegt. Auf diese weniger gebräuchliche Option gehen wir jedoch nicht weiter ein. Stattdessen betrachten wir die Ergebnisse der Explorativen Mehrebenen-Faktorenanalyse. Hierzu greifen wir auf die Kriterien des Eigenwertverlaufs der Faktoren, der χ^2-Fit Statistiken sowie der Ladungsmuster auf der Individual- und Kontextebene zurück. Der Eigenwertverlauf der Faktoren auf der Individual- und Kontextebene ist in Kasten 5.14 dargestellt.

Kasten 5.14: Ausschnitt aus dem Mplus-Output der Explorativen Mehrebenen-Faktorenanalyse für Intergruppen-kontakt und Fremdenfeindlichkeit (Eigenwerte)

```
RESULTS FOR EXPLORATORY FACTOR ANALYSIS


        EIGENVALUES FOR WITHIN LEVEL SAMPLE CORRELATION MATRIX
             1              2              3              4              5
            ____           ____           ____           ____           ____
    1      2.774          1.305          0.588          0.510          0.494


        EIGENVALUES FOR WITHIN LEVEL SAMPLE CORRELATION MATRIX
             6
            ____
    1      0.330


        EIGENVALUES FOR BETWEEN LEVEL SAMPLE CORRELATION MATRIX
             1              2              3              4              5
            ____           ____           ____           ____           ____
    1      5.548          0.298          0.085          0.043          0.021


        EIGENVALUES FOR BETWEEN LEVEL SAMPLE CORRELATION MATRIX
             6
            ____
    1      0.004
```

Auf der Individualebene zeigt der Eigenwertverlauf („Eigenvalues for within level sample correlation matrix") zwei Hauptkomponenten (2.744, 1.305) mit Eigenwerten > 1 und legt somit eine zweifaktorielle Lösung nahe. Auf der Kontextebene („Eigenvalues for between level sample correlation matrix") wird nur für die erste Hauptkomponente (5.548) ein Eigenwert > 1 ausgewiesen. Dies lässt zunächst eine einfaktorielle Lösung als geeignet erscheinen. Im Mplus-Output werden die χ^2-Fitstatistiken für jedes Modell separat ausgewiesen. Zur vereinfachten Darstellung haben wir diese Werte für die hier berechneten Modelle (a), (b), (c) und (d) in Tabelle 5.1 zusammengefasst.

Tabelle 5.1: χ^2-Statistiken, Freiheitsgrade (df) und p-Werte unterschiedlicher Faktorlösungen auf der Individual- und Kontextebene

Modell	Individualebene	Kontextebene	χ^2	df	p
(a)	1 Faktor	1 Faktor	1043.114	118	< .001
(b)	2 Faktoren	1 Faktor	13.574	13	= .404
(c)	1 Faktor	2 Faktoren	1029.219	13	< .001
(d)	2 Faktoren	2 Faktoren	6.491	8	= .529

Hinsichtlich der faktoriellen Struktur auf der Individualebene erreichen die χ^2-Fitstatistiken sehr gute Werte für die zweifaktoriellen Lösungen (b) und (d). Der Modellfit der einfaktoriellen Lösungen (a) und (c) ist hingegen nicht zufriedenstellend. Für die faktorielle Struktur auf der Kontextebene zeigen die χ^2-Fitstatistiken ein differenzierteres Bild. Wird die zweifaktorielle Struktur auf der Individualebene vorläufig beibehalten, erreicht sowohl das einfaktorielle Modell (b) wie auch das zweifaktorielle Modell (d) auf der Kontextebene eine gute Datenanpassung. Ein Vergleich des einfaktoriellen und zweifaktoriellen Modells anhand des χ^2-Differenztests ergibt zudem, dass die Modelle (b) und (d) sich nicht signifikant in der Datenanpassung unterscheiden ($\Delta\chi^2 = 7.083$, df = 5, p = .22).

Betrachten wir nun das in Kasten 5.15 dargestellte Ladungsmuster von Modell (b). Auf der Individualebene ist das Ladungsmuster eindeutig zu interpretieren. Auf dem ersten Faktor laden alle Indikatoren für Intergruppenkontakt und weisen nur geringe Nebenladungen auf dem zweiten Faktor auf. Auf diesem zweiten Faktor laden alle Indikatoren für Fremdenfeindlichkeit, wobei ebenfalls nur geringe Nebenladungen auf dem ersten Faktor auftreten. Somit bestätigen sich auf der Individualebene die beiden theoretisch erwarteten Faktoren „Intergruppenkontakt" und „Fremdenfeindlichkeit".

Kasten 5.15: Ausschnitt aus dem Mplus-Output der Explorativen Mehrebenen-Faktorenanalyse für Intergruppenkontakt und Fremdenfeindlichkeit – Faktorladungen Modell (b)

(Hinweis: Die relevanten Teile des Mplus-Outputs wurden zur Veranschaulichung zusammengefügt, die Abfolge entspricht daher nicht exakt derjenigen im Original-Output)

```
WITHIN LEVEL RESULTS

            GEOMIN ROTATED LOADINGS
                  1              2

  KA03W1R        0.661          0.022
  AA01W1R        0.625         -0.038
  AA03W1R        0.735         -0.001
  FF04D1R        0.030          0.875
  FF08D1R       -0.070          0.632
  FF03D1R       -0.009          0.769


BETWEEN LEVEL RESULTS

            GEOMIN ROTATED LOADINGS
                  1

  KA03W1R        0.987
  AA01W1R        0.940
  AA03W1R        0.988
  FF04D1R       -0.868
  FF08D1R       -0.992
  FF03D1R       -0.984
```

Hingegen zeigt Kasten 5.16, dass das Ladungsmuster der Kontextebene für die zweifaktorielle Lösung von Modell (d) nicht eindeutig zu interpretieren ist. Alle Indikatoren laden
hoch auf dem ersten Faktor, auf dem zweiten Faktor gibt es jedoch – mit Ausnahme der
Variablen „aa01w1r" – keine substanziellen Ladungen. Zum Vergleich: Bei der einfaktoriellen Lösung weisen alle Indikatoren substanzielle Ladungen auf dem Faktor auf.

Kasten 5.16: Ausschnitt aus dem Mplus-Output der Explorativen Mehrebenen-Faktorenanalyse für Intergruppenkontakt and Fremdenfeindlichkeit – Faktorladungen Modell (d)

(Hinweis: Die relevanten Teile des Mplus-Outputs wurden zur Veranschaulichung zusammengefügt, die Abfolge
entspricht daher nicht exakt derjenigen im Original-Output)

```
WITHIN LEVEL RESULTS

            GEOMIN ROTATED LOADINGS
                 1              2

   KA03W1R      0.655          0.014
   AA01W1R      0.621         -0.046
   AA03W1R      0.741          0.000
   FF04D1R      0.029          0.872
   FF08D1R     -0.071          0.630
   FF03D1R     -0.008          0.770

BETWEEN LEVEL RESULTS

            GEOMIN ROTATED LOADINGS
                 1              2

   KA03W1R     -0.904          0.215
   AA01W1R     -0.793          0.414
   AA03W1R     -0.996         -0.003
   FF04D1R      0.937          0.140
   FF08D1R      1.001          0.024
   FF03D1R      0.929         -0.173
```

Zusammengenommen könnten diese Ergebnisse als empirische Argumente für die Akzep-
tanz von Modell (b) mit zwei Faktoren auf der Individual-, aber nur einem Faktor auf der
Kontextebene gewertet werden. Unabhängig von der guten Datenanpassung dieses Modells
ist eine solche Lösung aber wie bereits erwähnt in inhaltlicher Hinsicht nur schwer zu interpretieren. Dies verdeutlicht die zentrale Rolle theoretischer Annahmen bei der Bestimmung
der faktoriellen Struktur von Mehrebenen-Daten. Für diesen Zweck stellen Konfirmatorische
Mehrebenen-Faktorenanalyse oftmals das angemessene Verfahren dar. Wie zuvor gezeigt
konnte auf Grundlage der Ergebnisse von Konfirmatorischen Mehrebenen-Faktorenanalysen
die Annahme gestützt werden, der zufolge Unterschiede in Intergruppenkontakt und Fremdenfeindlichkeit auf der Individual- und Kontextebene auf jeweils zwei Faktoren basieren
(Wagner et al., 2006).

5.8   Mehrebenen-Strukturgleichungsmodelle

Mehrebenen-Strukturgleichungsmodelle verknüpfen die Vorteile der zuvor dargestellten
Pfadanalysen und Konfirmatorischen Faktorenanalysen für Mehrebenen-Daten anhand sepa-
rater Mess- und Strukturmodelle (Muthén & Asparouhov, 2011, S. 21ff.). Über die Schätzung gerichteter Zusammenhänge hinaus eröffnen Mehrebenen-Strukturgleichungsmodelle

noch eine Vielzahl weiterer Untersuchungsmöglichkeiten, wie z.B. die Modellierung von *Cross-Level*-Interaktionseffekten und Kontexteffekten (Marsh et al., 2009). Wir beschränken uns in unserem Anwendungsbeispiel jedoch auf die zusätzliche Berücksichtigung des als manifeste Variable gemessenen prozentualen Immigrantenanteils und den Test eines indirekten Effekts. Wie zuvor illustrieren wir unser Vorgehen anhand der Studie von Wagner et al. (2006) zur Wirkung von individuellem und aggregiertem Intergruppenkontakt und des prozentualen Immigrantenanteils auf Fremdenfeindlichkeit. Abbildung 5.15 stellt das entsprechende Mehrebenen-Strukturgleichungsmodell grafisch dar.

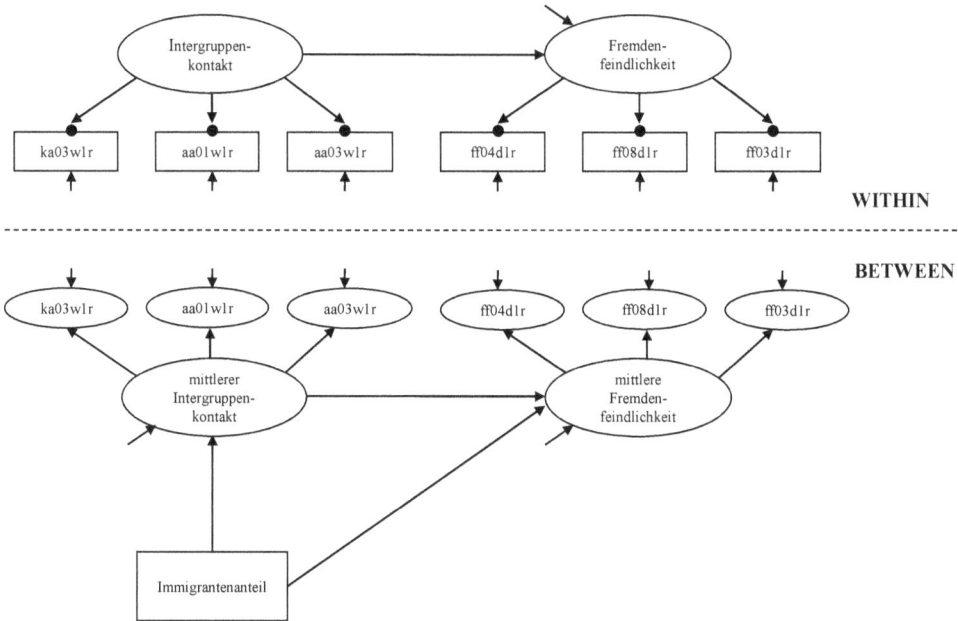

Abbildung 5.15: Mehrebenen-Strukturgleichungsmodell für die Wirkung von individuellem und aggregiertem Intergruppenkontakt und des prozentualen Immigrantenanteils auf Fremdenfeindlichkeit

Aufbauend auf den Ergebnissen der Konfirmatorischen Mehrebenen-Faktorenanalyse spezifizieren wir zur Messung von Intergruppenkontakt und Fremdenfeindlichkeit sowohl auf der Individual- (WITHIN) wie auch auf der Kontextebene (BETWEEN) je zwei Faktoren. Hierbei erfassen die Faktoren auf der Individualebene gemeinsame Varianz der jeweils zur Messung von Intergruppenkontakt bzw. Fremdenfeindlichkeit verwendeten manifesten Variablen. Die gemeinsame Varianz der *random intercepts* dieser manifesten Variablen wird durch die entsprechenden Faktoren auf der Kontextebene erfasst. Auf der Kontextebene nehmen wir zusätzlich das Merkmal des prozentualen Immigrantenanteils in das Modell auf. Die theoretisch erwarteten strukturellen Zusammenhänge zwischen diesen Konstrukten bleiben unverändert. Wie zuvor lautet die Annahme auf der Individualebene, dass ein höheres Maß an Intergruppenkontakt mit geringerer Fremdenfeindlichkeit einhergeht. Auf der Kontextebene lautet die Erwartung, dass ein höherer prozentualer Immigrantenanteil zu einem höheren mittleren Ausmaß an Intergruppenkontakt führt, und Intergruppenkontakt umgekehrt eine Reduktion des mittleren Ausmaßes an Fremdenfeindlichkeit bewirkt. Intergruppenkontakt

nimmt somit auf der Kontextebene die statistische Funktion eines Mediators ein. Die praktische Durchführung einer solchen Mehrebenen-Strukturgleichungsanalyse erfordert im Anschluss an die erfolgreiche Schätzung eines Messmodells die Festlegung der abhängigen und
unabhängigen Variablen auf der Individual- und Kontextebene. Der Mehraufwand für die
Spezifikation dieses Strukturmodells ist dabei häufig vergleichsweise gering. Tatsächlich
wurden sämtliche hier benötigten Syntax-Optionen bereits in den vorhergehenden Abschnitten vorgestellt. Den Mplus-Input unseres Anwendungsbeispiels zeigt Abbildung 5.16.

```
Mplus - [Twolevel_SEM.inp]
 File  Edit  View  Mplus  Graph  Window  Help


    TITLE:     Mehrebenen-SEM

    DATA:      FILE IS GMF02_Querschnitt_MLM.dat;

    VARIABLE:  NAMES ARE qcp_ser kreis1 ka03w1r aa01w1r aa03w1r
               ff04d1r ff08d1r ff03d1r tab02_08 contact prej;
               USEVARIABLES ARE ka03w1r aa01w1r aa03w1r
               ff04d1r ff08d1r ff03d1r tab02_08;
               MISSING ARE ALL (99);
               CLUSTER IS kreis1;
               BETWEEN IS tab02_08;

               CENTERING IS GRANDMEAN (tab02_08);

    ANALYSIS:  TYPE IS TWOLEVEL;

    MODEL:     %WITHIN%
               contactw BY ka03w1r aa01w1r aa03w1r;   ! Messmodell für Intergruppen-
               prejw BY ff04d1r ff08d1r ff03d1r;      ! kontakt und Fremdenfeindlich-
                                                      ! keit auf der Individualebene

               prejw ON contactw;                     ! Strukturmodell auf der
                                                      ! Individualebene
               %BETWEEN%
               contactb BY ka03w1r aa01w1r aa03w1r;   ! Messmodell für Intergruppen-
               prejb BY ff04d1r ff08d1r ff03d1r;      ! kontakt und Fremdenfeindlich-
                                                      ! keit auf der Kontextebene

               ka03w1r-aa03w1r@0;                     ! Fixierung der Residuen auf
               ff04d1r-ff03d1r@0;                     ! Null

               prejb ON contactb tab02_08;            ! Strukturmodell auf der
               contactb ON tab02_08;                  ! Kontextebene

               MODEL INDIRECT:                        ! Prüfung des indirekten Effekts
               prejb IND tab02_08;

    OUTPUT:    STDYX;
```

Abbildung 5.16: Mplus-Input zur Spezifikation eines Mehrebenen-Strukturgleichungsmodells für die Wirkung von
individuellem und aggregiertem Intergruppenkontakt und des prozentualen Immigrantenanteils auf Fremdenfeindlichkeit

Kasten 5.17: Ausschnitt aus dem Mplus-Output des Mehrebenen-Strukturgleichungsmodells für die Wirkung von individuellem und aggregiertem Intergruppenkontakt und des prozentualen Immigrantenanteils auf Fremdenfeind-lichkeit

```
STDYX Standardization

                                            Two-Tailed
                      Estimate    S.E.   Est./S.E.   P-Value
Within Level

 CONTACTW BY
    KA03W1R            0.640     0.018     35.970      0.000
    AA01W1R            0.645     0.019     33.916      0.000
    AA03W1R            0.737     0.017     43.093      0.000

 PREJW    BY
    FF04D1R            0.840     0.013     64.555      0.000
    FF08D1R            0.674     0.016     41.146      0.000
    FF03D1R            0.780     0.013     59.287      0.000

 PREJW     ON
    CONTACTW          -0.459     0.025    -18.554      0.000

 Variances
    CONTACTW           1.000     0.000    999.000    999.000

 Residual Variances
    KA03W1R            0.590     0.023     25.866      0.000
    AA01W1R            0.584     0.025     23.849      0.000
    AA03W1R            0.458     0.025     18.171      0.000
    FF04D1R            0.295     0.022     13.515      0.000
    FF08D1R            0.546     0.022     24.710      0.000
    FF03D1R            0.392     0.020     19.138      0.000
    PREJW              0.790     0.023     34.794      0.000
Between Level

 CONTACTB BY
    KA03W1R            0.999     0.000  10203.518      0.000
    AA01W1R            1.000     0.000  17626.008      0.000
    AA03W1R            0.999     0.000  10619.166      0.000

 PREJB     BY
    FF04D1R            0.999     0.000   3605.241      0.000
    FF08D1R            0.998     0.000   2653.986      0.000
    FF03D1R            0.999     0.000   7327.369      0.000

 PREJB      ON
    CONTACTB          -0.819     0.188     -4.350      0.000

 PREJB      ON
    TAB02_08          -0.179     0.184     -0.976      0.329

 CONTACTB   ON
    TAB02_08           0.823     0.036     22.763      0.000

 Intercepts
    KA03W1R            7.248     0.432     16.797      0.000
    AA01W1R            5.957     0.409     14.582      0.000
    AA03W1R            8.532     0.756     11.286      0.000
    FF04D1R           12.145     1.424      8.531      0.000
    FF08D1R           11.555     1.372      8.422      0.000
    FF03D1R            9.143     0.783     11.674      0.000

 Residual Variances
    KA03W1R            0.002     0.000      8.193      0.000
    AA01W1R            0.001     0.000      7.192      0.000
    AA03W1R            0.001     0.000      5.626      0.000
    FF04D1R            0.002     0.001      4.242      0.000
    FF08D1R            0.003     0.001      4.233      0.000
    FF03D1R            0.002     0.000      5.867      0.000
    CONTACTB           0.322     0.060      5.413      0.000
    PREJB              0.054     0.101      0.538      0.591
```

Zunächst fordern wir in Mplus mit `TYPE = TWOLEVEL` eine Mehrebenenanalyse an. Anhand der Optionen `%WITHIN%` und `%BETWEEN%` spezifizieren wir die Individual- und Kontextebene. Analog zur Vorgehensweise bei der Konfirmatorischen Mehrebenen-Faktorenanalyse legen wir dann die Messmodelle für die Faktoren „contactw" und „prejw" bzw.
„contactb" und „prejb" auf der Individual- und Kontextebene fest. Die Residuen der Indikatorvariablen auf der Kontextebene bleiben weiterhin auf 0 restringiert. Die Syntax zur Festlegung der auf den verschiedenen Ebenen folgenden Strukturmodelle stimmt mit den bereits
bei Mehrebenen-Pfadmodellen genutzten Befehlen überein und soll deshalb nicht weiter
kommentiert werden. Die Ergebnisse der Modellschätzung zeigt Kasten 5.17.

Insgesamt belegen die Fit-Indizes eine gute bis zufriedenstellende Datenanpassung des
Mehrebenen-Strukturgleichungsmodells (χ^2 = 103.246; df = 26; p < .001; CFI = .987;
RMSEA = .033; $SRMR_{within}$ = 0.014; $SRMR_{between}$= 0.091). Wie zu erwarten stimmen die
Ergebnisse der Messmodelle auf der Individual- und Kontextebene weitgehend mit den in
Abschnitt 5.6 vorgestellten Resultaten überein. Welche Ergebnisse zeigen sich für die strukturellen Beziehungen zwischen den Variablen? Der Zusammenhang zwischen Intergruppenkontakt und Fremdenfeindlichkeit wird sowohl auf der Individual- (-.459, p < .001) wie auch
auf der Kontextebene (-.819, p < .001) als signifikant negativ ausgewiesen. Der direkte Effekt des prozentualen Immigrantenanteils und dem mittleren Ausmaß an Fremdenfeindlichkeit erreicht auf der Kontextebene erneut keine statistische Signifikanz (-.179, p = .32).
Demgegenüber führt ein höherer prozentualer Immigrantenanteil zu einem Anstieg des mittleren Niveaus an Intergruppenkontakt (.823, p < .001). Auch für dieses Mehrebenen-Strukturgleichungsmodell testen wir den annahmegemäß über Intergruppenkontakt vermittelten
indirekten negativen Effekt des Immigrantenanteils auf das mittlere Ausmaß an Fremdenfeindlichkeit. Die Berechnung des hierzu in Mplus durchgeführten Sobel-Tests basiert auf
den (hier nicht abgebildeten) unstandardisierten Regressionskoeffizienten des prozentualen
Immigrantenanteils (.042, p < .001) und des mittleren Niveaus von Intergruppenkontakt
(-.677, p < .001).

Kasten 5.18: Mplus-Output des Mehrebenen-Strukturgleichungsmodells zum Test des indirekten Effekts des prozentualen Immigrantenanteils auf Fremdenfeindlichkeit

```
                                                           Two-Tailed
                             Estimate      S.E.   Est./S.E.   P-Value

 WITHIN

 BETWEEN

 Effects from TAB02_08 to PREJB

   Total                      -0.036      0.004    -8.571      0.000
   Total indirect             -0.028      0.007    -3.819      0.000

   Specific indirect

     PREJB
     CONTACTB
     TAB02_08                 -0.028      0.007    -3.819      0.000

   Direct
     PREJB
     TAB02_08                 -0.007      0.008    -0.980      0.327
```

Die in Kasten 5.18 dargestellten Ergebnisse belegen die statistische Signifikanz dieses indirekten Effekts (.042 × −.677 = −.028, p < .001). Wie erwartet übt der prozentuale Immigrantenanteil somit einen indirekten negativen Effekt auf das mittlere Ausmaß an Fremdenfeindlichkeit aus, wobei dieser Effekt durch das mittlere Niveau von Intergruppenkontakt mediiert wird.

5.9   Literaturhinweise

Eine Auswahl hilfreicher Referenzen zu grundlegenden und fortgeschrittenen Anwendungen von Mehrebenenanalysen zeigt Kasten 5.19:

Kasten 5.19: Empfohlene Literatur für Mehrebenenanalysen

Heck, R. H. & Thomas, S. L. (2009). *An introduction to multilevel modeling techniques.* (2nd ed.). New York: Routledge/Taylor & Francis.

Uneingeschränkt empfehlenswertes Lehrbuch nicht nur zu den Grundlagen von Mehrebenenanalysen, das auch anschauliche Beispiele zur Durchführung und Ergebnisinterpretation von Mehrebenen-Pfadmodellen, Konfirmatorischen Mehrebenen-Faktorenanalysen und Mehrebenen-Strukturgleichungsmodellen mit Mplus enthält.

Hox, J. J. (2010). *Multilevel analysis. Techniques and applications.* (2nd ed.). New York: Routledge.

Sehr ansprechendes Überblickswerk zu einer großen Bandbreite unterschiedlicher Varianten von Mehrebenenanalysen. Enthält zudem sehr lesenswerte Kapitel zu Mehrebenen-Faktorenanalysen und Mehrebenen-Pfadanalysen, in denen die statistischen Grundlagen dieser Verfahren näher erläutert werden.

Raudenbush, S. W. & Bryk, A. S. (2002). *Hierarchical linear models: Applications and data analysis methods.* (2nd ed.) Thousand Oaks, CA: Sage.

Snijders, T. & Bosker, R. (1999). *Multilevel Analysis: An Introduction to Basic and Advanced Multilevel Modelling.* London: Sage.

Ein gemeinsames Merkmal dieser beiden Bücher ist die etwas deutlichere Akzentuierung der mathematisch-statistischen Hintergründe von Mehrebenen-Regressionsmodellen.

Beide Quellen gelten zu Recht als gut verständliche und zugleich umfassende Lehrbücher für ein vertieftes Verständnis von Mehrebenen-Regressionsmodellen.

Literaturverzeichnis

Blalock, H. M. (1984). Contextual-Effects Models. Theoretical and Methodological Issues. *Annual Review of Sociology, 10*, 353–372.

Bollen, K. A. & Curran, P. J. (2006). *Latent Curve Models: A Structural Equation Perspective*. New York: Wiley.

Brown, T. A. (2006). *Confirmatory Factor Analysis*. New York: Guilford.

Browne, M. W. (2001). An overview of analytic rotation in exploratory factor analysis. *Multivariate Behavioral Research, 36*, 111–150.

Byrne, B. M., Shavelson, R. J. & Muthén, B. O. (1989).Testing for the equivalence of factor covariance and mean structures: The issue of partial measurement invariance. *Psychological Bulletin, 105*, 456–466.

Christ, O. & Schlüter, E. (2007). Latent growth curve models. In G. Ritzer (Ed.), *The Blackwell Encyclopedia of Sociology* (pp. 2542–2546). Oxford: Blackwell.

Christ, O., Schmidt, P., Schlüter, E. & Wagner, U. (2006). Analyse von Prozessen und Veränderungen: Zur Anwendung autoregressiver latenter Wachstumskurvenmodelle (Themenheft „Methoden der Sozialpsychologie, Hrsg. Thorsten Meiser). *Zeitschrift für Sozialpsychologie, 37*, 173–184.

Christ, O. & Wagner, U. (2008). Interkulturelle Kontakte und Gruppenbezogene Menschenfeindlichkeit: Die Wirkung von interkulturellen Kontakten auf eine Ideologie der Ungleichwertigkeit. In W. Heitmeyer (Hrsg.), *Deutsche Zustände*. Folge 6 (S. 154–168). Frankfurt/Main: Suhrkamp.

Christ, O., Wagner, U., Hewstone, M., & Tausch, N. (2011). *Contextual effect of intergroup contact: The role of ingroup norms*. Manuscript submitted for publication.

Davidov, E., Thörner, S., Schmidt, P., Gosen, S. & Wolf, C. (in press). Level and Change of Group-Focused Enmity in Germany: Unconditional and Conditional Latent Growth Curve Models with Four Panel Waves. *Advances in Statistical Analysis*.

Ditton, H. (1998). *Mehrebenenen-Analyse*. Weinheim und München: Juventa.

Enders, C. K. (2010). *Applied missing data analysis*. New York: Guilford.

Enders, C. K. & Tofighi, D. (2007). Centering predictor variables in cross-sectional multilevel models: A new look at an old issue. *Psychological Methods, 12*, 121–138.

European Commission (1997). Racism and Xenophobia, *Eurobarometer Opinion Poll no. 47.1*. European Commission, Brussels.

Eurostat (1997). *Demographic Statistics 1997*. Luxembourg.

Fabrigar, L. R., Wegener, D. T., MacCallum, R. C. & Strahan, E. J. (1999). Evaluation of the use of exploratory factor analysis in psychological research. *Psychological Methods, 4*, 272–299.

Finkel, S. E. (1995). *Causal analysis with panel data*. Thousand Oaks, CA: Sage.

Hancock, G. R. & Samuelsen, K. M. (2008). *Advances in latent variable mixture models*. Charlotte, NC: Information Age Publishing.

Heck, R. H. & Thomas, S. L. (2009). *An introduction to multilevel modeling techniques* (2nd ed.). New York: Routledge.

Hedecker, D. & Gibbons, R. D. (2006). *Longitudinal data analysis*. Hoboken, NJ: Wiley.

Heitmeyer, W. (2002). *Deutsche Zustände*. Folge 1. Frankfurt: edition suhrkamp.

Heitmeyer, W. (2006). *Deutsche Zustände*. Folge 4. Frankfurt: edition suhrkamp.

Hofman, D. A. & Gavin, M. B. (1998). Centering decisions in hierarchical linear models: Implications for research in organizations. *Journal of Management, 24*, 623–641.

Hox, J. J. (2002). *Multilevel analysis. Techniques and applications*. (1st ed.). Mahwah, NJ: Erlbaum.

Hox, J. J. (2010). *Multilevel analysis: Techniques and applications* (2nd ed.). New York: Routledge.

Hu, L. & Bentler, P. M. (1999). Cutoff criteria for fit indexes in covariance structure analysis: Conventional criteria versus new alternatives. *Structural Equation Modeling, 6*, 1–55.

Hummell, H. J. (1972). *Probleme der Mehrebenenanalyse*. Stuttgart: Teubner.

Jöreskog, K. G. (1979). Statistical estimation of structural models in longitudinal development investigations. In J. R. Nesselroade & P. B. Baltes (Eds.), *Longitudinal research in the study of behavior and development* (pp. 303–352). New York: Academic Press.

Klein, M. (2007). *Einführung in die Mehrebenenanalyse*. https://ilias.politikon.org:8080/goto.php?target=lm_189&client_id=politikon (letzter Zugriff am 23.8.2011).

Kline R. B. (2010). *Principles and practice of structural equation modeling* (3rd ed.). New York: Guilford.

Kreft, I. & De Leeuw, J. (1998). *Introducing Multilevel Modelling*. Thousand Oakes, CA: Sage.

Little, T. D., Preacher, K. J., Selig, J. P. & Card, N. A. (2007). New developments in SEM panel analyses of longitudinal data. *International Journal of Behavioral Development, 31*, 357–365.

Lazarsfeld, P. F. & Menzel, H. (1961). On the relation between individual and collective properties. In Etzioni, A. (Ed.), *A sociological reader on complex organizations* (2nd ed.) (pp. 499–516). London: Holt, Rinehart & Winston.

Lüdtke, O., Marsh, H. W., Robitzsch, A., Trautwein, U., Asparouhov, T. & Muthén, B. O. (2008). The multilevel latent covariate model: A new, more reliable approach to group-level effects in contextual studies. *Psychological Methods, 13*, 203–229.

Lüdtke, O., Trautwein, U., Schnyder, I. & Niggli, A. (2007). Simultane Analysen auf Schüler- und Klassenebene: Eine Demonstration der konfirmatorischen Mehrebenen-Faktorenanalyse zur Analyse von Schülerwahrnehmungen am Beispiel der Hausaufgabenvergabe. *Zeitschrift für Entwicklungspsychologie und Pädagogische Psychologie, 39*, 1–11 .

Maas, C. J. M. & Hox, J. J. (2005). Sufficient Sample Sizes for Multilevel Modeling. *Methodology: European Journal of Research Methods for the Behavioral and Social Sciences, 1*, 85–91.

MacKinnon, D. P. (2008). *Introduction to statistical mediation analysis*. Mahwah, NJ: Erlbaum.

Marsh, H. W. & Grayson, D. (1994). Longitudinal confirmatory factor analysis: Common, time-specific, item-specific, and residual-error components of variance. *Structural Equation Modeling, 1*, 116–145.

Marsh, H. W., Lüdtke, O., Robitzsch, A., Trautwein, U., Asparouhov, T., Muthén, B. O. & Nagengast, B. (2009). Doubly-latent models of school contextual effects: Integrating multilevel and structural equation approaches to control measurement and sampling errors. *Multivariate Behavioral Research, 44*, 764–802.

McArdle, J. J. (2009). Latent variable modeling of differences and changes with longitudinal data. *Annual Review of Psychology, 60*, 577–605.

McArdle, J. J. & Bell, R. Q. (2000). An introduction to latent growth curve models for developmental data analysis. In Little, T. D., Schnabel, K. U. & Baumert, J. (Eds.), *Modeling longitudinal and multiple-group data: practical issues, applied approaches, and scientific examples* (pp. 69–107). Mahwah, NJ: Erlbaum.

Mehta, P. D. & Neale, M. C. (2005). People are variables too: Multilevel structural equation modeling. *Psychological Methods, 10*, 259–284.

Meredith, W. (1993). Measurement invariance, factor analysis and factorial invariance. *Psychometrika, 58*, 525–543.

Meredith, W. & Tisak, J. (1990). Latent curve analysis. *Psychometrika, 55*, 107–122.

Muthén, B. O. (1991). Multilevel factor analysis of class and student achievement components. *Journal of Educational Measurement, 28*, 338–354.

Muthén, B. O. (1994). Multilevel covariance structure analysis. *Sociological Methods & Research, 22*, 376–398.

Muthén, B. O. & Asparouhov, T. (2011). Beyond Multilevel Regression Modelling: Multilevel Analysis in a General Latent Variable Framework. In J. J. Hox & J. K. Roberts (Eds.), *Handbook of Advanced Multilevel Analysis* (pp. 15–40). New York: Routledge.

Muthén, B. O. & Satorra, A. (1995). Complex sample data in structural equation modeling. In P.V. Marsden (Ed.), *Sociological Methodology* (pp. 267–316). Washington, DC: American Sociological Association.

Muthén, L. K. & Muthén, B. O. (1998–2010). *Mplus User's Guide* (6th ed.). Los Angeles, CA: Muthén & Muthén.

Pettigrew, T. F. & Tropp, L.R. (2006). A meta-analytic test of intergroup contact theory. *Journal of Personality and Social Psychology, 90*, 751–783.

Preacher, K. J. & MacCallum, R. C. (2003). Repairing Tom Swift's electric factor analysis machine. *Understanding Statistics, 2*, 13–43.

Preacher, K. J., Wichman, A. L., MacCallum, R. C. & Briggs, N. E. (2008). *Latent growth curve modeling*. Thousand Oaks, CA: Sage.

Preacher, K. J., Zyphur, M. J. & Zhang, Z. (2010). A general multilevel SEM framework for assessing multilevel mediation. *Psychological Methods, 15*, 209–233.

Raudenbush, S. W. & Bryk, A. S. (2002). *Hierarchical Linear Models* (2nd ed.). Thousand Oaks, CA: Sage Publications.

Reinecke, J. (2005). *Strukturgleichungsmodelle*. München: Oldenbourg.

Rogosa, D. (1980). A critique of Cross-Lagged correlation. *Psychological Bulletin, 88*, 245–258.

Satorra, A. & P.M. Bentler (2001). A scaled difference chi-square test statistic for moment structure analysis. *Psychometrika, 66*, 507–514.

Shadish, W. R., Cook, T. D., & Campbell, D. T. (2002). *Experimental and quasi-experimental designs for generalized causal inference*. Boston: Houghton-Mifflin.

Shrout, P. E., & Bolger, N. (2002). Mediation in experimental and nonexperimental studies: New procedures and recommendations. *Psychological Methods, 7*, 422–445.

Singer, J. D. & Willett, J. B. (2003). *Applied longitudinal data analysis. Modeling change and event occurence*. New York: Oxford University Press.

Snijders, T. & Bosker, R. (1999). *Multilevel Analysis*. London: Sage.

Steinmetz, H. (in press). Analyzing observed composite differences across groups: Is partial measurement invariance enough? *Methodology*.

Van den Eeden, P. & Hüttner, H. J.M. (1982). Theories for Explaining Multil-Level Effects. *Current Sociology*, *30*, 39–54.

Wagner, U., Christ, O., Pettigrew, T. F., Stellmacher, J. & Wolf, C. (2006). Prejudice and minority proportion: Contact instead of threat effects. *Social Psychology Quarterly*, *69*, 380–390.

Wagner, U. & Van Dick, R. (2001). Fremdenfeindlichkeit „in der Mitte der Gesellschaft": Phänomenbeschreibung, Ursachen, Gegenmaßnahmen. *Zeitschrift für Politische Psychologie*, *9*, 41–54.

Zick, A., Wolf, C., Küpper, B., Davidov, E., Schmidt, P., & Heitmeyer, W. (2008). The syndrome of group-focused enmity: The interrelation of prejudices tested with multiple cross-sectional and panel data. *Journal of Social Issues*, *64*, 363–383.

Zyphur, M. J., Kaplan, S. A. & Christian, M. S. (2008). Assumptions of cross-level measurement and structural invariance in the analysis of multilevel data: Problems and solutions. *Group Dynamics*, *12*, 127–140.

Register

ANALYSIS 8, 12, 16
ASCII-Format 9, 16, 17, 20
Autokorrelationen 91
Autoregressives Modell (ARM) 85, 96
BETWEEN 119
BOOTSTRAP 55, 56
BY 13, 16
CATEGORICAL 11, 16
CINTERVAL 15, 16, 56
CLUSTER 121
common factor model 101
Comparative Fit Index (CFI) 39
COMPLEX 121
Covariance Coverage 27
Cross-Lagged-Beziehungen 86, 87, 96
Cross-Level-Interaktionseffekt 119, 120, 129
DATA 8, 9, 16
DEFINE 8, 11, 12
Ebene 115, 116, 128
ESTIMATOR 13, 16
Explorative Faktorenanalyse (EFA) 31, 34
Explorative Mehrebenen-Faktorenanalyse 149
Faktorladung 14
Fehler 1. Art 115
FILE 8, 9, 16
Full Information Maximum Likelihood (FIML) 29
Gesamtmittelwert 124
Gleichheitsrestriktion 73, 94
Grandmean-Zentrierung 124
GROUPING 62, 65
Groupmean-Zentrierung 124, 130
ICC 121
IND 53, 54, 141
Individualebene 116, 119, 153
Informationstheoretische Maße 39
Intercept 87, 107, 117
Intercept-And-Slope-As-Outcome 129
Intercept-As-Outcome 120
Intercept-Faktor 87, 107
Intraklassen-Korrelationskoeffizient (ICC) 117
ITERATIONS 37
Konfidenzintervall 15, 39, 55, 56
Konfirmatorische Faktorenanalyse (CFA) 31, 33, 42, 59, 90
Konfirmatorische Mehrebenen-Faktorenanalyse 143

Kontextebene 116, 118, 119, 132, 143, 149
Latentes Wachstumskurvenmodell (LGC) 87, 107
LISTWISE 24
Mediation 52, 53, 56, 139, 161
Mediationsanalyse 52, 140
Mehrebenen-Analyse 116, 121
Mehrebenen-Pfadanalyse V, 115, 116, 139, 157
Mehrebenen-Regressionsmodelle V, 116, 157
Mehrebenen-Strukturgleichungsmodell VI, 115, 116, 152, 157
Messinvarianz V, 59, 61, 85, 87, 90, 107, 113
MODEL 8, 13, 14, 16
MODEL CONSTRAINT 138
MODEL INDIRECT 53, 141
MODINDICES 15, 16, 72
MONTECARLO 8, 9
Multipler Gruppenvergleich 59
NAMES 10, 11, 16, 22
NOBSERVATIONS 10
ON 13, 14, 16, 24
OUTPUT 8, 14, 15, 16
PLOT 8, 9, 111
R^2 125
random intercept 116, 118, 119, 127, 153
random slope 13, 116, 118, 120, 127
Regressionskonstante 117
RESIDUAL 15, 16
Residuum 117
Root Mean Square Error of Approximation (RMSEA) 39
ROTATION 36
SAVEDATA 8, 9
Scaling Correction Factor 47
Slope 87, 107
Slope-Faktor 87, 107
Sobel-Test 52, 53, 55, 141, 156
Stationaritätsannahme 99
STDYX 15, 16
Strukturgleichungsmodelle (SEM) 31, 49, 59, 85, 115
TITLE 8, 9
Tucker Lewis Index (TLI) 39
TWOLEVEL 121
TWOLEVEL BASIC 121
TWOLEVEL RANDOM 127
TYPE 10, 16
unmeasured variable model 101, 104

USEOBSERVATIONS 11, 16
USEVARIABLES 11, 16
VARIABLE 8, 10, 16, 22
Varianzanalyse 117, 122
VIA 53
Voreinstellungen 12, 13, 14, 16, 24, 43, 65

WITH 13, 14, 16
WITHIN 119
Zentrierung 124, 130
χ^2-Differenztest 45, 46, 47, 60, 71, 93
χ^2-Statistik 39

www.ingramcontent.com/pod-product-compliance
Lightning Source LLC
Chambersburg PA
CBHW080555270326

41929CB00019B/3310